완벽한 기획실무의 정석

완벽한 기획실무의 정석

천진하 지음

중앙경제평론사

“하나 더 팔기보다
열 배 더 팔겠다고 관점을 바꿔라.
기존과 다른 관점으로 접근해야
히트 상품을 개발할 수 있다.”

프롤로그

우리는 히트 상품을 간절히 원하고 있다!

요즘같이 회사 운영하기 힘든 적이 없었다고들 한다. 도산 기업은 갈수록 늘어나고, 구조조정의 칼바람은 그 어느 때보다 날카롭다. 대기업이라고 예외가 없으며, 자영업이나 중소기업은 더욱 어려운 현실에 직면해 있다.

1998년 IMF, 2008년 국제금융위기 등 우리는 국가적 경제위기를 겪었고 그 과정에서 온 국민이 힘을 합쳐 어려운 시기를 슬기롭게 이겨냈지만, 지금 밀려오는 불황의 그늘은 예전과는 근본적으로 다른, 쓰나미와도 같이 거대하고 그 크기와 깊이를 알 수 없을 정도로 무

쉽게 국내 경제를 강타하고 있다. 소비자는 지갑을 꽉꽉 닫고 있으며, 기업들은 성장보다 생존을 위해 사력을 다하고 있는 것이 현실이다. 살아남기 위해 저마다 안간힘을 쓰고 있는 것이다.

어떻게 하면 살아남을 수 있을까? 회의 때마다 나오는 질문이다. 답은 대체로 한 가지로 귀결된다. 비용 구조를 개선할 수도 있겠지만, 정상적인 비즈니스를 위해서는 매출을 늘려야 한다. 대기업도, 중소기업도, 자영업도 마찬가지다. 답은 누구나 알고 있지만 문제는 해결책이다. 결국 불황이라는 지옥에서 회사를 구해줄 슈퍼맨, 히트 상품을 개발해야 한다.

기업 운영에 필요한 이익을 얻기 위해서는 매출이 있어야 하는데, 불황기에는 처절하리만큼 치열한 경쟁 구도가 형성되어 있어 매출을 확보하기 위해서는 무엇보다 회사를 대표할 만한 확실한 상품이 필요하다. 특출난 상품 아이디어가 떠오르기를 기대하며 시장조사도 하고 관련 부서를 쥐어짜보기도 하지만 만족할 만한 답이 나오지 않는다. 책이나 인터넷 등에 소개된 성공 사례들을 살펴보고 응용해보지만 현실과의 괴리감을 느낄 뿐이다. 히트 상품은 생각처럼 쉽게 나오지 않는다. 지금 이 순간에도 회사 대표나 상품기획자들은 그 답을 찾기 위해 밤잠을 설치고 있을 것이다.

나는 20여 년을 상품기획자로 살았다. 운 좋게 패션 상품기획과 리테일 머천다이저(MD) 양쪽 분야 모두에서 실무 경험을 두루 갖추었다. 상품기획 프로세스에 대한 개념이 체계적으로 정립되어 있는 것은 물론이고, 더불어 유통업 머천다이저의 경험 덕분에 개발에서 판매에 이르기까지 상품화 프로세스에 대한 구체적이고도 실증적인 노하우를 체득했다. 그 경험과 노하우를 바탕으로 창업해서 대기업의 백그라운드를 버리고 '갑'이 아닌 '을'로서 직접 시장을 개척하고, 고객을 객관적으로 볼 수 있게 되었으며, 지금도 시장의 변화를 몸과 마음으로 직접 체험하고 있다.

그 과정에서 중소기업 사장님들과 실무자 그리고 자영업 종사자들에게서 어떠한 갈망을 보게 되었다. 회사를 살리고, 개인 실적을 올리고, 내 매장의 매출을 올려줄 매출 리딩 상품의 필요성이었다. 불황의 늪에 빠진 현실에서는 더욱더 절실하다. 더욱이 충분한 교육과 경험이 뒷받침되지 못한 상황에서 현업에 투입된 상품기획자나 머천다이저라면 더욱 막연하고 불안감을 느낄 것이다. 그들이 중요한 의사결정을 내려야 하는 경우도 발생하기 때문이다. 나는 이들의 갈증을 조금이라도 풀어주고 싶었다. 어떻게 어려움을 헤쳐나갈 수 있는지에 대해서 말이다.

왜 우리나라에는 유니클로 같은 브랜드가 나오지 못하는 걸까?

사업을 하면서 어려움을 겪고 있는 중소기업 사장님들을 많이 만났는데, 그분들을 보면서 안타까운 심정을 금할 길이 없었다. 우리나라 중소기업의 현실은 우리가 생각하는 것보다 훨씬 더 열악하기 그

지없다. 정보력, 자금력, 운영 시스템 등에서 대기업과의 격차가 현격하며, 제대로 일할 직원을 구하는 것조차 쉽지 않다.

제조업 분야는 더욱 심각하다. 제조업 마진은 유통 마진의 10분의 1 수준이며, '갑'과 '을'의 지배 구조에 묶여 거래가 이루어지는 것만으로도 감사할 따름이라고들 한다.

나는 패션, 유통 분야에 몸담고 일하면서 '왜 우리나라에는 일본의 유니클로(UNIQLO) 같은 브랜드가 나오지 못하는 걸까' 생각했다. 일본은 중소기업 강국이다. 중소기업마다 자체적으로 차별화된 노하우를 가지고 오랜 시간 성장해온다. 거기에 혁신이 더해지면 메가 브랜드가 되기도 한다. 유니클로 역시 처음부터 글로벌 브랜드였던 것은 아니다. 그런데 우리나라에는 세계적으로 명성을 떨치고 있는 중소기업 브랜드가 과연 얼마나 될까? 나는 일본과 비교했을 때 전반적인 산업 기반 조성이 중요하다고 생각한다.

대한민국 최고의 인기 스포츠인 프로야구를 빗대어 한번 살펴보자. 최근 몇 년간 가을잔치에 단골로 등장하는 팀이 있다. 바로 '화수분 야구'로 유명한 두산 베어스다. 두산 베어스는 핵심 선수가 팀을 나가도 자체적인 선수 육성 프로그램을 통해 재능 있는 신인이 그 자리를 계속 메워나간다. 그 덕분에 '재물이 계속 나오는 보물단지'라는 의미로 '화수분 야구'라고 불리며, 몇 년째 우승 후보로 평가받고 있다.

바로 이것이다. 우리나라 경제가 부활하고 질적 성장을 이루려면 중소기업이 탄탄해야 한다. 그리고 그 밑바탕에는 관련 종사자들의 역량과 경영진의 진보적 마인드가 뒷받침되어야 한다. 한마디로 경영진의 선진화된 의식과 인재 양성 문화를 바탕으로 우리나라 국민 특유의 불굴의 의지와 집념이 뿌리가 되고 혁신적 사고가 자양분이 되어 전체 산업을 지탱할 수 있어야 한다.

나는 국내 대기업 산하 패션 전문 교육기관에서 '머천다이징 프로세스'를 주제로 지난 3년간 강의를 진행해왔다. 현직 머천다이저보다는 디자이너, 영업사원 등 머천다이징에 관심 있는 수강생이 대부분이었다. 중소기업 임원 및 대표도 강의를 들으러 왔는데, 그들이 수업에 임하는 자세와 반응이 누구보다도 진지해서 인상 깊었다. 그들은 목말랐던 것이다. 회사를 살리는 상품을 기획하는 데 조금이라도 보탬이 되고 싶었던 것이다.

이 책은 중소기업 대표나 상품기획자를 대상으로 성공 사례의 본질을 파악하고, 나아가 히트 상품을 개발하기 위한 원칙을 이해하여 기업의 자생력을 기르는 데 필요한 상품기획 메커니즘을 소개하고 있다. 나는 성공에 대한 꿈이 있었기 때문에 창업을 했고, 그 꿈을 이루기 위해 성공하는 상품 개발에 대한 노하우와 원칙을 정립하고자 노력했다. 성공 사례들을 분석하고, 다양한 전문 서적을 통해 이론적 토대를 쌓아갔다. 오랜 머천다이저 경력은 그동안 쌓인 지식 체계와 만나 내 나름대로의 방법론을 만들어냈다. 단순히 일 잘하는 MD에서 벗어나 도움을 필요로 하는 이들에게 제대로 된 상품기획 방법을 알려주고자 이 책을 썼다.

'하나 더'가 아닌, '열 배 더' 팔리는 상품을 개발하자

매출은 상품으로부터 시작된다. 상품이 있어야 매출을 일으킬 수 있고, 그 상품이 매력적이어야 이익 실현이 가능한 매출을 기대할 수 있다. 하지만 단순히 매력적이기만 해선 안 된다. 조금 더 팔리는 상품만 개발해서는 이 치열한 경쟁사회에서 살아남을 수 없다. 열 배 더 팔리는 상품을 개발해야겠다고 마음먹어야 획기적인 상품이 나온다. 완전히 새로운 관점에서 전략적으로 이끌어내야 한다.

물론 열 배 더 팔리는 상품을 개발하는 일이 쉽지는 않다. 그렇지만 불가능한 일도 아니다. 원리만 알면 된다. 나는 이 책을 집필하면서 교과서적인 내용은 집어치우고 실전에서 터득한 경험을 바탕으로 실무에 바로 적용할 수 있는 내용을 담고 싶었다. 상품기획이나 머천다이징에 대한 책은 주위에도 많다. 하지만 대부분이 유통업계 출신 전공자들이 쓴 책이다. 그들은 상품기획자라기보다는 바이어(buyer)라 할 수 있다. 나는 상품기획적 사고에 근거하여 머천다이징을 체계화하려고 노력해왔으며, CEO나 자영업자, 머천다이저, 마케터, 디자이너, 광고기획자, 영업 담당자 등 상품과 관련된 모든 비즈니스맨이 활용할 수 있도록 체계적으로 분석하고 알기 쉽게 정리했다.

상품으로 성공한 사례를 보는 관점은 여러 가지다. 나는 수많은 성공 사례들을 보면서 두 가지 키워드를 도출해냈다. 바로 '관심'과 '만족'이다. 초공급 과잉시대에는 수많은 상품들이 출시되고 있으며,

소비자가 선택할 수 있는 채널도 너무 많아서 고객에게 보여주지 못하는 상품도 상당하다. 매출의 첫 단추는 고객이 얼마나 '관심'을 갖게 하느냐다. 바로 차별화하는 것이다. 이는 고객의 라이프스타일과 트렌드와도 밀접하게 연결된다.

다시 말해 구매는 고객의 '관심'에서 시작된다. 관심을 갖게 만들어야 상품은 비로소 구매 대상이 되는 것이다. 그런 다음 '만족'의 요소가 충족되어야 구매와 함께 매출 확산이 일어난다. 가성비, 가심비 등 고객의 '만족'을 표현하는 단어들이 있다. 지속적인 구매가 일어나고 고객 스스로 홍보맨이 되게 하려면 그들에게 상상 이상의 만족을 주어야 한다. 사람들이 그 상품을 자랑하게 만들어야 한다. 그러면 매출은 저절로 상승한다.

지금까지 상품기획을 해오면서 만난 사장님들과 상품 관련자들 가운데 사고가 닫혀 있는 이들을 종종 봤다. 그들은 한결같이 "어떻게 접근해야 할지 몰라서 경쟁 우위를 가진 상품 개발이 힘들다"고 토로한다. 잘해보고 싶지만 방법을 몰라서 기존 방법에 의지하여 일하는 것이다. 이에 대한 해답은 생각을 풀어내는 프로세스와 전 상품화 단계에 대한 통찰력을 갖는 것이다.

이 책에서는 히트 상품을 개발하는 원칙과 전략을 통해 불황을 이겨낼 수 있는 방법을 하나씩 찾아볼 것이다. 책에서 제시하는 방법을 각자의 상품 및 비즈니스 특성에 맞게 적절히 선택하거나 응용한다면 실질적으로 시장의 수요를 불러일으키는 상품을 개발하는 데 많은 도움이 될 것이다. 하지만 위기에서 벗어나고자 하는 모든 이에게 이 책이 완벽한 해법을 갖고 있는 건 아니다. 바라건대, 불황 국면에 기업의 생존을 위해 혁신적인 상품 개발을 원하는 모든 비즈니스맨들에게 실무적으로 적용할 수 있는 시작점이 되기를 바라며, 한 걸음 더 나아가서 각자 자기 분야에서 최고의 가치를 발휘할 수 있는 해법을 스스로 만들어가는 데 이 책이 단초가 되었으면 한다.

불황이라는 절벽도 인생의 한순간이다. 여러분의 인생이 한 편의 드라마라고 생각해보라. 역경과 고난이라는 설정이 있어야 극적인 드라마가 완성된다. 인생을 살면서 저마다 잘 쓰인 드라마 한 편은 써봐야 하지 않겠는가.

천진하

차례

프롤로그 6

1장 상품기획, 누구나 잘할 수 있다

상품기획과 머천다이저의 본질 이해하기 18
상품기획 프로세스의 메커니즘 파악하기 30
머천다이징 전략의 개념 습득하기 51
프레임워크를 활용하여 생각하는 힘 기르기 73
관점을 바꾸는 아이디어 발상법 익히기 88
구상을 실천으로 옮기는 실행력 높이기 97
문제 해결 능력 키우기 103

2장 불황, 당신은 어떻게 살아남을 것인가

1년 만에 매출 반 토막, 사장님은 어떻게 할 것인가? 112
퇴출 위기에 놓인 협력업체 사장님은 어떻게 살아남을 수 있을까? 119
하루하루 버티기도 어려운 자영업, 사장님의 생존 전략은? 126
절반으로 줄어든 이익, 어떻게 대처할 것인가? 132
실적 부진에 허덕이는 샐러리맨의 한숨, 방법은 없을까? 138

3장 위기에서 기회를 찾아라

사슴은 사자에게 쫓길 때 극도의 집중력을 발휘한다 146
불황은 또 다른 매출 키워드다 153
불황엔 시장 질서가 바뀐다? 160
포기하지 않는 이에게 반전의 기회가 온다 166

4장 성공 사례에서 원칙을 찾아내 응용하라

변하지 않는 성공 방정식을 보여준 유니클로의 '플리스 재킷' 174
가치의 혁신을 이룬 '젠틀몬스터' 182

불황에 다시 한 번 생각해봐야 하는 롯데마트의 '통큰 치킨' 192
차별화의 진수를 보여준 일본 시계 브랜드 '놋또' 198
죽어가는 상권을 살린 〈백종원의 골목식당〉 209
신흥 시장을 공략하여 시장 기회를 창출하다 219
부도 직전의 회사를 살리다 225

5장 히트 상품을 개발하기 위한 5가지 원칙과 마케팅

원칙 1. 새로움을 전달하라 234
원칙 2. 관심을 갖게 하라 242
원칙 3. 욕구를 자극하라 248
원칙 4. 만족시켜라 255
원칙 5. 확산시켜라 263

6장 히트 상품을 개발하기 위한 5가지 전략과 마케팅

전략 1. 카테고리를 창출하라 274
전략 2. 특정 타깃에 집중하라 281
전략 3. 콘셉트와 스토리를 차별화하라 288
전략 4. 커뮤니케이션을 활성화하라 296
전략 5. 조직 역량을 강화하라 304

7장 경쟁 우위를 위한 기획 실전노트

바이어를 만족시키는 5가지 요인 316
실패하지 않는 기획을 위한 5가지 디테일 325
뛰어난 기획자가 되기 위한 5가지 관점 337
이익을 늘리는 상품기획의 5가지 방법 344
매출을 증대시키기 위한 5가지 전략 355

에필로그 366
출처 및 참고문헌 373

1장

상품기획, 누구나 잘할 수 있다

상품을 기획한다는 것은 무엇을 의미하는가? 누군가에게는 늘 하던 일일 테고, 어떤 이들에게는 너무나 멀고도 어려운 일이라고 생각될 것이다. 20년 동안 상품기획을 해온 나 역시도 이 일이 쉽다고 느껴본 적은 없다. 하지만 분명한 것은, 상품을 통해 매출과 이익을 추구하는 기업 입장에서 상품기획은 무척이나 중요한 일이라는 사실이다.

자전거를 타려면 우선 자전거에 대해 기본적으로 알아야 한다. 이를테면 핸들을 조정하는 방법이나 기어가 작동되는 원리를 터득하면 자전거를 더 쉽게 탈 수 있다. 마찬가지로 상품기획도 그 원리와 시스템을 먼저 이해하고 있으면 기업에서 상품기획 업무를 담당하는 사람들은 이전보다 좀 더 체계적으로 접근할 수 있고, 필요에 의해 상품기획을 해야 하는 중소기업 대표나 자영업자들은 기획에 대한 두려움을 떨쳐버리고 원하는 상품을 개발하는 방법을 체득할 수 있다.

상품기획은 어느 날 갑자기 잘할 수 있는 분야가 아니다. 모든 일에는 원리가 있듯이 기초가 탄탄해야 한다. 그래야 히트 상품도 만들어낼 수 있다. 그 기초 위에 여러분의 역량만 얹으면 된다. 이제 그 기초를 닦아보자.

상품기획과 머천다이저의 본질 이해하기

현대인의 삶은 상품과의 동고동락이라 해도 과언이 아니다. 인간으로서 기본적인 삶을 유지하기 위해서는 상품이 있어야 한다. 의식주와 관련된 것에서부터 자동차, 패션, 뷰티 제품과 같이 인간의 편의를 위해 사용되고 있는 모든 것들이 상품이기 때문이다. 일반적으로 인간의 욕구를 충족시키기 위해 생산-소비되는 물자를 재화라고 하는데, 특히 시장에서 교환 가치를 목적으로 생산과 판매의 형태로 거래되는 것을 상품이라 부른다.

상품(commodity, 商品)은 거래의 대상이 될 수 있는 유형·무형의 모든 재화를 말하며, 제조업이 생산·가공한 물품으로 거래의 대상이 되는 상태를 일컬어 제품(product, 製品)이라 부르기도 한다.

인류는 물물교환이라는 최초의 거래 방식에 의해 상호 간에 필요한 물건을 교환하기 시작했다. 이러한 교환은 물물교환에서 화폐를 중심으로 발전해나아갔고, 실질 가치보다 더 많은 화폐 가치를 얻고자 하는 이익 실현 의도가 더해지면서 상품은 영리 추구라는 기능을 갖게 되었다. 그리고 시장은 상거래를 통해 상품이 경제적 기능을 발휘할 수 있도록 유통 기능을 확장시켜주었다. 그리하여 오늘날 대부분의 산업 재화는 시장을 기반으로 유통되고 있으며, 소비자들은 생활에 필요한 물자를 시장을 통해 얻게 되는, 이른바 상품 중심의 경제생활을 영위하고 있는 것이다.

기계혁명이라 불리며 대량생산 체제의 기틀을 갖춘 제1차 산업혁명이 일어난 이후 기술 발전의 속도가 가속화되고 인류 문화의 발달에 따라 소비자의 욕구는 다양화·개성화·진보화를 추구하게 되었다. 이에 따라 상품의 기술은 경쟁적으로 발전을 거듭함과 동시에 소비자의 필요나 구매력에 따라 방향성을 함께하면서 상품과 문화의 발달은 아주 긴밀한 상호 의존 관계를 갖게 되었다.

또한 생산기술의 비약적인 발달은 유사 상품의 범람으로 경쟁 구도를 치열하게 만들었고, 인터넷의 대중화로 소비자의 정보력이 향상되면서 변화를 추구하는 속도가 생산자를 앞서고 있는 것이 현실이다. 따라서 생산자는 소비자에게는 가치 있고 생명력 있는, 판매자에게는 이익을 가져다줄 상품을 경쟁자보다 빠르고 특성 있게 개발해내야 비교 우위에 설 수 있다. 앞으로는 잘 만드는 것이 중요하지 않다.

잘 팔리는 상품을 개발해야 한다. 잘 팔리지 않는 제품은 상품이 아니다. 교환 가치가 없기 때문이다. 이제부터 우리가 교환 가치에 주목해야 하는 이유가 이것이다.

다시 말해서 상품을 기획한다는 것은 시장 거래에 있어 교환 가치가 있는 상품, 즉 소비자에게는 욕구 충족을 위해 돈을 지불할 가치(willing to pay)를 제공하고, 판매자와 생산자에게는 이익을 실현해주는 동시에, 기존 제품과는 차별화되어 구매 가치를 이끌어내는 상품을 구상하는 것을 의미한다.

상품기획은 교환 가치(구매 가치)가 높은 상품을 만들어가는 과정이다.

패션유통업계에서는 상품기획자를 머천다이저(merchandiser)라고 부르며, 줄여서 MD라고 한다. 머천다이저는 상품의 의미를 가진 'merchandise'와 사람을 뜻하는 'er'이 붙여진 합성어로, 상품화 계획 또는 상품기획을 전문적으로 하는 사람을 일컫는다. 또한 상인(merchant)에서 유래되었다고도 하는데, 특히 산업화 이후 패션 분야의 경쟁이 날로 치열해지고 소비자의 기호가 빠르게 변화하면서 다른 분야에 비해 많은 정보력과 다양한 의사 결정이 요구됨에 따라 머천다이저 직무가 발전하면서 지금은 패션유통 MD를 대표적으로 통칭하고 있다.

그렇다면 머천다이징은 무엇인가? 머천다이징(merchandising)이란

'기업의 매출 목표 달성을 위해, 과학적 접근을 통한 수요 예측을 기반으로 적합한 상품이나 서비스를 가장 적절한 시간과 장소에 적정한 가격과 수량을 유통시키는 일에 관한 상품기획과 관리 활동'을 의미한다.

머천다이징의 정의에서 우리는 두 가지 중요한 의미를 기억해야 한다. 첫 번째로 머천다이저의 업무는 기업의 매출 목표 달성에 근간을 두고 있다는 것이다. 매출이란 개념에는 이익이 포함되어 있다. 즉 기업을 존속시킬 수 있는 이익을 창출하는 매출을 달성하기 위하여 관련된 상품기획과 관리 업무를 행해야 한다. 그 목적을 잊어선 안 된다. 일을 하다 보면 유관 부서와 의견 차이로 충돌을 일으키는 경우가 많은데, 간혹 본질과는 다른 방향으로 의사를 결정하는 경우가 생긴다. 개인의 욕심이나 타인의 시선, 어떠한 이해관계에 얽혀서 회사의 매출과 이익에 반하는 결론을 내릴 때가 있다. 이때 머천다이저는 본분을 지켜야 한다.

두 번째는 의사 결정에 있어 '적합한' 혹은 '적절한'이라는 수식어가 붙는다는 것이다. 과거 공급이 수요를 따라가지 못하던 시절에는 만들면 무조건 팔리는 환경이었기 때문에 기술적 노하우와 생산 능력이 중요했다. 하지만 지금 우리는 초공급 과잉시대에서 기업 활동을 하고 있다. 예측 불가능한 소비자의 기호와 치열한 시장 경쟁 구도하에서 정확한 의사 결정을 하지 않으면 시장에서 실패할 우려가 아주 높다. 그렇기 때문에 머천다이저에게도 경영학적 마인드와 마케팅 관점이 절실히 요구된다.

다시 말해서 상품을 어디서 팔고, 출시 시점은 언제가 적당하며, 소비자가 구매할 만한 적정 가격을 정하고, 기업의 자금 회전율을 최적화하기 위한 적정 물량을 산정하는 일이 무척 중요해졌다. 가장 효율적이고 정확한 의사 결정 노하우를 동원하여 최대 효과를 거두기 위해 모든 역량을 다 쏟아부어야 한다. 그렇지 않으면 기업에 이익보다는 손실을 가져올 수 있으며, 이는 기업의 존폐 여부와 직접적으로 이어질 수 있다. 상품은 매출의 근간이자 시작이며, 자금을 집행하여 수익을 창출하는 원천이다. 그러한 상품을 기획하는 일에 어찌 '적당히'라는 말을 사용할 수 있겠는가!

이제부터는 상품을 기획·관리하는 머천다이저에 대해 자세히 알아보자. 이 책에서는 머천다이징에서 오랜 역사와 노하우를 갖고 있는 패션 비즈니스 분야를 중심으로 설명하고자 한다. 머천다이저의 영역은 갈수록 확대되고 있으므로 기본적인 특성만 잘 이해한다면 여러분이 속한 산업 분야에서 쉽게 적용할 수 있을 것이다.

먼저 머천다이저(MD)의 종류 및 주요 특성을 알아보자. MD는 크게 '제조업 MD'와 '리테일 MD'로 나뉜다. 제조업 MD는 상품을 제조하는 것에 초점을 두며, 여러분이 흔히 알고 있는 패션 브랜드 MD를 대표적으로 들 수 있다. 제조업 MD는 상품을 시장에 유통시킬 목적으로 생산하기 위한 기획을 진행한다.

제조업 MD는 세부적으로 다음과 같이 나뉜다.

기획 MD

신발, 의류, 용품 등의 상품을 기획·관리하는 직무이며, 소비자의 니즈를 반영한 상품을 기획하여 어떻게 매장을 구성할 것인가를 연구한다. 신발 MD, 의류 MD, 용품 MD 등 카테고리별로 영역이 세분화되어 있으며, 1990년대까지만 해도 생산과 물량 배분, 마케팅 업무까지 담당하는 경우가 많았다. 하지만 경쟁이 치열한 시장 체제에서 갈수록 업무 세분화가 진행되어 MD 직무별 전문화가 이루어지고 있는 추세다. 우리가 흔히 말하는 MD는 기획 MD라 할 수 있다.

영업 MD

기획된 상품을 얼마나 만들어서 어디에서 얼마만큼 팔 것인가에 대한 업무를 진행하며, 보다 발전된 관리 마인드를 갖춘 직무다. 단순히 상품을 잘 만드는 것만으로는 전략적으로 큰 효율을 내기 어렵다. 왜냐하면 최근에는 날로 다양해지는 유통 시장의 변화에 따라 상품의 운용 능력이 기업의 매출과 이익 효율에 큰 영향을 미치기 때문이다. 같은 물량이라도 이익이 높은 곳에 배분해야 효율이 증가하므로 적기·적소·적량의 원칙이 충실히 시행되도록 기획 MD와 유기적인 협력 체제를 갖추어야 한다.

생산 MD

기획된 상품을 어느 공장에서 어떻게 만들 것인가에 대한 업무를 진행하며, 디자인된 상품을 가장 효율적인 생산관리를 통하여 안정된 품질과 납기 그리고 원가관리를 통해 제품으로써의 완성을 이루어낸다. 기술력과 정보력의 공유에 따라 이제 시장에서 상품의 차별화는 갈수록 어려워지고 있다. 그래서 원가 절감을 통한 가격 경쟁력 확보로 경쟁 우위 전략을 추구하는 사례가 종종 있다. 대기업 조직에서는 조직 역량을 확대하여 소싱 업무로 구분되기도 하는데, 생산 MD는 갈수록 중요성을 더해가고 있다.

현대 사회에서 기획의 방법이 '노하우(know-how)'에서 '노웨어(know-where)'로 이전되는 현상과 궤를 같이하며, 우수한 소싱처 확보는 경쟁 우위의 기회를 가져다준다. 그리고 수많은 성공 사례의 핵심 전략인 가성비는 우수한 품질의 상품을 낮은 가격으로 소싱하는 능력에서 비롯된다. 즉 생산 MD는 기획 MD에게 무기의 소스가 되어주는 아주 중요한 역할을 한다.

다음으로 리테일 MD에 대해서 알아보자. 리테일 MD는 제조업 MD와 달리 제조의 기능보다는 구매에 중점을 둔다. 즉 리테일 분야별로 각각의 특성에 맞는 상품을 제조사나 유통사로부터 상품을 구매하여 판매·관리하는 역할을 한다. 좀 더 구체적으로 말하자면 상품을 판매하는 것뿐만 아니라 시장 분석, 상품기획, 진열 및 판매, 재고 관리에 이르기까지 유통의 전 단계에 걸쳐 업무를 수행하는 사람을 말한다. 백화점, 대형마트, 아울렛, 슈퍼마켓, 편의점 등과 같은 대형 소매유통점 MD, 홈쇼핑 MD, 온라인 MD 등으로 나뉘며, 리테일 MD는 각각의 유통 형태별 특성에 따라 상품을 기획·관리한다.

각 분야별 MD의 특성을 대표적으로 설명하면, 대형 소매유통점 MD는 한정된 공간 내에서 어떤 브랜드와 상품을 배치하여 최고의 효율을 낼 것인가에 중점을 두고, 홈쇼핑 MD는 한정된 시간 내에 상품 배분 및 브랜드 선정에 주력하며, 온라인 MD는 오프라인 대비 무한한 공간적 이점을 이용하여 협력사의 상품을 대신 판매하는 역할을 하므로 우수 협력사의 발굴 및 관리 그리고 기획전 운영이 중요하다.

이렇듯 리테일 MD는 직접 상품을 제조하기보다는 만들어진 상품을 구매 혹은 판매 대행을 하는 구조이기 때문에 상품의 본질적 특성보다는 트렌드에 더욱 민감하며, 작은 디테일보다는 큰 흐름을 쫓는 경향이 두드러진다. 이를테면 구성이 잘되어 있는 도시락보다는 혼밥족의 트렌드를 반영한 상품 개발에 더욱 주목한다.

리테일 MD는 제조업 MD에 비해 상품 자체보다는 매출 지향적 사고에 더욱 비중을 두고 있으며, 산업 특성상 대부분의 소매기업이 매출 볼륨이 크기 때문에 철저한 관리 시스템 내에서 업무를 처리하고 있다. 다만 리테일의 특성상 수수료 중심의 매출 구조는 한계성을 갖고 있으므로, 이익률 개선을 위해 직접 상품을 개발하거나 해외로부터 상품을 사들여오는 바잉 개념도 공존한다. 제조업 MD와 리테일

MD는 구조적으로 머천다이징 업무는 다르지만 결론은 하나로 귀결된다. 바로 "무엇을 팔 것인가에 대한 계획과 활동"이다.

그렇다면 제조업 MD와 리테일 MD가 공통적으로 가져야 할 임무(mission)는 무엇인가?

상품 개발

소비자의 만족도가 높은 상품을 개발하여 지속적으로 소비자에게 브랜드 또는 유통점에 대한 충성도를 높게 만들어야 한다. 소비자들은 자신에게 작은 편익이라도 있으면 구매하기 편리한 환경으로 이동하게 마련이다. 따라서 소비자를 영원한 내 충성 고객으로 만드는 일은 무엇보다도 중요하다.

제품수명주기(PLC) 관리

모든 상품은 도입기–성장기–성숙기–쇠퇴기의 사이클을 갖고 있다. 제품의 사이클이 성장기, 성숙기를 거쳐 쇠퇴기에 접어들기 전에 대체 상품을 개발하여 사전 대응력을 갖추는 것은 머천다이저에게 가장 중요한 사명이다. 매출 주력 상품의 경우는 성숙기 시점의 매출 물량 확보와 성숙기에서 쇠퇴기로 전환되는 시점을 파악하여 대체 상품을 준비하는 노력이 필요하며, 판매 부진 상품의 경우는 조기 판단이 중요하다. 매장에서는 성숙기에 있는 상품들이 계속 연결되어 판매될 수 있도록 각 상품별 제품수명주기(Product Life Cycle, PLC) 관리를 철저히 하여 판매 결손을 사전에 방지해야 한다.

시장 대응

기술과 정보가 발달함에 따라 급변하는 트렌드에 기업 리스크를 최소화하려면 시장 변화에 대응할 수 있는 새로운 시장 개발에 노력해야 한다. 경쟁사 동향과 마켓 트렌드의 변화를 살피면서 자사의 독창성을 어떻게 개발·정착시킬 것인가에 대한 지속적인 연구가 필요하다.

경쟁 우위

상품 중심의 경제구조에서 무엇보다도 중요한 것은 타사와의 경쟁 속에서 자사의 우월적 위치를 확보하는 것이다. 브랜드 아이덴티티와 전략 기준 내에서 경쟁사 대비 우위를 확보하기 위한 노력을 지속적으로 기울여야 한다.

마지막으로 MD는 어떤 자질을 갖추어야 하는지 살펴보자.

풍부한 상품 지식

이제 소비자는 스마트한 컨슈머가 되었다. 오히려 소비자가 생산활동에 직접적으로 관여하고 있는 시대다. 그렇기 때문에 MD는 소재, 색채, 디테일 등 디자인에 대한 지식뿐만 아니라 각 상품화 요소에 대한 생산 공정, 업계 동향, 가격 정보까지 알고 있어야 한다. 그래야 소비자의 신뢰와 기대 이상의 만족을 동시에 이끌어낼 수 있는 상품을 기획할 수 있다.

정보 분석·마케팅 능력

컴퓨터와 인터넷의 등장으로 대표되는 제3차 산업혁명은 정보화 혁명을 가져왔고, 이제는 인공지능과 빅데이터를 기반으로 한 제4차 산업혁명을 맞이하고 있다. 정보는 생명이며, 그 안에서 사람들은 움직인다. 마켓 트렌드, 라이프스타일, 구매 패턴의 변화, 시장 동향 등을 민감하게 분석하여 적중률이 높은 상품을 기획하는 능력을 갖추어야 한다.

의사소통 능력

새로운 것을 기획·개발하여 제안하고, 유관 부서 및 바이어를 설득시키기 위해서는 계획적이고 조직적인 사고와 업무 추진력이 있어야 한다. 상대방을 이해시키고, 움직이게 만드는 의사소통 능력이야말로 중요한 스킬 중 하나라고 할 수 있다.

논리적 사고력

기획은 종합적 사고를 기반으로 한다. 현상을 면밀히 파악하여 향후 기업의 목표 달성을 위한 상품화 전략을 수립하는 중요한 업무를

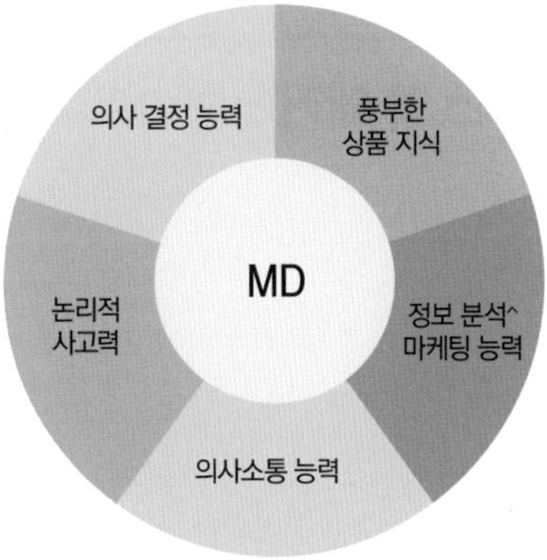

그림 1-1 머천다이저의 자질

진행한다. 그렇기 때문에 모든 사고력이 논리적이지 않으면 위험하다. MD들 가운데는 감에 의존하는 이들도 있다. 물론 경험적 노하우가 의사 결정에 중요한 영향을 미치는 것이 사실이지만, 인과관계를 논리적으로 판단할 수 있는 사고력이 밑받침되어야 한다.

의사 결정 능력

기획은 항상 소비자의 구매 시점보다 앞서 이루어지므로 신중하고도 때론 과감한 의사 결정력이 있어야 한다. 실패를 두려워하거나 혹은 책임에 대한 무게감 때문에 결정을 내리지 못하여 기회를 잡지 못하는 경우가 다반사다. 기획자에게 햄릿증후군(결정장애)은 철저히 이겨내야 할 장애 중 하나다.

상품기획 프로세스의 메커니즘 파악하기

히트 상품을 개발하려면, 그것도 소비 심리가 얼어붙은 불황기에 회사를 위기에서 구할 만한 가치가 있는 상품을 개발하려면 단순한 접근으로는 어렵다. 아이디어는 개인에게서 나올 수 있지만 상품화는 조직 전체가 움직여야 한다. 더욱이 히트 상품은 조직 내의 유기적 연결이 완벽해야 가능하다. 즉 기획-관리-영업의 삼박자가 맞아야 한다. 그러기 위해서는 상품을 기획·개발하는 데 있어 각 프로세스별 명확한 역할 및 상호 연관 관계상의 시너지를 최적화하는 시스템을 구축하는 것이 무엇보다도 중요하다.

히트 상품은 팀워크로 창조해내는 것이다. 잘 구조화된 톱니바퀴는 나귀가 집채만 한 돌을 이동시킬 수 있는 메커니즘을 갖게 해준다.

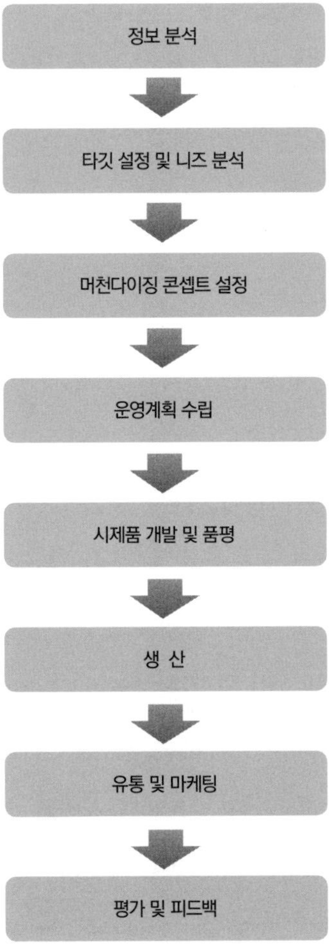

그림 1-2 머천다이징 프로세스

〈그림 1-2〉는 제조업 기준의 머천다이징 프로세스를 도식화한 것이다. 서비스업이나 소매업은 관점의 차이가 있어 약간 다르게 접근해야 하지만, 결론적으로 무엇을 팔 것인가를 이끌어내는 것이기 때문

에 여기서는 제조업 머천다이징 프로세스를 기준으로 설명하고자 한다. 왜냐하면 제조업 상품기획(머천다이징)은 상품 개발의 기본 과정이므로 프로세스별 역할과 상관관계만 이해하면 타 업종에도 충분히 응용이 가능하기 때문이다.

1. 정보 분석

우리는 어떤 의사 결정에 앞서 먼저 필요한 정보부터 모은다. 하물며 약속 시간에 맞춰 제시간에 도착하기 위해서도 지도 앱을 이용해서 가는 방법과 최적 시간을 알고 준비한다. 더욱이 머천다이저는 다가올 미래에 판매될 상품을 기획하는 일을 하기 때문에 과거와 현재의 데이터로부터 미래를 예측하는 정보 분석 능력이 필수적이다.

현대 사회는 정보화 사회다. 트렌드의 변화 속도가 상상 이상으로 빠르게 변화하고 있다. 방금까지 우리가 알고 있던 정보는 하루만 지나도 구닥다리가 될지도 모른다. 그 때문에 보다 정확하고 양질의 정보를 얻게 되면 전략 수립의 성공률이 높아지는 것은 당연한 이치다. 가치 있는 정보를 얻는 이에게는 새로운 시장의 주인공이 될 수 있는 열쇠가 주어지게 되는 것이다.

그렇다면 우리는 어떠한 정보를 얻어야 하는가? 일상생활의 모든 것은 정보가 될 수 있다. 더욱이 그것이 누적된다면 의미를 담은 정보가 된다. 봄에 갑자기 내리는 비는 먼지를 날려주는 시원한 봄비일 수 있지만, 과거 몇 년 동안의 봄 시즌 강우량을 추적한다면 지금 내리는 비는 전혀 다른 의미를 갖게 된다.

하지만 무수히 많은 정보를 다 주워 담을 수는 없다. 머천다이저의 의사 결정에 필요한 의미 있는 정보를 캐치해내야 한다. 특히 소비자의 행동 변화, 트렌드 추이, 산업 동향, 경쟁사 현황 등은 반드시 예의주시해서 관찰한 후 정보화하는 노력을 게을리하면 안 된다.

머천다이저의 정보 수집 원칙

- 다양성을 갖추어야 한다. 지금은 크로스오버(cross-over)*가 활발히 일어나고 있는 세상이다. 대중음악에서 발전된 크로스오버 형식은 의류업체가 화장품을 론칭하는 등 서로 다른 업종 간의 활발한 교류가 이루어지고 있으므로 다양한 분야에 대해 관심을 가져야 한다.
- 사실에 근거하여 판단해야 한다. 어떠한 현상이나 정보를 임의로 추측하여 자신이 원하는 방향으로 끌고 나가려는 행동은 아주 위험하다. 철저히 팩트(fact)를 기준으로 객관화된 정보로 의사 결정의 자료로 활용해야 한다.

* 서로 다른 장르가 교차한다는 의미로써, 독립된 장르가 서로 뒤섞이는 현상을 말한다. 퓨전(fusion) · 하이브리드(hybrid) · 컨버전스(convergence)와도 통하는 말이다. 크로스오버라는 개념은 주로 대중문화 영역에서 사용되고 있기는 하지만 대중문화에서부터 정치에 이르기까지 전 분야에 걸쳐 나타나고 있다.

- 현장 중심의 정보를 얻는 데 노력해야 한다. 사무실에서 접하는 인터넷 정보와 보고서로는 한계가 있다. 직접 발로 뛰고 눈으로 보고 귀로 들어야 정확하고 살아 있는 정보를 얻을 수 있다.

머천다이저에게 필요한 정보

- **시장 환경 정보:** 인구통계학적·경제적·사회문화적 환경 변화 등 거시적 환경과 관련 산업계의 전반적인 동향이나 상품 카테고리별 트렌드 등의 미시적 환경을 분석한다. 또한 경쟁사와 협력업체 그리고 자사 내부 환경 요인 등 기업 정보에 대해서도 반드시 파악하여 경쟁 우위 전략을 수립하기 위한 정보로 활용한다.
- **트렌드 정보:** 혼밥족, 워라밸, 먹방 등 라이프스타일에 관련된 이슈나 패션 관련 트렌드 정보 등과 같이 많은 사람들이 관심을 갖고 비즈니스에 영향을 미치는 환경 요인을 분석함으로써 소비자의 심리를 자극하여 상품 구매와 연결될 키워드를 도출하는 데 활용한다. 트렌드는 상품과 시장의 변화에 상당한 영향을 주는 요인이므로 지속적인 관찰과 모니터링으로 미래를 예측하는 데 중요하게 활용되어야 한다.
- **시즌 리뷰(season review):** 전 시즌의 운영 실적 결과를 냉철하게 고찰하는 과정이며, 차기 시즌 기획의 방향성을 설정하는 데 아주 중요한 분석이다. 사전에 계획했던 기획 방향과 실적을 비교 분석함으로써 강화 및 보완해야 할 요인을 찾아낸다. 실질적으

로 시즌 리뷰만 충실히 하더라도 차기 시즌 기획에 대한 방향성을 도출하는 데 큰 도움이 된다. 시즌 리뷰는 머천다이저의 시각으로만 분석해서는 안 된다. 상품 및 매출과 연관된 유관 부서(디자인, 영업, 마케팅 등)와 함께 전사적인 관점에서 지난 시즌을 돌아봐야 보다 객관화된 정보를 얻을 수 있다.

위에서 열거한 정보들은 기업의 정책과 전략 수립에서부터 상품 전략, 생산 전략, 물량 결정, 유통 및 마케팅 전략 수립에 이르기까지 모든 전반적인 의사 결정에 중요한 자료로 활용되며, 머천다이징 프로세스의 모든 단계에서 관련 정보를 수집하고 분석하는 노력이 절대적으로 요구된다. 왜냐하면 이러한 정보를 어떻게 활용하느냐에 따라 기업의 성패가 달려 있다고 해도 과언이 아니기 때문이다.

머천다이저는 정보가 많을수록 자신감이 생기며,
나아가 개발 상품을 성공시킬 가능성이 더욱 높아진다.

2. 타깃 설정 및 니즈 분석

상품은 고객이 어떠한 필요에 의하여 구매를 결정함으로써 비로소 가치를 갖게 된다. 그 가치에 대한 판단은 완전히 고객의 몫이며, 판단의 결과가 긍정적이어야 지속적인 구매와 매출 확산이 일어난다.

거기에 마케팅이라는 고도의 전략 도구가 더해지면 매출이 증폭될 수도 있다.

마케팅은 미충족된 고객의 욕구를 파악하여 상품이라는 매개체를 통해 경쟁사보다 고객의 욕구를 더욱 잘 충족시키기 위해 전사적으로 역량을 집중하는 것이다. 따라서 고객이 누구인지 파악하고, 무엇을 원하고 있는지 분석하는 일은 시장 경쟁 우위 확보를 위한 측면에서도 중요하다.

산업혁명 4.0 시대는 상품이 고객을 이끄는 게 아니라 고객의 니즈가 있는 곳에 상품이 있는 시대다. 빅데이터를 기반으로 고객의 생각을 미리 읽음으로써 고객이 필요로 하는 상품이 이미 그 자리에 가 있는 것이다.

극도로 세분화된 시장은 내 고객이 누구인지를 명확히 아느냐 알지 못하느냐에 따라 성공의 열쇠가 달려 있다 해도 과언이 아니다. 어떠한 비즈니스나 상품도 모든 사람을 만족시키기는 어렵다. 그러므로 여러 다양한 소비자층 가운데서 특정 집단을 타깃으로 하여 자사의 역량을 감안한 최적의 소비자층을 선정하고, 그들의 욕구를 충족시킬 수 있는 상품 전략을 세워야 한다. 더 많이 팔려는 욕심에 타깃을 넓힌다면 결국 경쟁사의 날카로운 공격에 고객을 빼앗길 수도 있다.

타깃 설정에 있어 중요한 것은 핵심 고객층과 전략 고객층이다. 핵심 고객층은 매출의 근간이 되는, 비즈니스의 가장 많은 범위를 차지하는 고객층이다. 코어 타깃이라 할 수 있으며, 이 대상층을 나의 고객으로 만들어야 한다. 그러려면 전략이 필요한데, 이를 충족시키기 위해서 전략 고객이 존재한다.

전략 고객은 핵심 고객에 영향을 줄 수 있는 타깃 군이다. 레이싱 콘셉트의 의류 브랜드라면, 핵심 고객은 스포츠카에 관심이 많은 20~30대 남성층일 것이고, 전략 고객은 카레이서나 자동차 동호회 회원 등이 될 수 있다. 전략 고객의 니즈를 잘 분석하여 핵심 고객층의 욕구를 건드릴 수 있는 콘셉트를 상품에 잘 반영하는 것이 중요하다.

상품기획이라는 것은, 이를테면 한국 화장품이 전 세계적으로 인기를 끌자 중국 고객들이 한국 면세점의 화장품 매장에 와서 특정 라인을 가리키며 "여기부터 저기까지 모두 주세요" 하는 소비자를 기준으로 하는 게 아니다. 상품과 마케팅의 힘이 집중되고 누적되면 그러한 현상이 일어난다. 힘을 집중시키려면 타깃을 좁혀야 한다. 그리고 타깃이 원하는 것이 무엇인지를 분석해내는 데 모든 정보력을 동원해서 고객을 만족시킬 수 있는 상품을 기획해야 한다.

> **어린 시절 돋보기로 햇빛을 모아 종이를 태워보지 않았는가?**
> **그처럼 한곳에 집중하면 강해진다.**

3. 머천다이징 콘셉트 설정

가히 콘셉트(Concept)와 콘텐츠(Contents)*의 시대라 해도 과언이 아닌 시대에 여러분은 상품을 공급하고 있다. 소비자의 습관적인 구매에도 콘셉트가 작용하고, 스토리가 있는 제품은 더욱 관심과 사랑을 받으며, 의미를 갖지 못한 상품은 제품수명주기(PLC)가 짧아지는 비극적 운명을 맞을 수밖에 없다. 그렇다. 공급 과잉시대에 소비자는 나에게 어떤 의미와 가치를 부여하는 제품이냐에 따라 구매 결정을 허락하며, 그것은 바로 제품의 콘셉트에 담겨 있다.

이러한 제품의 콘셉트를 설정하는 데 있어 머천다이저는 두 가지 측면에서 고려해볼 수 있다. 하나는 제품 측면이다. 제품 콘셉트는 기능적·심미안적·차별적 요소로 접근한다. 편리한, 유용한, 가성비가 높은 제품 등 장점을 무기로 콘셉트화하는 것으로, 가장 일반적인 콘셉트 설정이라 할 수 있다. 제품 콘셉트는 개발 조직에서부터 마케팅, 판매 조직에까지 이어져 일관성을 갖고 고객에게 전달되어야 한다.

다른 하나는 운영 측면이다. 시장은 경쟁이 치열하기 때문에 제품 콘셉트와 마케팅만으로는 한계가 있다. 이를 극복하기 위해 큰 틀을 흔들기 위한 전략적 콘셉트를 세워야 한다. 국내 최초로 개발된 상품

* 콘셉트가 어떤 작품이나 제품이 나타내고자 하는 개념을 말한다면, 콘텐츠는 사전적으로 내용물, 목차라는 의미이며, 현대 사회에서는 정보 전달자가 문자 · 음성 · 영상 등 다양한 정보 형태로 제시되는 정보 서비스 내용물을 지칭한다.

이라든지, 주력 상품군의 원가 개선을 통해 판매가를 확 낮추어 시장에 가격 파괴 전략으로 고객 유입을 강화한다든지 하는 전략적 요소가 그 예다.

운영적 측면의 머천다이징 콘셉트는 분명한 목적의식이 수반된다. 시장과 자사의 내부 상황을 고려할 때 전략적으로 필요에 의해서 진행되기 때문이다. 즉 의도적으로 시장 점유율을 높이거나, 추락하는 매출을 반등시키기 위한 전략적 기획 상품, 그리고 경쟁사를 무력화시키기 위한 대응 상품 등 기업의 목표 달성에 전략적으로 전개할 필요성이 있는 경우 머천다이저는 영업과 협의하여 진행하게 된다.

> 머천다이저는 넓고 깊게 봐야 한다. 머천다이저의 차이는
> 결국 전략적 사고를 하느냐 안 하느냐에 달렸다.

4. 운영계획 수립

운영계획은 머천다이징 콘셉트에 따라 상품 운영전략과 그에 따른 구체적 실행계획을 수립하는 과정이다. 카테고리별 상품 구성과 예산 및 물량계획이 주요 내용이며, 매출계획에 따른 상품 매입 예산계획을 수립해야 하므로 신중하고 치밀한 계산이 요구된다. 그래서 엑셀 프로그램의 각종 함수가 사용되고, 수학적 논리가 적용되는 이유다.

매입계획은 비용과 직결되기 때문에 아주 중요하다. 많은 머천다

이저들이 매입계획을 하나의 업무 스킬로만 여기고 있는데, 매입계획에는 아주 치밀한 전략이 숨겨져 있다. 흔히들 말하는 '선택과 집중' 전략이다. 예산은 한정되어 있다. 매출 이익이 높은 곳에 자원을 집중 투입하고, 비효율 부문은 정리·축소·선택적 유지 등으로 관리되어야 예산의 낭비를 막을 수 있다.

매입계획을 조금만 잘못 수립해도 기업 이익에 큰 문제가 발생할 수 있다. 특히 전략적으로 투자가 집중된 카테고리에서 실패라도 하는 경우에는 아주 치명적이다. 일례로 전동 킥보드와 같은 스마트 모빌리티를 대량 매입했는데, 안전사고와 정책상의 규제로 판매에 문제가 생겨 큰 손실을 본 기업도 있다. 또한 겨울철 다운점퍼 시장이 그러하다. 단가가 높고 시장 볼륨이 크기 때문에 물량 결정에 많은 어려움을 겪는다. 2017년 겨울 다운점퍼 시장은 호황을 누렸으나 2018년에는 참담한 성적표로 많은 패션 기업에 아픔을 가져다주었다. 기후를 예측할 수 없기 때문에 더욱 그러하다. 이렇듯 시장유동성이 큰 카테고리는 신중에 신중을 기해야 한다.

기업의 최대 적은 재고 리스크가 아닌가. 기업에서 판매할 수 있는 역량 대비 적정 물량을 생산해야 과다재고의 참사를 막을 수 있다. 과다재고는 회사를 위태롭게 한다. 과다재고가 발생하면 제값을 못 받고 마진을 줄이면서 재고를 소진할 수밖에 없다. 그러면 결국 이익률이 낮아지고, 자금 회수가 늦어져 기업의 현금 흐름(cash flow)에 악영향을 미쳐 전체적인 비즈니스 구조를 견실하지 못하게 만드는 결과를 낳는다.

이익률과 현금 흐름은 기업의 중요한 재무지표이기도 하다. 기업을 운영하는 목적이 무엇인가? 결국 잘 만들고 많이 팔아서 마진을 많이 남기는 것이 아닌가? 그러면서 지속 가능한 비즈니스를 유지하는 것이다. 이익률이 높은 기획은 회사를 건강하게 만들 수 있다. 그리고 영업 환경을 고려한 적정 스타일 수 개발 계획은 비효율적 요소를 제거해준다.

운영계획은 머천다이저 혼자 수립하는 것이 아니다. 기획 단계에서부터 예산과 이익에 관련된 지표를 수립하고, 매출과 연동된 생산 계획을 결정해야 한다. 따라서 재무, 경영기획, 마케팅, 영업, 생산 부서와 조율하여 디테일하게 수립해야만 전체 운영의 틀을 맞출 수 있다.

나는 머천다이저로서 수많은 운영계획을 수립해왔다. 나름대로 숫자 개념이 나쁘지 않아 근무한 기업마다 상품 운영 효율을 높이는 데 많은 기여를 했다. 하지만 창업을 하고 나서는 바보가 된 듯한 느낌이었다. 유통 대기업에 근무할 때는 혼자서 1,300억의 매출을 관리하기도 했는데, 창업 이후에는 1억 원의 예산도 제대로 사용하지 못하여 부실재고를 잔뜩 떠안기도 했다. 혼자서 의사 결정을 했기 때문이다.

대기업이나 큰 조직은 시스템으로 관리된다. 비록 개인이 잘못을 해도 상호 필터링해주는 유관 부서가 있어 큰 오류를 막을 수 있다. 하지만 소규모 기업은 그렇지 못하다. 배가 클수록 거친 파도를 이겨내는 힘이 있지만, 작은 배는 바람만 불어도 휘청거린다. 따라서 매입 계획을 수립하는 머천다이저는 책임감을 갖고 있어야 한다.

> **회사 돈을 내 돈이라고 생각하고 상품 예산을 수립하라.**
> **신중하지 않을 수 없을 것이다.**

5. 시제품 개발 및 품평

디자인 개발과 아울러 진행되는 과정이 흔히 샘플이라 불리는 시제품 제작 단계다. 상품화되기 전에 시제품을 제작하는 이유는 제품 출시에 앞서 시장 반응을 미리 예측하기 위함이며, 상품의 완성도를 높이기 위해 필드 테스트를 진행하는 목적도 갖고 있다. 그렇기 때문에 시제품은 출시 상황에 최대한 가깝게 제작해야 보다 정확한 결과를 얻을 수 있다.

이때 시제품 제작에서 머천다이저와 디자이너 등 개발자가 주의해야 할 점이 있다. 업종마다 다르겠지만, 시제품 제작 역시 비용이 수반되는 작업이다. 오더를 목적으로 한 작업이기 때문에 시제품을 제작하는 협력업체는 시제품 제작비용을 청구하지 않지만, 결국 원가에는 반영되는 비용이다.

문제는 시제품, 즉 사전 샘플을 과도하게 많이 제작하는 경우 해결해야 할 문제가 발생한다는 점이다. 적정 수준이면 상관없으나, 개발자는 아무래도 다양한 샘플을 보고 싶어 하며, 제작업체는 비용을 줄이기 위해 최소화하기를 원한다. 의류의 경우는 샘플을 제작하기 위해 생산하는 원단 비용만 해도 수천만 원에 이르기도 한다. 과도한 개발 비용은 결국 원가에 반영된다는 사실을 알아야 한다. 납품업체는 절대 손해를 보지 않는다. 그건 상식이다. 역지사지로 생각해보면 알 것이다.

시제품이 제작되면 품평의 과정을 거친다. 품평은 어느 분야를 막론하고 상품화 단계에 있어 아주 중요한 프로세스다. 기획 과정이 아무리 완벽하다 하더라도 품평 과정에서 의사 결정이 잘못 이루어지면 허사가 되고 만다. 품평은 시제품을 통해 관련 부서와 판매 일선의 담당자들의 의견을 통해 시장에서 어떤 반응을 보일지, 성공 가능성은 얼마나 되는지, 그리고 문제점은 무엇인지를 도출해낸다.

기획자는 신이 아니다. 그렇기 때문에 많은 관련자들의 의견을 수렴하여 보다 정확도를 높일 수 있는 프로세스를 통해 성공적인 기획을 이끌어내야 한다. 그 작업이 바로 품평이다. 단, 품평은 객관적인 데이터를 기반으로 평가해야 한다. 치우침보다는 다양성이 필요하며, 그 다양성 안에서도 가중치를 두어야 한다. 판매가 저조한 매장의 판매 사원보다는 주력 매장의 판매 사원 의견이 더 중요한 것은 두말할 필요가 없다.

또한 품평 단계는 기획자의 생각과 현장의 소리가 만나는 자리다. 간극이 발생할 수밖에 없다. 기획자는 각종 시장조사와 트렌드 분석을 통해 미래 지향적 견지에서 개발을 진행하고, 판매 현장은 과거와 현재의 시장 상황 위주로 의견을 개진한다. 그렇기 때문에 전략적 의사 결정은 기획 위주로 진행해야 하며, 충분히 설득력을 갖추어 유관 부서를 이끌어나가야 한다. 그것이 기획자의 능력이다.

> 기획자는 고객에게 상품을 파는 것이 아니라 현장의 판매 사원에게 판다는 생각이 중요하다. 그들이 얼마나 만족하느냐에 따라 승패가 달렸다.

6. 생산

히트 상품이 탄생하는 데 있어 생산 능력은 간과해서는 안 될 요인이다. 유니클로에서 플리스 재킷 2,600만 장을 판매할 당시 생산 노하우가 없었으면 불가능했을 것이다. 전략 상품이 기획되었다 하더라도 생산이 뒷받침되지 않으면 무용지물이다. 반짝하고 마는 상품이 되고 만다. 그래서 히트 상품을 기획할 때에는 생산 대응 능력을 확보하는 것이 최우선 순위다. 개발 측면에서 본다면, 사실 생산은 테크니컬한 요소가 많이 내포되어 있다. 차별화된 상품 개발이나 유니크한 상품도 기술적 요소가 반영되는 경우가 많다. 그렇기 때문에 생산과 상품 개발의 협력은 아주 중요하다.

또한 패션업의 경우 국내 제조업의 붕괴로 대부분 해외 생산 위주로 전개하다 보니 생산의 차별성이 없어졌다. 우리가 일상생활에서 흔히 접하는 스포츠, 아웃도어 브랜드의 모든 제품은 품질에 큰 차이가 없다. 물론 브랜드 수준에 따라 차이가 있긴 하지만 크진 않다. 그래서 차별적 우위 확보를 위해 상품기획력과 마케팅 능력에 따른 브랜딩으로 집중하고 있는 것이다.

하지만 나는 생산 파워가 중요하다고 생각한다. 갈수록 생산의 차별화가 없어지고 있기 때문에 더욱 차별화가 필요한 것이다. 각종 광고나 인터넷 매체를 살펴보면 쉽게 알 수 있다. 가성비를 내세우는 수많은 상품들은 결국 생산력의 산물이다. '가격 대비 성능'은 결국 '높은 품질 대비 낮은 가격'이란 말이며, 이는 생산성을 극대화하여 원가를 낮출 수 있기 때문에 실현 가능한 것이다.

또 하나가 있다. 애플이 삼성을 함부로 하지 못하는 이유는 아이폰에 사용되는 메모리칩과 디스플레이 패널을 삼성이 주력으로 납품하고 있기 때문이다. 또 다른 예로 한 유명 진 브랜드에서 개발한 데님 원단은 타 기업이 사용을 못하게 독점 공급받음으로써 경쟁사 대비 품질 경쟁력을 유지하는 전략을 사용하고 있다. 이렇듯 시장에서 경쟁사에 대응할 수 있는 힘을 갖고, 한편으로는 경쟁사를 무력화시키는 전략을 가져오게 하는 것이 생산 파워다. 잘 만드는 것도 중요하지만, 나 아니면 만들지 못하게 만드는 것도 중요한 차별화 전략이다.

생산 파워는 머천다이저에게 무기를 개발할 수 있게 해주는 원천이다.

7. 유통 및 마케팅

브랜드 회사에서 오랜 기간 상품기획 업무를 해오면서 소비자가 만족할 만한 상품을 개발한다는 일에 자부심과 가치를 나 스스로에게 부여하고 있었다. 하지만 유통 머천다이저를 경험해보고 나서야 '내가 너무 세상을 좁게 보고 있었구나' 하고 절실히 느꼈다.

우리나라는 1990년대 중반까지만 하더라도 상품이 우선시되는 시장구조여서 제품을 잘 만드는 일에 집중되어 있었고, 판매도 그리 어렵지 않았다. 하지만 경쟁이 가속화되고 판매 채널도 복잡 다변화되고 있는 요즘엔 어디에서 어떻게 판매할 것인지가 더 중요한 관점이 되고 있다. 좋은 상품이 단순히 상품의 우수성을 논하는 게 아니라, 유통 채널에서 팔기 좋은 상품으로 개념이 바뀌고 있는 것이다.

우리의 일상생활을 살펴보자. 밖에 나가면 백화점, 면세점, 할인점, 로드샵, 슈퍼, 드러그스토어, 편의점, 재래시장 등 수많은 유통점이 소비자의 눈을 어지럽게 만들고 있으며, 집이나 사무실에서는 홈쇼핑, 온라인 유통이 여러분을 기다리고 있다. 더욱이 스마트폰의 대중화로 언제 어디서나 접할 수 있는 모바일 쇼핑은 최근 가장 급성장하고 있는 판매 채널이다.

이 모든 채널은 각각의 특성을 바탕으로 고객에게 다른 서비스와 콘텐츠를 제공하고 있다. 상품도 마찬가지다. 상품이 갖는 콘셉트와 타깃에 따라 적합한 유통이 있다. 반대로 주력 유통을 고려하여 거기에 적합한 상품을 개발하기도 한다. 머천다이저는 이제 상품의 가치를 파악하는 접근법을 달리해야 한다. 특정 타깃을 만족시키는 수준에서 나아가 그 타깃이 주로 애용하는 유통 채널에 적합한 상품 가치를 뽑아내야 한다.

제조회사 입장에서 하나의 유통 채널만 운영하는 경우도 있지만, 멀티채널인 경우도 있으므로 적절한 배분과 공급 관리 업무가 수반된다. 이 업무의 핵심은 적재적소 배분이며, 재고 관리 및 이익 관리에 중요한 영향을 준다. 즉 이익이 높고 회전율이 빠른 채널에 물량을 집중하여 수익성을 높이고, 판매 실기(失期)를 최소화하여 매출 효율을 극대화시키는 것이다.

상품이 우선일까, 영업이 우선일까. 이는 상품력과 영업력의 배틀(battle)이다. 의외로 둘 다 강한 기업이 많지 않다. 카테고리 선두 그룹을 유지하는 기업들은 둘 다 강하다. 상품력이 좋아서 고객들이 알아서 찾아주면 영업력은 자연 상승된다. 반면, 상품력이 떨어지면 영업은 아주 고생을 하게 된다. 마케팅은 상품과 영업을 지원해주는 훌륭한 무기이자 때에 따라선 가장 강력한 도구가 된다.

나는 전문적인 마케터는 아니지만 상품기획자 입장에서 바라본 마케팅을 한마디로 정의한다면, 마케팅은 '타깃 고객에 대한 향기로운 속삭임'이라 생각한다. 부지불식간에 노출되고 있는 수많은 광고, 제품 포장이나 진열대에 표기된 자극적인 유혹 문구, 각종 SNS에 등장하는 홍보 콘텐츠 등은 모두 하나의 목적을 갖고 있다. '우리 상품은 당신에게 정말 필요한 것이며, 다른 상품에서는 경험할 수 없는 기쁨을 드립니다'라는 메시지를 전달하여 고객에게 관심과 흥미를 유발시켜 구매로 연결하는 것이다. 즉 고객의 욕구 충족과 경쟁자 대비 차별화된 강점을 지속적으로 전달하여 브랜드 혹은 기업의 가치를 심어주고 나아가 충성 고객으로 만드는 일련의 과정이다. 그 중심에는 상품이 있다는 점을 명심하자. 따라서 머천다이저는 마케터의 시각으로 상품을 기획하는 것이 중요하다.

좋은 상품도 결국 소비자의 손에 도달해야 가치가 있다.
그 과정에 유통과 마케팅이 있다는 걸 명심하자.

8. 평가 및 피드백

시장은 머천다이저에게 극복해야 할 시험과 같다. 출제 문제를 미리 알지 못하며, 정답을 알 수 없다. 예측하지 못한 변수들이 개발된 상품의 제품수명곡선에 영향을 준다. 예상보다 부진하여 조기에 가격할인이 되는 경우도 있고, 의외로 대박이 나서 추가 생산에 박차를 가할 수도 있다. 그리고 경쟁자가 보다 나은 상품으로 내 고객을 빼앗아갈 수도 있다. 그래서 머천다이저는 제품 출시 이후 지속적인 평가와 관리를 통해 시장 반응에 적절하게 대응해야 한다. 시장은 그리 호락호락하지 않다.

시즌이 끝나가면 전체적인 평가를 통해 차기 상품 개발에 반영할 개선점을 찾는 과정을 거친다. 히트 상품이 매 시즌 나오면 얼마나 좋겠는가. 하지만 그렇지 못한 것이 현실이다. 연마의 과정이 필요하다. 잘 드는 칼이 되기 위해서는 수많은 연마 과정을 거쳐야 하듯이 말이다.

내가 직·간접적으로 경험해온 많은 회사들은 저마다 자기 방식의 개발 프로세스를 갖고 있었다. 회사의 문화와 카테고리 특성을 기반으로 시스템화되어 있는 것이다. 가만히 들여다보면 조직이 성과를 내는 일을 하느냐 못 하느냐는 문화에 기인하는 경우가 많다. 경영자의 강력한 리더십이 전체 흐름을 좌지우지하는 경우도 있고, 조직 간 유기적인 협조 체제의 합이 너무나도 잘 맞는 곳도 있지만, 그 안에서 가장 중요한 것은 문화였다. 눈에 보이지 않는 흐름! 일이 되게 하는 조직이냐, 배가 산으로 가게 하는 조직이냐는 기업 문화가 통제하는 경우가 많다.

뮤지컬 공연이 히트를 치려면 각본, 배우, 스태프, 관리 등 연관되어 있는 모든 구성원들이 최상의 앙상블을 보여야 성공할 수 있다. 기업의 대표들은 보통 상품기획과 개발에 초기부터 관여하지 않고, 평가 단계에서 의사 결정을 한다. 장단점이 있겠지만, 회사 매출의 키를 잡고 있는 상품 개발에 적극적으로 관여해야 한다고 역설하고 싶다. 물론 가장 중요한 것은 전체 시스템이 잘 돌아가도록 설계하는 것이다. 그러자면 상품 개발 프로세스의 메커니즘을 꿰뚫고 있어야 가능하다.

사장은 축구팀의 감독과 같다. 포지션별 플레이어를 잘 선발하고, 각자 역할을 충실히 수행할 수 있도록 관리 감독해야 한다. 그리고 경쟁 우위를 확보하기 위해서는 개인 영역만 신경 써서는 안 된다. 팀 컬러가 필요하다. 다른 회사와 차별화된 강점을 갖고 있는 역량이 그것이다. 체력을 앞세워 압박 축구로 4강 신화를 이루어낸 2002년 월드컵 때의 거스 히딩크처럼 말이다.

머천다이징 전략의 개념 습득하기

기업에 있어 머천다이저의 가장 중요한 역할은 '효율화'와 '경쟁력 강화'라고 생각한다. 디자인된 상품을 단순히 '판다'는 것과 머천다이저의 손을 거쳐 '남는 장사를 한다'는 것은 완전히 다른 얘기다. 머천다이저는 단순히 판매하는 데 집중하는 게 아니라, 어떻게 하면 기업에 보다 많은 이익(여기서 이익은 단기적일 수도 있고, 중장기적일 수도 있다)을 가져다줄지를 고민하고 실행하는 이들이다.

거기에 더하여 시장 내 경쟁자들과의 싸움에서 이길 수 있는 방법을 전략적으로 풀어내야 한다. 차별화된 상품이라든지, 놀랄 만한 가격, 다양한 상품 구색, 한발 빠른 물량 대응 등으로 경쟁 우위 확보를 위한 모든 방안을 강구해야 한다.

패션 브랜드나 일반 제조업을 살펴보면, "디자인만 좋으면 판매는 문제없어!", "우리는 판매 조직이 강하니깐 어떤 상품이든 잘 팔 자신이 있어!" 하는 기업이 의외로 많다. 이를테면 디자인이나 상품의 기능 중심, 혹은 영업력에 집중하여 시장을 공략하는 기업을 종종 볼 수 있다. 머천다이저의 기능이 생산관리나 영업부서와 디자인팀의 조율 기능으로만 존재하는 기업은 얻을 수 있는 것을 눈앞에서 놓치고 있는 것과 다르지 않다.

만들기만 하면 잘 팔리는 시대는 지났다. 디자인이 좋은 상품은 판매의 기본 조건이지 절대적인 조건은 아니다. 마케팅력을 동원하여 상품력을 배가시켜 판매를 극대화해야 한다. 현대 사회에서는 아주 중요한 전략이기도 하다. 하지만 판매의 기반이 되는 상품력은 단순히 디자인과 마케팅만이 아니다. 반짝할 수는 있어도 지속성과 효율성이 저하될 수가 있다. 상품화 요소에는 여러 가지 기능이 숨겨져 있다. 동일한 상품을 판매하더라도 적정한 가격과 적정 물량, 그리고 최적의 유통에서 판매될 때 매출과 이익을 보다 나은 결과로 이끌어내는 것이 머천다이저의 핵심 역량임을 잊어선 안 된다.

이제부터는 머천다이저가 진행하는 전략적 업무를 살펴보기로 하자.

1. 상품 구성 전략

단일 상품으로만 운영되는 기업은 극히 드물다. 대부분 복합 상품을 판매하는 형태로 이루어지는데, 어떻게 상품을 구성하고 관리하느냐에 따라 매출과 이익의 결과물이 달라진다.

예산(budget) 계획

판매를 위해서는 상품을 생산해야 하고, 상품을 생산한다는 것은 예산의 투입을 의미한다. 기획은 시즌을 앞서서 진행되기 때문에 정확한 계획 수립이 중요하다. 그래야 예산의 낭비를 막을 수 있고, 필요한 곳에 예산을 집행하여 투자 효율을 높일 수 있다.

머천다이저는 매출·재고·이익 관리를 통해 기업의 궁극적 목표인 이윤 창출에 중점을 두고 있으므로 기업의 기본적인 재무 관련 정보에 대한 이해를 토대로 이익 구조를 파악하여 머천다이징 전략을 수립해야 한다.

가장 먼저 경영진과 유관 부서의 협의로부터 목표 매출액을 결정한다. 그런 다음에는 목표 매출액을 달성하기 위한 상품 예산을 결정해야 하는데, 여기에 머천다이저의 중요한 전략이 반영된다. 상품 예산을 수립하는 데 있어 가장 중요한 의사 결정 요인은 매출 이익률과 판매율이다. 그 개념부터 알고 넘어가자.

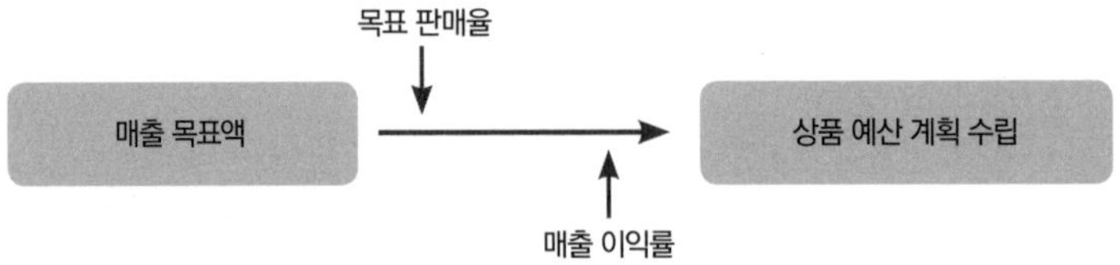

그림 1-3 매출 목표와 상품 예산 수립

예를 들어 매출 목표액이 10억이고, 목표 판매율이 80%, 매출 이익률 목표가 40%라고 가정한다면, 필요한 상품 예산은 아래와 같이 산출된다.

> 상품 예산 = 매출 목표액 ÷ 목표 판매율 × (1− 매출 이익률)
> = 10억 ÷ 0.8 × (1−0.4)
> = 7.5억

보다 쉽게 설명하자면, 목표 판매율이 80%라면 매출 목표액 10억을 달성하기 위해서는 12.5억의 매출가액이 필요하다. 이는 목표 매출액을 목표 판매율로 나누면 된다(10억÷0.8). 그러면 매출가액이 12.5억일 경우, 그에 대한 원가액은 매출가액×(1-매출 이익률)=12.5억×(1-0.4)=7.5억이 산출된다.

정리하면 매출 목표액 10억을 달성하기 위해서는 7.5억의 상품 예산을 투입해야 하며, 목표 판매율을 80%로 가정했으므로 1.5억 원의 상품 원가가 기말 재고로 남게 되며, 매출 이익률은 40%이므로 10억 매출액 달성시 4억의 매출 이익이 발생하는 것이다.

지극히 단순하게 계산되었지만, 목표 매출을 달성하기 위해 필요한 상품 예산 규모를 산정하는 기본적인 계산식이며, 목표 판매율과 매출 이익률 목표는 철저히 과거 데이터와 기업별 특성에 맞는 전략을 기반으로 반영되어야 하므로 머천다이저의 전략은 기업의 경영 목표와 그 흐름을 같이한다고 볼 수 있다.

> 매출 이익률과 원가율은 상반된 개념으로써,
> 원가율은 매출액 대비 원가가 차지하는 비율이다.
> 다시 말해 매출 이익률이 40%이면, 원가율은 60%이다.
> 원가율 개념도 많이 사용되고 있다.

그럼 먼저 매출 이익률 개념에 대해 알아보자.

> 매출 이익률 = (매출액−매출 원가액) ÷ 매출액

매출액이 100억이고 매출에 해당되는 상품 원가가 60억이라면, 매출 이익은 40억이며 매출 이익률은 40%로 나타난다. 여기에 판매비와 관리비를 제외하면 영업 이익이 된다. 따라서 해당 기업의 판매 관리비 비중을 파악하여 적정 이익을 달성하기 위한 사전 기획 마진율(혹은 상품 이익률)을 산정하여야 한다.

기획 마진율 = (정상가 판매 기준 매출액－매출 원가액) ÷ 정상가 판매 기준 매출액

기획 마진율은 상품이 갖고 있는 정상 매출가(세일이 반영되지 않은 매출가)로 100% 판매한다고 가정했을 때의 매출 이익률을 의미한다. 정상 매출가가 10,000원인 상품의 원가가 3,000원일 때 기획 마진은 7,000원이며, 기획 마진율은 70%이다. 즉 내가 3,000원에 상품을 매입하여 10,000원에 판매하였을 경우, 기획 마진율은 70%라는 뜻이다.

다만, 유통이 다변화되고 프로모션이 활성화되고 있는 현 시장 상황에서는 보다 복잡한 논리를 요구하고 있다. 내가 상품을 매입하여 소비자에게 직접 판매한다면 계산은 아주 간단하다. 하지만 중간에 유통을 경유하게 되고, 처음에 기획했던 가격보다 세일 등의 프로모션이 적용될 경우 아주 복잡한 이익률 계산이 필요하다.

〈그림 1-4〉를 보면 소비자에게 직접 판매하는 경우(자사 온라인 몰, 직영점 등)에는 매출 이익률이 높다. 하지만 기업이 직접 고객을 상대하는 유통 방식은 비용의 한계가 있기 때문에 대부분의 기업들이 유통 채널을 경유한다. 백화점, 대형마트, 홈쇼핑, 온라인 몰 등이 대표적인 유통 채널이다. 유통 채널을 통할 경우 수수료가 발생하고, 기업의 마진은 그만큼 감소할 수밖에 없으며, 이에 따른 매출 이익도 손해를 보게 된다. 하지만 매출 이익률이 중요한 만큼 매출 이익액도 중요하다.

매출 이익률이 줄더라도 더 많이 판매하면 전체 매출 이익액이 증

		상품 원가	매출 이익	매출 이익률	유통 수수료	소비자 판매가
정상 판매	직접 유통	3,000원	7,000원	70%		10,000원
	유통사 경유	3,000원	4,000원	57%	3,000원	10,000원
세일 판매	직접 유통	3,000원	5,000원	63%		8,000원
	유통사 경유	3,000원	2,600원	46%	2,400원	8,000원

※ 유통 수수료는 30%, 세일은 20% 기준이며, 원가 변동은 없는 것으로 간주함. (부가세 포함 기준)
※ 유통사를 경유하는 경우 소비자 판매가에서 유통사 수수료를 제외한 가격이 매출가임.

그림 1-4 마진 구조

가한다는 논리인데, 단순히 매출 이익액을 늘리는 데만 집중하면 전체적으로 효율이 감소하여 과다재고 및 비용 증가로 채산성이 악화되는 경우가 있으니 주의해야 한다.

머천다이저는 해당 기업의 유통 구조를 파악하여 사전에 유통사별 수수료를 감안해야 하며, 또한 과거 데이터로부터 세일 비중과 세일률 변수를 추정하여 목표 매출 이익률 산정에 반영해야 정확한 예산계획을 수립할 수 있다.

다음으로 이익률과 함께 고려해야 하는 것이 판매율이다. 판매율이란 판매량을 생산량으로 나눈 값으로, 자원의 투입량 대비 거두어들인 매출량을 비율로 나타낸 수치를 말한다.

판매율 = 판매량 ÷ 생산량

머천다이저에게 판매율 관리는 매우 중요하다. 개발 상품의 적중률과 함께 운영 효율을 나타내는 지표가 되기 때문이다. 판매율이 높으면 당연히 재고가 줄어든다. 재고가 줄면 기업의 현금 흐름에도 좋은 영향을 미치며, 매출·이익률 등 전반적인 핵심성과지표(Key Performance Indicator, KPI)에 큰 영향을 준다.

판매율은 수량 판매율과 금액 판매율로 나누어 생각해볼 수 있다. 일반적으로는 수량 판매율을 많이 사용하지만, 좀 더 디테일한 머천다이징 관리를 하려면 금액 판매율도 중요하게 생각해야 한다.

금액 판매율 = 매출액 ÷ 정상가로 환산한 생산 매출가액

수량 판매율에는 판매 현장에서 일어나는 영업 활동 내용이나 이익 개념이 담겨 있지 않다. 정가 10,000원짜리 양말을 10개 만들어서 8개 팔면 판매율이 80%지만, 정가 10,000원짜리 양말은 2개를 팔고 6개는 20% 세일해서 8,000원에 팔았다면 매출액은 총 68,000원이 된다. 즉 정상가로 환산한 생산 매출가액이 100,000원(10,000원×10개)이므로 금액 판매율은 68%가 된다. 금액 판매율은 세일이나 프로모션을 통해 매출 가치의 변동이 반영되어 있는 판매율이므로 매출 이익 관리 차원에서 좀 더 실질적인 관리 대상이 되는 지표다.

나는 100% 판매율이라는 것은 존재하지 않는다고 생각한다. 시즌 말에 원가 인하 및 땡처리 그리고 소각 등을 통하여 완전 재고 소진을 목표로 한다는 것은 있을 수 있지만 그것은 정확히 100% 판매

는 아니다. 물론 기대 이상으로 판매가 잘되어 조기에 상품이 소진되어 재고가 없어서 완판이라는 말을 하지만, 동시에 이런 경우는 머천다이저로서 아주 치명적인 수요 예측 실수라 할 수 있다. 재고가 부족하여 판매 기회를 놓친다는 것은 머천다이저에게는 죄악과 같기 때문이다. 판매가 안 되어 재고가 과다한 경우나, 잘 팔리는데도 재고가 부족하여 추가 매출 기회를 상실한 경우 모두가 수요 예측을 제대로 못한 경우다.

기업의 가장 위험한 리스크는 과다재고다. 2017년 겨울에 이상 한파로 롱패딩이 큰 시장을 형성하며 많은 패션 기업들에게 매출 신장을 안겨줬다. 가히 롱패딩 열풍이라 할 만큼 소비자들은 앞다투어 롱패딩을 구매했으며, 전략적으로 롱패딩 아이템을 공략한 기업들은 엄청난 매출 증대 효과를 거두었다. 하지만 제대로 준비 못한 기업들은 매출 기회를 놓치고 부러운 눈으로 그들을 바라볼 수밖에 없었다.

그러다가 2018년 겨울에는 전년과는 완전히 다른 양상으로 시장이 변동하고 말았다. 전년도의 시장 확대로 패션 기업들은 롱패딩 생산량을 늘렸으나, 온난해진 겨울 기후가 롱패딩 시장을 잔뜩 위축시켰다. 당연히 많은 기업들이 대량 재고로 몸살을 앓아야 했으며, 일부 기업은 존폐 위기까지 내몰렸다.

수요 예측은 신의 영역이다. 기후 변화를 어떻게 미리 감지하겠는가? 기상청도 모르는 내년의 겨울 날씨를 어찌 알고 물량을 준비하겠는가? 하지만 의사 결정은 해야 한다. 많은 데이터와 정보를 취합하여 최저 리스크와 최대 효율을 이루기 위해 머천다이저는 모든 감각을 동원해야 한다.

상품 구성 계획

당신이 스포츠 브랜드의 의류 MD라고 가정해보자. 매장 안에는 여러 가지 카테고리와 다양한 상품군이 존재하고, 당신은 이 매장을 어떻게 구성할 것인지에 대해 고민할 것이다. 카테고리는 대분류·중분류·소분류 등 단계별로 상품 구색의 다양성을 띠고 있으며, 머천다이저는 카테고리별로 특성에 맞게 관리를 한다.

먼저 카테고리별 매출 트렌드를 감안하여 매출 목표를 산정하고, 물량계획을 수립한다. 전체 매출계획이 수립되면 세부 실행계획 단계에서 매출 목표는 반드시 카테고리별로 수립해야 정확성이 높아진다. 과거 데이터는 전체적인 동향을 파악하는 기초 자료로 활용하되, 트렌드의 변화, 내부 역량의 변화, 전략적 접근 등을 통해 카테고리의 비중을 달리 선정한다.

카테고리별로 비중을 달리하고 구색력을 확장 혹은 축소하는 것은 순전히 머천다이저의 역량이다. 머천다이저는 성장률과 이익률이 높은 카테고리에 한정된 자원(예산)을 집중하고, 동시에 매장 내 상품 구색의 적정성도 함께 고려해야 한다. 매출 트렌드가 좋다 하여 특정 카테고리에만 집중하면 전체적으로 매장이 단조로워질 수 있다. 반면 구색을 다양화하면 자원이 분산되어 매출 임팩트가 약해지고 재고도 증가할 수 있으므로 그 상관관계를 잘 조율해서 카테고리 운영계획을 수립해야 한다.

카테고리별 매출 목표가 수립되면 전개 SKU(Stock Keeping Unit)* 계획과 가격 전략을 통해 생산 물량을 결정하고, SKU 계획에 따라 디자인 개발이 진행된다. SKU 계획은 브랜드 혹은 유통의 특성에 따라 다르게 결정된다. 명품 브랜드와 소위 패스트패션으로 불리는 SPA형 브랜드의 SKU 전략은 확연한 차이가 나타난다. 기업 특성에 맞는 적정 상품 구색 수와 생산성이 SKU 개발에 영향을 주는데, SKU당 판매량이 많아야 매출 효율이 좋아진다. 그러므로 머천다이저는 적정 SKU 수립에 있어 철저히 효율 중심으로 구상해야 한다. 매출 효율과 적정 구색 확보가 머천다이저가 추구해야 할 목표다.

2. 가격 전략

머천다이징 전략에 있어서 가장 중요한 것이 가격 전략이다. 왜냐하면 상품의 가치는 가격에 모든 것이 담겨 있기 때문이다. 가격에는 생산 원가, 마진, 구매 가치, 매출 등 상품으로 발생하는 모든 요인과

* 상품이 매장에 진열되거나 또는 유통되는 가장 최소 단위 개념으로, 개별적인 상품에 대해 재고 관리 목적으로 추적이 용이하도록 하기 위해 사용되는 식별 관리 코드를 말한다. 주로 사이즈, 컬러 등을 SKU의 단위로 많이 사용한다.

직·간접적으로 연결되어 있다.

가격 산출

먼저 가격을 결정하는 데 있어 우선적으로 고려할 사항이 있다. 바로 기업 혹은 브랜드의 정체성이 무엇인가에 대한 것이다. 원가가 만 원인 동일한 상품을 이만 원에 팔 수도 있고, 십만 원에 판매할 수도 있다. 고가 전략을 추구하는 기업은 가격을 높게, 저가격 대량 판매를 원하는 기업은 가격을 낮게 책정해서 판매하는 것이다. 그 안에는 기업마다 적정 마진율 개념이 확고히 자리 잡고 있다. 그 기준에 부합하는 가격 산출이 우선시되어야 한다. 왜냐하면 해당 기업의 유통 구조는 기업이 운영되기 위한 마진을 확보하기 위한 적정 마진율 체계를 통해 구축되어 있기 때문이다.

가격에 영향을 미치는 요인으로는 첫째, 제품의 원가 구조를 들 수 있다. 제품 원가가 상승하면 자연적으로 판매 가격도 영향을 받는다. 그럼에도 판매가를 유지하게 되면 이익이 줄어들 수밖에 없다. 이처럼 제품 원가는 판매가와 이익에 큰 영향을 미치므로 정확한 원가 구조를 파악하고 있어야 한다. 가격 형성에 가장 직접적인 영향을 주는 것이 상품 원가이며, 여기에 더하여 최근에는 인건비를 포함한 관리비의 상승이 판매가에 압박을 주고 있다.

두 번째로는 경쟁사 대비 가격 경쟁력이다. 업계 선두 기업의 경우에는 시장의 기준 가격이 되므로 보다 자유롭게 가격 결정을 할 수 있지만, 그렇다고 경쟁사를 도외시하고 임의로 결정할 수는 없다. 소비자는 가격에 대해 브랜드(기업) 인지도와 상품력을 비교하여 구매를 결정하기 때문이다. 애플의 아이폰이라고 해서 함부로 가격을 높게 설정할 수는 없다. 최대 경쟁사인 삼성의 갤럭시를 의식하지 않을 수 없기 때문이다. 여기서 차별화가 중요하다. 만일 경쟁사 대비 차별화된 가치를 갖고 있다면 가격을 높일 수 있다. 아니면 차별화된 가치를 갖고 있음에도 가격을 낮게 결정한다면 보다 많은 판매를 올리겠다는 목적이 될 수 있다.

세 번째로는 소비자가 인지하는 가치다. 가격은 개발자가 정하지만, 그것을 평가하는 것은 철저히 소비자임을 잊지 말아야 한다. 사용이 시급하고 희소성을 가질수록 가격은 올라간다. 가격 민감도가 상승하는 것이다. 미세먼지가 극성을 부리는 봄철이 되면 황사마스크가 기능에 따라 가격 구분 없이 판매가 잘되는 상황이 바로 그러하다.

가격 정책 결정

가격은 기업이 매출을 통해 이익을 얻을 수 있는 유일한 요인이므로 최대 이익을 실현하기 위한 가격 결정이 우선되어야 한다. 일반적으로 가격은 매출과의 연동성이 높게 나타나는 경우가 많다. 가격이 높으면 소비자의 구매 심리가 위축되어 매출이 감소하고, 반대로 가격을 내리면 매출이 늘어나는 경우를 쉽게 볼 수 있다.

물론 예외인 경우도 있다. 명품은 의도적으로 아무나 쉽게 갖지 못하도록 고가 전략을 추구함으로써 희소성과 소유욕을 유발하여 매출을 늘려가고 있으며, 오히려 가격을 낮추면 일시적으로는 매출이 늘어나지만 장기적으로 보면 브랜드 가치가 떨어져 브랜드 전체를 위험에 빠뜨릴 수도 있다. 그만큼 가격은 기업 혹은 브랜드 이미지를 형성하는 대표적 상품 요인이라고도 할 수 있으므로 가격 정책을 먼저 세워놓고, 그에 따른 제품 가격을 결정해야 한다.

가격 정책은 마케팅 전략의 중요한 부분으로써 브랜드 포지셔닝의 변수로 많이 활용된다. 소비자가 생각하는 브랜드의 가치 수준과 경쟁사와의 비교 대상에 있어 가격이 판단 기준이 되는 경우가 많기 때문이다. 피케 티셔츠를 살 때 빈폴과 폴로 랄프로렌의 가격을 비교해보는 이치와 같은 것이다. 경쟁사 대비 가격 수준을 어떻게 결정할 것인가에 따라 영업과 마케팅 정책이 영향을 받는다.

저가 정책은 시장 진입시 가격 경쟁력을 갖게 되므로 유리하기는 하지만 생산 시스템의 개선을 통한 원가 경쟁력을 확보하지 않으면 이익률의 한계를 극복하기 어려우며, 특정 아이템의 경우에는 로스리더(loss leader)* 상품을 개발하여 고객 유입을 극대화하는 전략을 사용하기도 한다.

* 일반 판매가보다 훨씬 낮은 가격으로 판매하는 것으로, 유인 상품 또는 미끼 상품으로 부르기도 한다. 더 많은 고객을 끌어들이는 것을 목적으로 유통업체에서 일정 기간을 두고 시행하는 경우가 많다. 로스리더 상품은 고객에게 해당 기업의 제품이 전부 싸다는 인식을 줌으로써 로스리더 상품에서는 이익이 발생하지 않더라도 전체 매출을 높여 결과적으로 이익을 늘리는 방법으로 활용된다.

고가 정책은 제품의 품질이나 차별화가 확실하여 고객이 갖는 가치가 높을 경우에 사용되고, 브랜드의 명성을 전략적으로 얻기 위해서 의도적으로 사용하기도 한다. 하지만 고가 정책을 유지하는 데에는 많은 노력이 필요하다. 끊임없는 차별화 유지와 브랜드 관리, 그에 따른 마케팅 비용의 증가 등이 수반되어야 한다. 매출 이익률은 높지만 매출액 자체가 낮을 수도 있기 때문에 고가 정책은 조심스럽게 접근하는 것이 좋다.

마지막으로 경쟁사와 유사한 가격 정책이다. 시장에는 유사한 품질과 상품력으로 경쟁하는 경우가 대부분이다. 그렇기 때문에 경쟁사와의 가격 비교는 매우 중요하다. 유사 가격대를 유지하면서 마케팅과 상품 차별화 노력을 가미하여 경쟁 우위를 점유할 수 있도록 노력해야 한다.

최근 유통 트렌드를 보면, 제조업 입장에서 가격 정책이 무엇보다도 중요해지고 있다. 과거에는 대리점 체제가 대표적인 유통 채널이어서 관리가 쉬웠으나, 지금은 멀티채널로 운영되기에 가격 정책 또한 복잡해지고 정밀해지고 있다. 백화점, 면세점, 대리점, 복합몰, 대형할인점, 홈쇼핑 그리고 온라인까지 다양한 채널이 존재하고, 위탁과 사입 등 거래 방식도 다양하게 운영되고 있다.

이렇게 다변화된 유통 구조는 수수료의 차이가 발생해 가격 결정에 큰 혼선을 빚게 만든다. 적게는 10%에서 많게는 50%까지 수수료 체계가 형성되어 있으므로 시장에서는 동일 제품이 다른 가격으로 판매될 가능성이 높다. 자칫 고객 컴플레인으로 연결될 소지가 충분하다.

무엇보다 시장에서의 가격 문제를 최소화하는 것이 중요하며, 주력 유통을 기준으로 타 유통에서의 매출 효율을 꾀할 수 있는 가격 결정이 머천다이저에게 요구된다.

결국 마진(이익) 확보가 중요하다. 어떻게 해야 마진을 극대화시킬 수 있는지에 대한 의사 결정이 필요하다. 백화점 가격은 높게 하고 온라인이나 오프라인에서 가격 할인을 통해 매출을 늘리는 방법을 추구할 수도 있고, 특정 유통에 집중하는 전략을 추구할 수도 있다. 또한 제품 라인별 차등 가격으로 프리미엄 고객과 대중 고객을 동시에 유인하는 전략도 세울 수 있다. 하지만 결국 중요한 것은 수익성이라는 사실을 잊지 말아야 한다. 이때 수익성은 단기적인 것이 아닌 중장기적인 것이어야 한다. 가격 전략은 절대 단기적이어서는 안 된다.

3. 핵심 상품 전략

상품 구성 계획에는 많은 노하우와 전략이 필요하다. 단순하게 전년에 했던 대로 구성한다든가 매출이 좋았을 때를 기준으로 하여 카테고리별 상품 예산을 배분한다면 빠르게 변화하는 시장 환경에 뒤처지는 결과를 낳게 된다. 바로 전 시즌도, 작년도 이미 과거의 데이터다. 미래에 대한 참고가 될 뿐 절대적인 기준은 아니다. 그렇기 때문에 과거 실적을 바탕으로 의미 있는 정보를 입수하여 시장의 변화와 그 패턴을 예측함으로써 보다 높은 정확도를 기해야 한다.

따라서 머천다이저는 분석 능력과 상황을 읽어내는 통찰력이 필요하다. 시장과 소비자 그리고 경쟁사들에게서 나타나는 현상에 대해 관심을 갖고 남들이 보지 못하는 것을 유추하여 자신이 속한 기업이나 브랜드의 나아갈 방향을 카테고리 구성 계획에 담아내야 한다. 기후 변화에 대응한 시즌 상품 구성의 확대, 실버 타깃 공략을 위한 관련 카테고리 비중 강화 등 시장 트렌드 추이를 감안하여 카테고리 비중을 관리해나갈 수 있어야 한다.

머천다이저가 상품 구성을 잘하는 것도 중요한 능력이지만 그것만으로는 아쉬움이 남는다. 효율적이고 구조화가 잘된 카테고리 구성 계획은 상당히 정적이다. 마치 집들이에 손님을 초대했는데, 뷔페 음식과 같이 골고루 잘 준비되어 있는 느낌이다. 하지만 손님들은 큰 감흥을 느끼지 못한다. 무난한 집들이로는 성공이지만 남들에게 자랑할 만한 수준은 못 되는 것이다. 손님들이 '대박'이라는 표현을 하게 만드는 한 방! 그것이 필요하다. 이른바 전략 상품을 구성해야 한다.

전략 상품은 말 그대로 머천다이저가 기업 혹은 브랜드의 정책 방향을 기반으로 시장 점유율 향상, 브랜드 이미지 제고, 특정 타깃 유입 확대 등 명확한 목적을 두고 상품 라인을 구성하여 전략적으로 시장에 대응하는 상품을 말한다. 유명 디자이너와의 컬래버레이션(collaboration, 협업)*을 통해 새로운 문화 창출을 한다든가, 유니클로의 '플리스 재킷'과 같이 주력 카테고리의 초저가 전략으로 폭발적인 매출 증대와 브랜드 인지도 확대를 꾀하는 '킬링 아이템'을 구상한다든가, 여름철 폭염 확대에 대비하여 냉감 상품 라인을 경쟁사보다 확대 구성하여 '쿨(COOL) 기획전'을 전개함으로써 시즌 경쟁 우위 전략을 추구하는 것 등이 바로 그것이다.

한마디로 하나보다는 둘 이상이, 둘보다는 여럿이 모이면 강해진다. 상품 개별적 가치를 올리는 것도 중요하지만, 특정 테마를 기준으로 군집화하여 볼륨을 키우면 소비자의 관심을 끌 수 있고, 소비자가 만족을 얻는 순간 매출 파워는 자연스럽게 따라올 것이다.

전략 상품은 디자이너와 마케터를 통해 전개되는 경우가 많다. 하지만 시장과 상품을 가장 많이 분석하고, 기업 혹은 브랜드의 운영 시스템을 전반적으로 파악하고 있는 머천다이저가 주도적으로 기획한다면 그 결과는 더욱 강력하다. 디자이너는 영업과 운영에 약하고, 마케터나 영업은 상품에 대해 해당 지식이 낮을 수밖에 없다. 머천다이저는 양자의 가교 역할을 하는 동시에 전체적인 상품 흐름에 관여하는 유일한 포지션이다. 따라서 전략 상품은 머천다이저로부터 시작되어 유관

* 의도된 목표를 달성하기 위해 공동으로 출연 · 작업하는 것으로, 한 브랜드가 다른 브랜드와 협력하여 새로운 제품을 창조해내고 업종의 경계를 뛰어넘는 협력을 통해 서로의 장점을 극대화시키고, 어울리지 않을 것 같은 브랜드 간의 만남을 통해 새로운 시장과 소비문화를 창출해내는 것이다.

부서와의 협력하에 전략 상품을 기획하여 카테고리 운영계획에 반영해야 한다.

4. 상품 관리 전략

일반적으로 상품기획자, 머천다이저라고 하면 히트 상품 만드는 일을 집중적으로 한다고 생각한다. 하지만 그건 큰 오산이다. 서두에 말했듯이 머천다이저의 중요한 역할 중 하나가 효율성이다. 신규 상품을 개발하고 기획하는 일은 실패할 수도 있고, 성공할 수도 있다. 예측 불가능한 일이다. 하지만 상품을 잘 관리하여 매출 효율을 높이는 일은 통제가 가능하다. 머천다이저가 놓쳐서는 안 되는 아주 중요한 업무 영역이라 하겠다.

기업의 가장 큰 적은 무엇인가? 바로 과다재고다. 재고를 줄이면서 최대 매출 효율을 올릴 수 있다면 이익은 극대화될 것이다. 머천다이저는 매출계획에 근거하여 상품을 구성하고 물량계획을 수립하여 발주를 진행한다. 이때 생산계획에 의거하여 입고된 상품이 예상했던 것보다 판매가 잘 안 될 수도 있기 때문에 초도 물량을 잘 조절해야 한다. 초도 물량은 최초 입고되는 물량으로, 생산성을 감안하여 적정 물량을 발주해야 한다.

문제는 초도 상품의 물량과 입고 시점 관리다. 신상품은 아직 소비자의 반응을 모르기 때문에 과감하게 물량을 기획하기에 부담이 따른다. 왜냐하면 물량을 많이 기획할 경우 잘되면 대박이지만, 예측을 잘못하여 소비자의 반응이 차갑다거나 경쟁 상품에 밀리면 치명적인 결과가 따르기 때문이다. 이른바 부진 상품이라는 낙인이 찍히게 되면 재고를 줄이기 위해 가격 인하를 단행해야 하고, 재고 처리를 위해 모든 노력이 동원되어야 한다. 이러한 의사 결정은 기업에 아주 부정적인 영향을 미친다.

부진 과다재고는 가격 인하를 통해 이익률의 감소를 야기하고, 선지급된 상품 예산은 재고로 묶이게 되어 잘 팔리는 상품을 더 생산할 여력을 상실하게 만들어 기회비용 로스가 발생한다. 다시 말해서 같은 예산을 잘되는 상품에 투입했을 경우에 얻을 수 있는 이익을 잃어버릴 수 있다는 의미다. 또한 매장이나 온라인에 공간을 할애하여 재고를 소진해야 하므로, 다른 상품의 판매 기회까지 빼앗긴다. 충분히 재고를 소진하여 현금화가 될 때까지 악순환의 고리가 계속되는 것이다.

이렇듯 기획 상품이 실패할 경우를 대비하여 초도 물량은 최대한 보수적으로 책정하고 입고 시기는 되도록 앞당겨야 한다. 그래서 시장의 반응을 면밀히 분석한 후 판매성이 좋다고 판단되면 리오더(reorder)를 통해 긴급히 물량을 확보하여 판매를 이끌어나가는 것이 일반적이다. 이러한 반응 생산 체제를 QR시스템(Quick Response System, QRS)이라고 한다. QR시스템은 재고 리스크를 줄이는 데 아주 유용한 물량 관리 방법이다.

QR시스템이 안정화되려면 생산 시스템이 뒷받침되어야 하며, 무엇보다도 중요한 것이 입고 시점이다. 모든 상품은 일정 기간의 생산 시간이 필요하다. 보통 한 달에서 길게는 6개월이 소요되기도 한다. 그렇기 때문에 QR생산을 하기 위해서는 초도 물량의 조기 입고가 선행되어야 한다. 초도 물량의 조기 입고를 통해 시장의 판매 반응을 파악한 후 될 성싶은 상품들에 물량을 추가 투입하여 예산의 효율성을 기해야 한다. 이를테면 학생들 신학기 가방은 2월이 메인 시즌이므로 10월이나 11월 초에 입고되어 시장 반응을 본 후에 12월에 리오더를 발주하는 식이다.

입고 시점이 빨라져야 하면 기획 시점을 앞당겨야 하는데, 기획 시점이 빠르면 그만큼 트렌드 정보는 메인 시즌에서 멀어질 수밖에 없다. 생각해보라. 보통 내년도 봄여름 상품에 대한 기획은 4~5월에 시작하여 8월경에 품평을 하고, 12~1월에 초도 상품이 입고되기 마련이다. 만약 초도 상품의 입고를 앞당기려면 기획을 더 빨리 진행해야 하는데, 2~3월에 기획을 시작한다면 올해 신상품 판매가 이루어지기도 전에 내년도 기획을 하게 되어 정보가 부족할 수밖에 없다. 따라서 기본물은 조기 기획해서 진행하고, 트렌드가 반영되어야 할 상품군은 조금 더 판매 경험과 정보를 갖고 기획을 진행하는 방식을 취한다.

또한 메인 기획의 조기 진행에 대한 시기적 문제를 보완하기 위해 추가 기획(SPOT 기획)을 늘려서 진행하기도 한다. 이 모든 기획의 방식은 시장의 반응을 면밀히 살피고 난 뒤에 적중률 높은 리오더 발주를 위한 것이라 할 수 있다. 이른바 운영 효율을 높이기 위한 적중률 게임이다.

SPOT 기획은 메인 기획 상품이 입고되고 자사 제품의 예상치 못한 문제점과 경쟁사 출시 동향을 파악하여 부족한 부분을 메우기 위해 진행하는 오더다. 따라서 메인 기획보다 최신 트렌드가 잘 반영되고, 적중률도 높다. 현재 캐주얼 브랜드는 월별 SPOT 기획이 자리 잡았으며, 패스트패션의 선두 브랜드인 '자라(ZARA)'의 경우도 매주 신상품이 나오고 있을 만큼 최신 트렌드가 중요해지고 있다.

이러한 모든 과정이 재고를 최소화하기 위한 머천다이저와 상품을 개발하는 관련자들의 피눈물 나는 노력으로 이루어진다. 적중률을 높여서 매출을 늘리는 한편 재고를 줄이는 것, 이 모든 일이 바로 기업의 매출과 이익 실현 목표를 달성해야 하는 머천다이저의 상품 관리 전략으로 이루어지는 것이다.

프레임워크를 활용하여 생각하는 힘 기르기

사람들은 일상생활에서 여러 가지 경험과 학습을 한다. 예를 들어 온라인에서 옷을 구매할 때 처음에는 불안하고 당황하기 마련이다. '어떤 온라인 채널에서 사야 하나?', '어떻게 가격 비교를 하나?', '이 브랜드의 옷은 내 치수에 잘 맞을까?'

그러나 두 번째부터는 이전 경험을 토대로 좀 더 쇼핑이 쉬워진다. 왜냐하면 경험을 통해 얻은 정보가 하나의 틀을 만들어 판단과 행동의 기준이 되기 때문이다. 바로 여기에 프레임워크의 개념이 반영되어 있다. 프레임워크라 함은 생각이나 사고를 형식화하여 틀에 맞춰 무언가를 할 때 사용되는 용어다.

프레임워크를 활용하면 업무를 효율적으로 수행할 수 있다. 예정보다 시간을 단축할 수 있고, 단축된 시간을 다른 일에 사용할 수 있다. 무엇보다 생각을 정리해 보다 나은 의사 결정을 위한 아이디어를 얻을 수 있는 것이 가장 큰 장점이다. 이제부터는 상품 개발에 적용하면 좋은 프레임워크에 대해 살펴보자.

1. 앤소프 매트릭스(Ansoff Matrix)

앤소프 매트릭스란 기업의 지속적인 성장을 위해 제품과 시장에 관해 어떠한 전략을 선택할 것인지 의사 결정을 하기 위한 프레임워크로, 전략경영의 아버지라 불리는 러시아의 이고르 앤소프(Igor Ansoff) 박사가 1957년 〈하버드 비지니스 리뷰〉에서 제시한 기업의 4가지 성장 전략 유형이다.

앤소프 매트릭스는 가로축을 제품으로, 세로축을 시장으로 나누어 시장침투(market penetration) 전략, 제품개발(product development) 전략, 시장개발(new markets, market development) 전략, 다각화(diversification) 전략 등 4개의 성장전략을 도출했다.

먼저 기존 시장을 기준으로, 시장침투 전략은 기존 시장의 점유율을 확대하고 기존 고객의 구매율을 높이는 전략이다. 가장 안정적이지만 시장 경쟁이 치열하고 소비자 트렌드가 급변하는 시장구조에서는 기업을 성장시키는 데 한계가 있다. 제품개발 전략은 기존 시장에 신

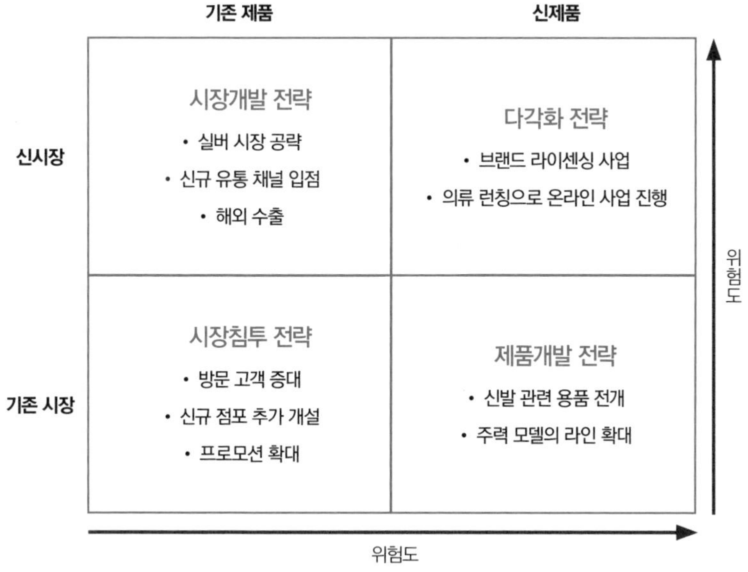

그림 1-5 신발 편집샵의 앤소프 매트릭스 적용 사례

상품을 공급하여 공략하는 것으로, 주력 상품의 라인 확대와 연관 상품을 추가 개발하여 시장 점유율을 확대하는 전략이다.

시장개발 전략은 새로운 시장에 대한 접근 전략으로, 기존 제품으로 신시장 개척을 통해 이익을 창출하는 전략이다. 기존 시장에서 매출이 감소할 때 신상품 대응이 어렵다면, 기존 제품으로 새로운 시장을 창출해서 매출을 올려야 한다. 다각화 전략은 신상품이나 서비스를 개발하여 신시장을 개척하는 전략으로, 리스크는 가장 크지만 급변하는 시장 변화에 대응하고 지속적인 성장을 위해서는 다각화 전략을 통해 성장 동력을 준비하는 노력이 필요하다.

2. 제품의 경쟁 전략 진단을 위한 제품 포트폴리오 관리

보스턴컨설팅그룹(Boston Consulting Group)에서 개발한 '제품 포트폴리오 관리(Product Portfolio Management, PPM)'는 전략적 강점과 약점을 분석하기 위한 요인으로 성장률과 점유율이라는 두 개의 축을 이용한다. PPM은 다수의 사업 혹은 제품을 가진 기업의 전략적 강약점 분석을 위해 성장률과 시장 점유율이라는 두 개의 분석 요인을 가진 도표(growth/share matrix)를 사용하여, 그 기업이 가진 사업 혹은 제품을 두 분석 요인에 따라 분류하고 적절한 자원 배분을 위한 대응 전략을 취할 수 있도록 해주는 기법이다(〈그림 1-6〉 참조).

제품 포트폴리오 관리는 사업이나 카테고리 혹은 제품에 대한 평가를 성장률과 시장 점유율이라는 단 두 개의 요소만으로 분석 평가하여 전략을 제시해주고 있다는 점에서 쉽게 이해할 수 있으나, 지나치게 단순화하여 복잡한 시장 상황이나 과거나 미래의 흐름을 반영하지 못하므로 추가적인 세부 분석이 수반되어야 정확한 의사 결정이 진행될 수 있다.

나는 브랜드 MD 시절 제품 포트폴리오 관리 기법을 응용하여 성장률과 시장 점유율 대신 이익률과 매출 점유율을 축으로 하여 사업군 혹은 카테고리를 매출 점유율 대비 이익률의 관점에서 분석하여 아이템 운영 효율화를 추구하는 도구로 활용하였다(〈그림 1-7〉 참조).

대부분의 기업은 단일 아이템보다는 다양한 상품을 갖추고 운영하는 것이 일반적이다. 각 아이템 혹은 카테고리는 저마다의 상품화적 특성을 갖고 있기 때문에 머천다이저는 판매와 회사의 이익에 미치는 영향력을 면밀히 분석하여 매출 효율이 높은 곳에 회사의 자원을 선택적으로 집중해야 한다. 그 선택과 집중을 판단하기 위해 전체적으로 이해하기 쉽게 분석한 것이 바로 이 도표다.

자원은 유한하다. 자원은 예산을 의미한다. 많은 직장인들이 한정된 예산(급여 및 기타 수입원)에서 생활비, 자기개발, 저축, 투자, 리스크관리(보험) 등에 미래 가치를 고려하여 적절히 배분해 관리하지 않는가? 여러분도 한번 해보기 바란다. 어디에 집중하고 무엇을 정리해야 하는지 한눈에 알 수 있을 것이다.

하지만 알고도 못하는 기획자도 많다. 앞서 얘기했듯이 단순히 두 가지 요인 분석만으로는 아이템의 본질과 존재 가치를 정확히 판단하기가 어렵기 때문이다. 예를 들면 구색 아이템은 매출 점유율이 낮을 수밖에 없다. 그렇다고 섣불리 정리하거나 자원을 투자해 확대하기 어려운 경우도 많다. 이 경우 각 아이템을 도표에 정리해놓으면 큰 그림이 보인다. 당신이 운영하는 아이템들이 어떻게 분포되어 있는지 말이다.

집중 강화해야 하는 영역은 그리 많지 않을 것이다. 가장 중요한 것은 정리 영역이다. 의외로 많은 아이템이 정리 영역에 있음을 깨닫게 될 것이다. 줄이는 것이 가장 어렵다. 아이템마다 존재 이유가 있기 때문이다. 하지만 오늘날처럼 경쟁이 치열하고 매출 효율이 낮은 시장구조에서는 전략적 판단이 가장 우위에 있어야 한다. 매출 효율이 높

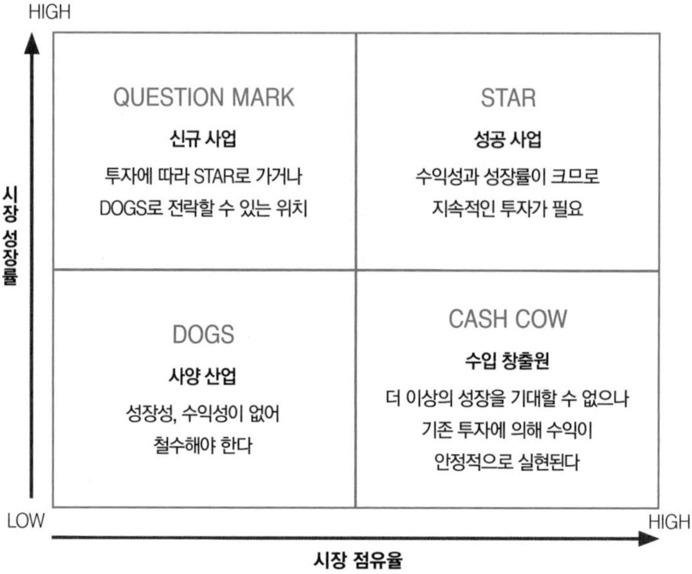

그림 1-6 **제품 포트폴리오 관리**

은 아이템에 자원을 집중시켜야 기업이 살아남을 수 있다.

또한 이러한 분석 구조를 다양하게 응용해볼 수도 있다. 판매율과 판매량을 기준으로 분산도를 도식화한 후 전년 대비 비교를 해보면, 평균 판매량과 판매율의 변화, 판매량과 판매율이 높은 고효율 아이템의 비중, 그리고 저효율 아이템의 밀집도 등을 쉽게 알 수 있다. 이러한 원리를 기준으로 각 기업의 특성과 기획자의 의도에 맞게 분석하면 전체를 볼 수 있는 혜안을 얻을 수 있다.

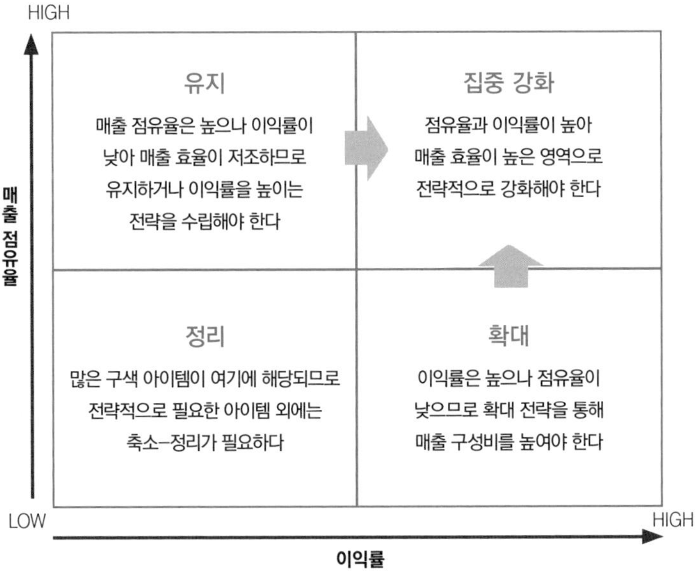

그림 1-7 **포트폴리오 분석 응용**

3. SWOT 분석

미국의 경영컨설턴트인 알버트 험프리(Albert Humphrey)에 의해 고안된 SWOT 분석은 기업의 내·외부환경 변화를 동시에 파악하고 분석하는 경영 기법으로, 내부의 강점과 약점을 찾아내는 동시에 외부환경의 기회와 위협을 반영하여, 기회는 최대한 살리고 위협은 피해가는 방향으로 자신의 강점은 활용하고 약점은 보완한다는 논리에 기초를 두고 있다.

대부분의 기업에서 머천다이저는 SWOT 분석을 해본 경험이 있을 것이다. 하지만 그 중요성에 대해서는 깊이 인지하지 못하고, 하나의 보고서를 작성하기 위한 툴로 사용하는 것이 일반적이다. 하지만 SWOT 분석은 단순히 보고서 페이지를 채우고 구상 중인 전략의 타당성을 검증하기 위한 자료가 아니다. 심층적으로 활용한다면 아주 놀라운 전략을 도출하는 도구가 될 수 있다.

몇 해 전에 한 패션 대기업 상품기획 MD들을 대상으로 한 강의에서 SWOT 분석을 이용해 전략 도출 실습을 한 적이 있다. 특정 기업의 상황을 예시로 주고 SWOT 분석을 하게 한 후 사업의 전략적 방향성 도출을 요청했다. 짧은 시간이었음에도 일부 팀에서 실제로 사례 기업이 성공적으로 사업을 리노베이션했던 결과와 유사한 방향성을 도출해내어 놀라웠던 경험이 있다.

내·외부환경 분석에 의한 2×2 매트릭스를 통해 다음의 네 가지 전략이 도출된다. 간략히 살펴보자.

- **SO 전략:** 자사의 강점을 바탕으로 시장 기회에 적극적으로 대응하는 전략으로, 성공 확률이 높은 방안이다.
- **WO 전략:** 시장 기회는 존재하지만 자사의 역량이 미치지 못하여 대응력이 떨어질 때 먼저 테스트 과정을 거치면서 역량을 축적하거나, 다른 대안으로 우회하여 시장 기회를 최대한 활용하는 방안이다.
- **ST 전략:** 시장 리스크를 자사의 강점으로 극복하는 전략으로, 외

내부 역량 / 외부 환경	S (Strength) 내부적 강점 자사의 차별적 핵심 역량은? 자사의 상대적 경쟁 우위는?	W (Weakness) 내부적 약점 자사의 상대적 열위 요소는? 자사의 잠재적 위험 요소는?
O (Opportunity) 외부적 기회 • 시장(경쟁자, 고객) 트렌드 변화 • 정치/사회/환경적 변화	S + O 공격적 전략 우선적 시행	W + O 방향 전환 전략 시험적 시행
T (Threat) 외부적 위협 • 시장(경쟁자, 고객) 트렌드 변화 • 정치/사회/환경적 변화	S + T 다양한 전략 조기 대응	W + T 방어적 전략 회피 & 보완

그림 1–8 SWOT 분석

부 위협 요인이 확대될 수 있기 때문에 조기 대응이 필요하다.

- **WT 전략:** 외부 리스크와 내부 약점은 자칫 큰 문제가 될 수 있으므로 최대한 회피하면서 약점을 보완해야 한다.

그 밖에 시장 기회를 반영하여 강점을 살리는 전략도 수립할 수 있으며, 위협 요인과 약점에 대응하는 전략도 있다. 불황기에는 방어적 전략을 통해 기업 리스크를 최대한 줄이면서, 능동적인 위기 탈출을 위해 공격적 전략(기회–강점)을 적극적이면서도 신중하게 수립해나가는 것이 중요하다. 전시 상황에서는 지켜야 하는 전략도 필요하지만, 승리를 위해서는 싸워서 탈환하는 전략이 더 중요하기 때문이다. 즉 지키는 것에만 집중하면 잃을 수도 있으므로 여러분이 갖고 있는 강점과 시장 기회 요인을 극대화할 수 있도록 모든 역량을 집중하여 난국을 타개해나가야 한다.

4. STP 전략

마케팅 이론서에 따르면, STP 전략은 현대 사회에서 상품을 공급하는 기업에게는 필수적으로 고려해야 할 전략 중 하나로 거론된다. STP 전략은 Segmentation(시장 세분화), Targeting(목표 고객 선정), Positioning(고객 마음속의 인식)을 말하며, 전체 시장을 잘게 쪼개어 시장을 명확히 정하고 목표 고객과 잠재 고객군을 정의한 후 자사의 제품 및 서비스를 목적에 맞게 인식시켜 커뮤니케이션하기 위한 전략을 일컫는다. 이 책에서는 STP 전략에 대한 세부적인 기술은 자제하고, 필요성과 효과에 대해 논하고자 한다.

STP 전략은 왜 필요할까? 현재 마켓은 초공급 과잉 시장이고, 구매와 연동된 소비자의 욕망은 다양한 상품 선택으로 연결되기 때문이다. 즉 시장에는 각양각색의 상품이 넘쳐나는데, 소비자는 무수히 많은 상품 중에서 개인의 상황과 추구하는 가치에 맞는 상품을 선택하고, 그 선택이 맞다고 느껴질 때 구매에 대한 만족감을 느껴 호감을 보이고 주위에 전파를 한다. 그 결과 널리 알려진 상품, 많은 소비자가 구매하는 상품, 즉 히트 상품이 되는 기본 요건을 충족하는 것이다.

상품을 개발할 때는 반드시 STP 전략을 고려해야 한다. 이는 마케터만의 전유물이 아니다. 시작 단계에서 STP 전략에 충실한 상품기획의 콘셉트가 밑바탕이 된다면 마케팅이 훨씬 효율적으로 전개되어 상품과의 동질화가 가능해진다. 먼저 시장을 세분화하여 '한 놈만 팬다'는 생각으로 목표 고객을 선택·집중하여 역량을 집중시킨다. 기업이 보유한 한정 자원으로 경쟁 우위를 차지하려면 좁고 깊게 파고들어야 한다. 그리고 소비자의 마음속에 자리 잡은 경쟁자를 밀쳐내고 둥지를 틀려면 날카롭게 찔러야 한다. 상품 콘셉트에 따른 메시지는 바로 이때 작용한다. 경쟁사 대비 고객에게 명확한 가치를 전달해줄 수 있는 무엇, 그것이 포지셔닝을 위한 메시지 설정이다.

예컨대 볼보는 안전의 대명사요, 포르쉐는 남자들의 로망이자 일반인이 쉽게 가질 수 없는 스포츠카로 인식되어 있다. 고객이 해당 브랜드를 생각할 때 떠오르는 가장 대표적인 인식이자 브랜드에서 고객에게 심어준 메시지다. 이 메시지는 경쟁사와 차별화된 이미지를 심어준다.

최근 히트 상품이나 사람들이 선호하는 문화는 라이프스타일과 연관되어 있는 경우가 많다. 본연의 기능에 충실한 제품보다는 삶의 가치, 변화된 라이프스타일을 충족시켜주는 것들이 주류를 이룬다.

1인 가구의 증가가 유발한 가정 간편식, 소확행 라이프스타일에 따른 근거리 단기 여행상품, 가성비 트렌드가 반영되어 합리적인 비용으로 피부 관리를 하고 싶은 사람들의 욕구를 충족시켜주는 홈뷰티 기기 등이 대표적인 예다.

요즘 소비자들은 자신의 라이프스타일과 연결되어 있는 키워드를 기준으로 생각하고 실제로도 구매에 반영한다.

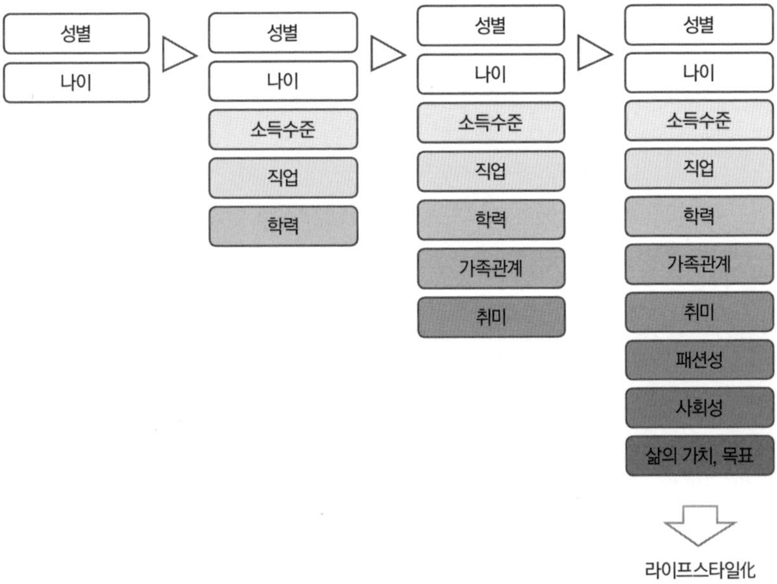

그림 1-9 타깃 이미지 구체화

5. 가치혁신(VALUE INNOVATION)

가치혁신은 단순히 첨단 기술의 연구 개발로 경쟁자를 물리치고 시장 점유율을 확대하고자 하는 기술혁신이 아니다. 참신한 아이디어를 접목하여 현재의 상품이나 서비스가 제공하지 못하는 새로운 가치를 찾아 신규 시장을 창출하는 데 중점을 두는 경영 전략을 말한다. 유럽경영대학원(INSEAD) 김위찬 교수와 르네 마보안(Renee Mauborgne) 교수가 1990년대 중반에 공동으로 제창하여 2000년 이후 세계 각국의 대기업에서 기업 경영 전략으로 사용되고 있다.

차별화와 저비용을 동시에 추구함으로써 기업과 고객 모두에게 높은 가치를 제공하는 시장으로 매력적인 제품과 서비스를 통해 자신만의 독특한 시장, 즉 싸우지 않고 이길 수 있는 시장을 만들어내는 전략을 말한다.

치열한 미국 항공시장에서 1971년 창업한 이래 30년 동안 꾸준히 흑자를 내고 있는 유일한 항공사인 사우스웨스트항공(Southwest Airlines)은 가치혁신의 대표적 사례다(〈그림 1-10〉 참조). 출장이 잦은 비즈니스맨들을 위해 저렴하고도 안전한 중·단거리 항공 서비스를 제공하며, 직항노선 확충 및 이착륙 혼잡이 적은 대도시 인근 공항을 이용하여 정시 출발·도착 서비스를 확고히 마련했다. 또한 저비용 구조를 위해 불필요한 요인을 철저히 제거하고 축소하는 데 초점을 두었다. 기내식이나 라운지 서비스를 없애고, 동일 기종의 항공기를 보유하여

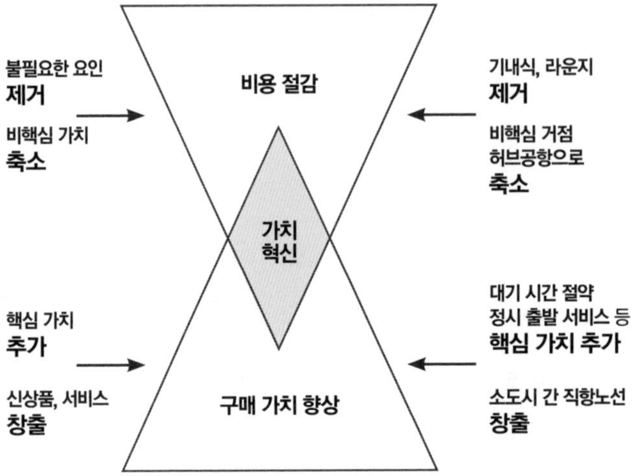

그림 1-10 가치혁신의 4대 요소 및 사우스웨스트항공 사례

정비 및 보수 같은 운영 비용을 최소화하는 전략이 그것이다.

그 밖에 렌탈 서비스도 가치혁신 사례라 할 수 있다. 생활가전 렌탈 시장의 포문을 연 정수기 시장은, 애초 사람들이 100만 원대가 넘는 정수기를 쉽게 구매하기 어려워 규모가 크지 않았으나, 렌탈 서비스를 통하여 고객들은 한 달에 적은 비용으로 안전하고 편리하게 정수기를 사용하게 되었고, 기업은 렌탈 서비스라는 신규 시장을 창출함으로써 매출 볼륨을 확대하는 계기가 마련되었다.

이후 렌탈 서비스는 침대 등 여러 아이템으로 확대되었고, 서비스의 질적 향상을 추구해나가면서 새로운 가치를 파는 서비스 산업으로 변모하고 있다.

프레임워크는 과거부터 많은 사람들의 경험과 노하우가 쌓여 알기 쉬운 규칙으로 정리한 편리한 도구다. 머릿속에 떠오르는 수많은 생각들은 정리하기가 쉽지 않다. 또한 백지 상태에서 생각을 시작하기보다는 일정한 틀, 즉 프레임워크를 사용하는 것이 훨씬 빠르고 내용상으로도 훌륭하고 잘 정리된 아웃풋을 얻을 수 있다.

프레임워크는 하나의 도구에 불과하지만, 어떠한 의도를 담고 어떻게 활용하느냐에 따라 그 효용적 가치가 다르게 나타난다. 다만, 프레임워크는 선인들의 우수한 노하우가 담겨 있지만 그 자체로 최선은 아니다. 모두에게 100퍼센트 만족스러운 결과를 주지는 못한다. 그러므로 기존 프레임워크를 통해 자기만의 독자적인 프레임워크를 새로 만들어 활용하는 것이 가장 효과적이다.

프레임워크를 사용하는 이점은 사고를 정리하는 데 편리하고 유용할 뿐만 아니라 상대방의 이해를 촉진하는 데 있다. 즉 직장 상사, 클라이언트 등 의견을 관철시킬 상대에게 보다 명확하고 쉬운 방법으로 생각을 전달할 수 있다.

자, 이제부터 여러분은 앞에서 설명한 프레임워크에 추가하여 다양한 테크닉을 습득한 후 자기만의 사고와 상황에 맞는 새로운 프레임워크를 만들어나가야 한다. 기획 실력을 한층 높여줄 무기가 될 것임을 확신한다.

관점을 바꾸는 아이디어 발상법 익히기

상품기획을 할 때 가장 어려운 일 중에 하나가 창의력을 발휘해서 보다 차별화된 가치를 구현해내는 것이다. 아티스트들은 천재가 많이 나오지만, 기획자는 천재가 흔치 않다. 오히려 기획자는 천재 아티스트로부터 아이디어의 원천을 얻는 사람이며, 수많은 시행착오와 실패를 통해 아이디어를 성공적으로 상품화하는 노하우를 체득하는 사람이다.

일부 타고난 감각을 지닌 기획자들이 존재하기도 하지만 그들 역시 노력과 경험을 통해 거듭난다. 그래서 좋은 기획자가 되기 위해서는 훈련이 필요하다. 브레인스토밍도 해보고, 마인드맵을 활성화시키기 위해 애플리케이션의 도움을 받아보는 것도 좋다. 무엇이든 좋다.

일단 직접 해보기 바란다. 문제는 실행하는 것이며, 여러분 각자가 유용한 방법을 찾아내는 것이 중요하다.

나는 여기서 내 경험상 유용하다고 생각하는 몇 가지 방법과 포인트를 정리해보고자 한다. 핵심은 기존의 사고에서 벗어나 새로운 관점으로 대상을 바라보는 것이다. 변화의 시작은 고정관념을 버리고 현상을 바라보는 관점을 바꾸는 데서부터 시작된다.

먼저, 수단-목적 사슬(mean-end chain) 이론에 대해 살펴보자. 이는 소비자 행동론에 나오는 개념으로, 소비자는 자기 스스로 중요하다고 생각하는 판단 기준에 입각해서 제품이나 서비스의 속성을 지각하는 경향이 있다는 뜻이다. 수단-목적 사슬은 제품 속성, 제품 사용의 결과, 그리고 제품 사용을 통해 만족되는 가치의 3단계로 이루어진다. 예를 들면, 카페에서 마시는 커피라는 상품은 장소의 자유로운 이용이라는 속성을 띠고 있고, 그것이 소비자에게 편안한 장소 제공이라는 결과를 가지며, 최종적으로 소비자에게 안락함이라는 가치를 가져다준다.[1] 상품 및 서비스는 이러한 수단-목적 사슬로 연결될 때 강력한 가치와 호감을 유발함으로써 상품성을 높일 수 있다.

국내 커피업계에서 독보적으로 선두를 달리는 스타벅스를 예로 들어보자. 어디를 가나 스타벅스는 하나의 이정표가 되고 있으며, 상권에서 막강한 영향력을 행사할 정도로 인기가 높다. 이유가 뭘까? 점심 식사는 도시락 같은 간편식을 먹으면서 커피는 스타벅스에서 마셔야 한다는 일부 직장인들의 풍토를 보면서 스타벅스는 커피 이상의 가치를 지니고 있음을 느낄 수 있다. 눈치 안 보며 자유롭게 자기 일을 할 수 있는 매장 분위기와 스타벅스에 있음으로써 내가 고급스러워진다는 자기 충족감, 그리고 나에게 주는 작은 사치 등이 사람들이 스타벅스에 열광하는 이유다. 즉 커피 맛, 편안한 장소 제공, 안락함이라는 속성–결과–가치의 3단계를 만족시켜주기 때문에 높은 상품적 가치를 발휘하는 것이다.

여기에서 생각해볼 게 있다. 상품을 개발할 때 상품이 가져야 할 1차적인 기능에만 집중한다면 그 한계성이 드러난다는 사실이다. 지속성과 확산성이 떨어져 제품수명주기(PLC)가 짧아진다. 기획의 관점은 제품 본연의 기능도 중요하지만, 사용자의 입장에서 이익과 가치 구현에 좀 더 포커스를 맞춰야 한다. 더욱이 지금은 가치를 팔고 사는 시대가 아닌가. 몽블랑 만년필보다 가성비가 더 좋은 만년필도 있지만, 사람들이 몽블랑 제품을 갖고 싶어 하는 이유는 사회적 성공의 이미지라는 가치를 부여하고 있기 때문이다.

다음으로 소비자 관점에서 필요한 상품의 아이디어를 찾아보자. 인간은 서 있으면 앉고 싶고, 앉아 있으면 누워 있고 싶어 한다. 소비자들의 욕구 또한 마찬가지다. 소비자의 니즈는 빠른 속도로 변화하고 있다. 그 이유를 설명할 수 있는 법칙이 '한계 효용 체감의 법칙'이다. 한계 효용은 재화나 서비스를 하나 더 이용할 때 각자가 느끼는 효용

(만족)을 말하며, 이용할수록 각자가 느끼는 만족이 점점 줄어드는 것을 한계 효용 체감의 법칙이라 한다.

인간 세상의 모든 것이 변하는 것도 바로 이 이유다. 예를 들면 무전기와 같던 휴대폰은 가볍고 휴대성이 우수한 폴더폰을 거쳐, 현재 삶의 거의 모든 기능을 해결해주는 스마트폰으로 진화했다. 이러한 상황은 일본의 카노 노리아키(狩野紀昭) 교수가 발표한 '카노 모델(Kano Model)'을 통해 설명할 수 있는데, 이 소비자 욕구 분석 모델은 불만의 해소와 새로운 욕구 충족에서 상품 개발의 아이디어가 나온다.

- **기본적 욕구(basic)**: 소비자의 욕구를 충족시켜도 만족도는 증가하지 않지만, 충족시키지 못했을 경우 불만족도가 늘어나기 때문에 반드시 만족시켜야 하는 욕구다.
- **주요 욕구(primary)**: 소비자의 욕구를 충족시킬 경우, 충족도에 비례해서 만족도가 증가하는 욕구다.
- **기쁨을 주는 욕구(delighter)**: 소비자의 욕구를 충족시키지 못해도 불만족하지는 않지만, 충족시킬 경우 만족도가 크게 상승하는 욕구다.

히트 상품을 개발하기 위해서는 기쁨을 주는 욕구에 해당하는 소비자의 니즈를 도출하기 위해 노력해야 한다. 이러한 니즈를 찾아내기 위한 아이디어는 겉으로 드러나는 소비자의 불만이나 욕구보다는

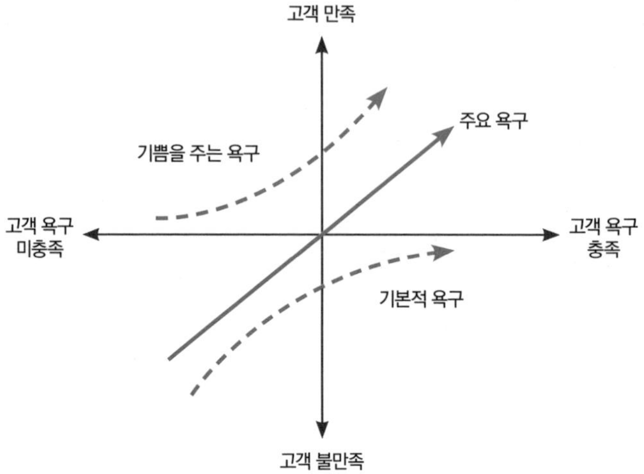

그림 1-11 카노 모델

잘 표현하지 않는 필요성에 의해 얻어질 가능성이 높다. 소비자들이 이미 필요하다고 요구한 상품이나 서비스를 듣고 그제야 기획하는 것은 이미 경쟁력이 없다. 남들보다 앞서 상품을 기획하길 원한다면 소비자가 말하지 않았지만 원하고 있는 것을 찾아낼 수 있어야 한다. 그러한 소비자의 니즈에 아이디어의 안테나를 세워야 한다.

여기에는 관찰이 아주 좋은 방법이다. 소비자의 소소한 일상을 관찰하는 데서 아이디어 창출이 시작된다. 어떠한 기획이든 항상 실행의 대상이 존재하고, 기획 아이디어의 핵심 콘텐츠를 도출하기 위해서는 바로 그 대상과 대상을 둘러싼 환경에 대한 섬세한 관찰과 발견, 새로운 해석이 필요하다.

여러분이 가장 쉽게 접근할 수 있는 방법이 우수 상품이나 성공 사례에서 아이디어의 뿌리를 찾는 것이다. 과거 상품기획 업무를 담당하면서 많이 들었던 말 가운데 하나가 "우리나라에 크리에이티브 디자이너가 얼마나 있을까? 거의 없다고 해도 무방하다. 대부분의 디자이너가 모방(copy)하지 않느냐?" 하는 식의 말이었다. 하지만 크리에이티브의 경계를 구분 지을 수 있을까? 순수 예술을 하는 작가의 시각과 상업용 상품을 기획하는 디자이너의 시각이 같아야 할까? 결국 소비자의 판단에 근거해야 한다.

카피(copy)와 모디파이(modify)는 엄연히 다르다. 갖다가 그대로 베끼는 작업을 copy라고 한다면, modify는 나에게 맞도록 수정하여 바꾸는 것이다. 경쟁사 혹은 다른 카테고리에서 응용할 만한 가치를 찾아서 자기 상황에 맞도록 변경하여 나만의 것으로 바꾼다면 이는 새로운 창조라 할 수 있다. 우리가 창조라고 부르는 것들은 대부분 모방에 더 가까운 측면이 많다. 현 시대에는 나와 있을 만한 상품은 거의 다 나왔다고 한다. 새로운 상품은 기존의 것에서 새로움을 요구하는 고객의 니즈에 따라 재탄생되는 것이며, 이미 존재해 있는 것을 최근 현실에 맞게 아이디어를 더해서 바꾸는 것이다.

얼마 전 나는 한 양말 회사의 위기 극복을 위해 '신으면 차가움을 느끼는 접촉 냉감 양말'을 국내 최초로 개발했다. 대형 유통사와 온라인 채널의 MD들은 새롭고 신선하다는 반응 일색이었다. 그렇다면 그 양말은 완전히 새로운 상품이었을까? 그렇지 않다. 여름 무더위가 길어지는 날씨에 대응하여 소비자에게 보다 시원한 기능을 어필할 수 있는 양말을 개발하고 싶었고, 팔토시와 냉감 의류에 적용된 냉감 기능에서 아이디어를 얻어 차별화된 소재를 발굴하여 양말에 접목시킨 것이다. 완전히 새로운 것이 아닌 기존의 것들을 조합해서 새로운 상품을 만든 것이다.

프랑스 소설가 마르셀 프루스트(Marcel Proust)는 "진정한 여행은 새로운 풍경을 보는 것이 아니라 새로운 눈을 가지는 데 있다"고 말했다. 기존의 것도 새로운 시각으로 보면 다르게 보일 수 있다. 단 주의할 점은 기획자의 주관적인 시각이 아닌 철저히 고객의 시각에서 봐야 한다는 것이다. 내가 접촉 냉감 양말을 개발했을 때도 가장 먼저 고객들을 고려했다. 소비자에게는 무더운 여름에 고생하는 발에 시원함을 주고 싶었고, 바이어에게는 시장에 없는 새로운 상품을 제안하고 싶었다. 나의 고객은 바이어와 소비자 모두였다.

삼성이 아이폰 디자인을 그대로 사용하고 로고만 삼성으로 해서 팔 수는 없다. 마찬가지로 원조 족발집이 잘된다고 매장 인테리어와 맛을 흉내 내어 소비자를 끌어들일 수는 있지만 오래가지는 못한다. 남의 것을 내 것인 양 표절하는 것이 아니라, 고객이 선호하는 장점을 내 것으로 만드는 자기화 과정이 필요하다. 이 과정에서 기존의 내 것과 새로운 것이 융합되면서 나만의 경쟁력이 생기는 것이다. 히트 상품은 대부분 '기존에 있던 것'에 뿌리를 두고 있다는 사실을 잊어선 안 된다.

하나 더 말하자면, 사람들이 항상 '새로운 것(something new)'

을 찾는다고 해서 기획자 역시 새로운 것에 대한 집착으로 '낯선 것(something strange)'으로까지 흘러가서는 안 된다는 사실이다. 개발자나 기획자는 대부분 '자기 안'에 갇혀 있다. 자기만족에 취하여 바이어나 소비자에게 좋은 상품이라고 강요하지 마라. 중요한 건 고객의 눈높이에 있다는 것을 명심해야 한다.

다음으로, 고정관념을 타파하기 위해 스스로에게 질문해보는 것도 좋은 방법이다. 혁신의 가장 큰 장애물은 고정관념이다. 원래 호기심이 많은 사람은 같은 상황에서도 전혀 다른 생각과 질문을 한다. 의구심이 생기면 풀릴 때까지 계속 생각하고 원하는 답을 얻을 때까지 계속 찾아본다. 끊임없이 생각하고 탐구하는 자세는 차별화된 경쟁력을 키우는 데 많은 도움이 된다.

질문은 곧 기획의 시작과도 같다. 기존의 상식을 뛰어넘는 생각, 일반화된 사회적 통념을 뒤집는 생각은 '왜?', '어떻게 하면?', '무엇 때문에?' 등의 질문에서 시작된다.

질문하기를 통해 아이디어의 핵심을 찾는 방법은 먼저 어떤 현상이 일어나는 이유에 대해 모두 적어보는 것이다. 다음으로 '왜 이런 이유들이 중요한가?'라는 질문을 생각해본다. 마지막으로 '어떻게 하면 해결 방안을 찾을 수 있을까?'를 고민하고 모두 적어보자. 이렇게 하면 여러분이 생각하고자 했던 아이디어의 핵심과 그 아이디어에 관련된 키워드들이 무엇인지 윤곽이 드러날 것이다.

마지막으로, 기획은 노하우(know-how)보다는 노웨어(know-where)의 문제로 접근해야 한다. 일을 풀어나가기 위해서는 어디에, 또는 누구에게 무엇이 있는지를 알아내어 그것들을 조합하는 능력이 중요하다. 방법적인 측면보다는 해결의 실마리가 될 수 있는 인자(因子)를 찾아내는 것이 더욱 중요하다는 말이다.

또한 상품에 초점을 맞추기보다는 사람(고객)에게 포커스를 맞춰야 한다. 누구든지 나의 고객이 될 수 있으며, 상품의 가치를 판단하는 것도 사람이기 때문이다. 이제부터 모든 아이디어의 대상이 사람이라는 것을 가슴에 새기자.

구상을 실천으로 옮기는 실행력 높이기

"길을 아는 것과 길을 걷는 것은 분명히 다르다."

영화 〈매트릭스〉에 나오는 명대사다. 내가 아주 잘 안다고 생각하는 것과 실제로 실천하면서 부딪치고 성장하는 것은 천지 차이라는 의미다. 즉 아는 것보다 실행하는 것이 훨씬 중요하다는 말이다.

우리는 어렸을 때 방학이 되면 생활계획표를 만들었다. 여기에는 시간과 해야 할 일이 담겨 있다. 물론 행동의 주체는 작성자 자신이다. 어렸을 때부터 습관이 되어서일까? 우리는 무슨 일을 하기 전에 일정표를 작성하는 것에 익숙하다. 연초가 되면 새 다이어리를 구입해서 한 해 계획도 세워본다. 하지만 계획대로 진행되는 경우는 그다지 많지 않음을 여러분도 공감할 것이다. 계획보다 실천이 더 어렵다. 그 이유는 실행보다 결과 중심적으로 작성하기 때문이다. 즉 결과가 주는 이익만 생각하고 작성하기 때문에 가장 중요한 결과를 얻기 위한 실행 방안은 구체성이 떨어진다. 이제 바뀌어야 한다.

좋은 아이디어만으로는 절대 좋은 기획이 나올 수 없으며, 효과적인 실행 방법을 함께 담아내야 기획이 완성된다. 기획자의 기본 자질을 이야기할 때 논리적인 사고력을 많이 강조한다. 기획은 '아이디어를 논리 정연하게 펼쳐내는 일련의 과정'이기 때문이다. 누구나 참신하고 반짝이는 아이디어를 낼 수는 있지만, 기획자는 아이디어에서만 그치지 않고 논리를 근거로 사람들을 설득하고 실체화하는 능력을 갖추어야 한다.

아무리 좋은 아이디어라도 생각 수준에 머물면 '상상'에 불과하지만, 행동으로 실행에 옮기면 '현실'이 된다. 비록 다른 사람의 눈에는 보잘것없는 것일지라도, 창의적으로 생각하고 그것을 구체화하는 노력 끝에 얻는 결과는 큰 보람과 기쁨이 따른다. 그 구체화 과정은 우리가 꿈꾸는 새로운 세상으로 안내해주는 역할을 한다.

목적과 목표는 다른 개념이다. 목적은 추상적인 개념으로써 기획이 지속적으로 추구해야 할 궁극의 지향점이며, 목표는 목적을 달성하기 위한 실질적이고 구체적인 성과 지표다. 운동화 업계의 1등 브랜드가 되는 게 '목적'이라면, 연간 천만 족을 파는 것을 '목표'로 삼을 수 있다.

일정표를 작성할 때 한 가지 주의할 사항이 있다. 첫날부터 일을 시작하려고 해선 안 된다는 것이다. 그전부터 워밍업을 해서 곧바로 본 업무에 들어갈 수 있도록 준비해야 한다. 예를 들어 하루 업무 시간이 9시라고 하면, 우리는 9시 전에 출근하여 9시부터 '일할 준비'를 하는데, 적어도 10~20분 전에는 출근하여 일할 준비를 마치고, 9시부터 본 업무에 집중해야 하는 것과 같다. 차도 출발하기 전에 엔진 워밍업을 시켜준다. 일도 마찬가지다.

업무를 효율적으로 처리하려면 일의 우선순위를 효율적으로 정리해야 한다. 업무 우선순위를 결정할 때 중요도와 긴급도를 기준으로 하여 정하는 경우가 가장 기본이다. 즉 중요하고 급한 일을 가장 먼저 처리하는 것이다.

하지만 이는 일반적인 논리이고, 기획자(개발자)라면 다른 관점에서 접근할 필요가 있다. 기획자의 업무는 긴급하게 떨어지는 일보다는 업무의 규모와 가치가 더 중요하기 때문이다. 서류 정리나 작업 의뢰 같은 간단한 일도 있지만, 상품기획안을 작성하는 일처럼 깊이와 시간을 요구하는 업무도 있으므로, 업무의 가치 기준에 따라 우선순위를 정해야 한다.

〈그림 1-12〉는 업무량과 가치의 정도에 따라 우선순위를 나타낸 도표다. 우리가 일상적으로 일하는 습관을 보면 C 영역을 가장 먼저

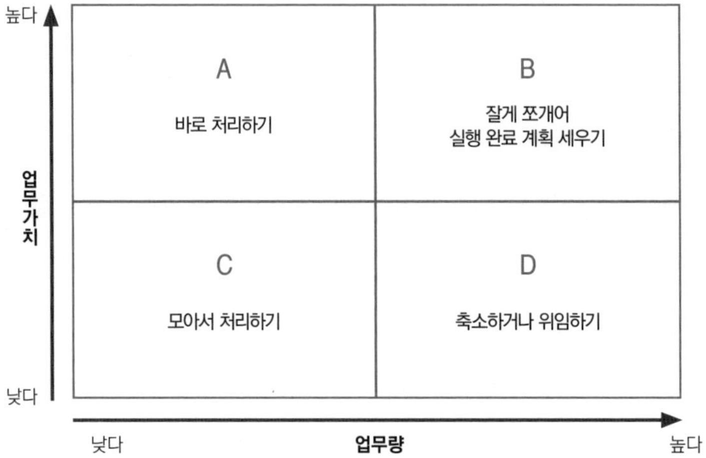

그림 1-12 업무 우선순위 매트릭스

처리하는 경우가 많다. 손쉽고 비교적 빠르게 업무 처리를 할 수 있는 것들이기 때문이다. 이메일을 보낸다거나, 회사 게시판을 본다거나, 미팅 일정을 잡는다든가 하는 일들이다.

그러고 나서 B 영역에 집중한다. 중요하면서도 업무량이 많은 일 등이 포진되어 있기 때문에 심리적 압박을 느낀다. 그래서 A 영역은 뒤로 미루는 경우가 종종 생긴다. 이를테면 기획안 작성에 집중한 나머지 리오더 발주 시점을 놓쳐 판매 실기를 하는 우를 범하는 것이다. 만약에 의도적으로 A 영역의 업무부터 진행하는 방법으로 업무 우선순위를 따져 하루 일과를 진행한다면, 한 달 뒤 결과는 완전히 달라져 있을 것이다.

우리는 모두 같은 시간 안에서 일을 하지만, 어디에 어떻게 집중하느냐에 따라 그 효과가 완전히 달라질 수 있음을 명심해야 한다. 이는 곧 실행력과 연결되어 원하는 결과로 이끌 수 있는 방법이다.

'전략'이란 말을 우리는 전쟁이나 사업에서 많이 사용한다. 하지만 시간도 전략적 사용이 필요하다. 시간은 유한하다. 효율적으로 시간을 사용하는 사람은 항상 여유 있게 일을 처리한다. 시간의 주인으로서 스스로 통제할 수 있기 때문이다.

기회는 마음의 여유가 있는 사람에게만 보인다. 허둥지둥대며 시간에 쫓기면 다급해지고 판단력이 흐려지며, 행동만 앞서게 되어 어처구니없는 실수를 범할 가능성이 높다. '시간은 인간이 쓸 수 있는 가장 값진 것이다'라는 말이 있다. 그 값어치를 지키기 위해 우리는 얼마나 노력하고 있는가? 지나간 시간은 돌아오지 않는다.

나는 하루 일정 관리 작성에 우선적으로 집중하고, 그 일정을 중심으로 하루의 시간 관리 원칙을 세워 업무를 진행한다. 가장 중요한 일정은 언제 어디서든 볼 수 있고, 작성이 손쉬운 방법을 선호한다. 그래서 오랜 기간에 걸쳐 다양한 방법을 시도해보았으며, 시행착오를 거쳐 현재는 워크플로위(WORKFLOWY)와 구글 캘린더를 주로 사용하고 있다. 언제 어디서든 이용이 자유로운 인터넷 환경은 스마트폰, PC 같은 사용 매체의 호환성을 기반으로 일정 관리를 보다 편리하고 효율적으로 할 수 있게 해준다. 그 밖에도 편리한 도구들이 많이 있으니 개인 성향에 맞게 선택하여 활용한다면 많은 도움이 될 것이다.

머천다이저의 시간은 특별하다. 선행적(先行的) 업무를 담당하기 때문이다. 상품이 기획되어야 생산을 할 수 있고, 그 상품으로 영업을 하여 매출과 이익의 결과물을 만들어낸다. 출발이 늦으면 도착도 늦을 수밖에 없다. 머천다이저에게 일정 관리는 목숨과도 같은 것임을 잊지 말자.

문제 해결 능력 키우기

인간의 삶은 여기저기서 발생하는 문제들과 그것을 끊임없이 해결해나가는 과정이다. 그렇기 때문에 살다 보면 예기치 않은 상황을 만날 수밖에 없다. 회사에 다니거나 사업을 하고 있다면 문제 상황에 직면하는 빈도도 높을 것이고, 그 크기도 크게 다가올 것이다. 중요한 것은 언제 어디서나 문제는 늘 발생한다는 사실이다. 문제 해결 능력이 부족하면 위기 상황에서 슬기롭게 대처하지 못하고 위험을 자초하게 된다.

가만히 생각해보면 우리는 해보지도 않은 일을 미리 판단하고 너무 쉽게 안 될 거라고 단정 짓곤 한다. 예상되는 난관에 생각이 고정되어 부정적인 판단부터 내리는 것이다. 발걸음을 내딛기도 전에 불가능하다며 지레 겁을 먹고 포기한다. 특히 조직 생활에서는 이러한 문제와 자주 직면하게 되는데, 실패를 용납하지 않는 우리나라 기업 문화에서는 권한보다는 책임이 더 강조되어 실패에 대한 두려움으로 새로운 시도와 과감한 도전은 일찌감치 포기하기 일쑤다.

'골치 아픈 일은 누군가 해결해주겠지' 하는 바람을 갖고 있는 사람은 직장인 마인드에서 벗어나지 못한 탓이다. 자영업자는 모든 것을 스스로 해결해야 한다. 중소기업 사장도 마찬가지다. 문제가 발생했을 때 대신 해결해주는 사람이 없으므로 어떻게든 해결 방법을 찾아야 한다. 이러한 과정을 통해 문제 해결 능력이 월등히 높아진다. 현대인에게 자영업자 마인드를 가지라고 하는 이유가 여기에 있다. 스스로 생각하고 행동하면서 자주적으로 문제 해결 능력을 키워나가야 한다.

어떻게 하면 문제 해결 능력을 키울 수 있을까? 가장 좋은 방법은 부단한 노력과 시행착오를 통해 경험을 쌓고 생각의 근육을 만드는 것이다. 단순히 경험만 많다고 되는 것은 아니다. 일과 삶 속에서 끊임없이 상황을 이해하고 자기를 되돌아보는 과정을 통해 성공이든 실패든 그 경험을 나만의 것으로 만들어 자기 안에 축적해야 한다.

그 과정에서 지식이 필요하다. 지식이 결여된 경험은 단편적이어서 복잡한 문제를 해결하기에는 부족함이 따르며, 근본적인 원리를 파악할 수가 없다. 판매 분석 미팅에서 참석자에게 판매가 부진한 이유에 대해 개별적으로 의견을 말하라고 했을 때, 시기가 늦어서라든가 디자인이 안 좋아서라는 등 표면적인 답변을 하는 이들을 종종 봐왔다. 과연 이들에게 신뢰가 가겠는가? 그 직원에게 중책을 맡길 수 있겠는가? 누구보다 여러분이 잘 알 것이다.

나는 정보의 힘을 강조하고 싶다. 부족한 정보를 채우는 방법으로 내가 가장 추천하는 것은 독서다. 책은 우리에게 진짜와 가짜를 구별하게 하는 힘을 준다. 이 세상에는 가짜 정보가 너무 많다. 책을 많이 읽으면 참된 정보를 가려낼 수 있는 힘을 기를 수 있다.

기획 업무를 해오면서 많은 갈증이 있었다. 어떠한 현상에 대해 상황적으로는 이해가 되는데, 논리적으로 정리가 안 되는 경우가 많았다. 수학 문제는 풀었지만 해답을 보고 푼 느낌이었다. 나만의 공식이 만들어지지 않은 것이다. 그래서 책을 읽기 시작했다. 책이야말로 많은 지식인들과 선배 경험자들이 그들만의 노하우를 논리적 사고로 풀어내어, 읽는 이로 하여금 간접 경험과 생각을 정리할 수 있는 방법을 제시해준다. 이 얼마나 좋은 도구인가! 아주 적은 비용으로 돈으로 살 수 없는 가치를 우리에게 준다. 책 읽을 시간이 없다는 말은 읽기 싫다는 말과 똑같다. 진정으로 그 가치를 못 느끼는 것이다.

나도 마찬가지였다. 책 한 권 읽으려면 한 달 이상 걸리곤 했다. 습관이 안 되어 진도가 안 나가는 것이다. 그러나 이제는 책 한 권 읽는 데 하루 이틀이면 충분하다. 일주일에 적어도 두 권은 읽으려고 노력한다. 습관이 붙으면 책 읽기가 쉬워지고, 집중력도 향상된다. 처음에는 눈으로 책을 보고는 있지만 생각은 일과 다른 잡념에 빠져들어 몇

페이지 읽다가 마는 경우가 많았다. 그러다가 손으로 책을 잡는 느낌이 익숙해지는 순간이 온다. 그때가 되면 지식의 세계로 들어온 것이다. 집중력이 향상되고 습득된 정보와 지식이 일을 처리해내는 능력을 배가시켜주는 효과를 발휘한다.

한편 아는 것은 많지만 표출하지 못하는 사람이 있는가 하면, 아는 것은 많지 않아도 남에게 설득력 있게 논리적으로 말을 잘하는 사람도 있다. 알고 있는 정보의 양이 중요한 게 아니라 정보를 정리하고 활용하는 능력의 차이 때문이다. 이는 충분히 학습을 통해 발전시켜 나갈 수 있으며, 이러한 내적 발전은 문제 해결에 큰 도움을 준다.

잠깐 주의를 돌려 기획자의 상황으로 넘어가보자. 필리핀 속담에 '하고 싶은 일에는 방법이 보이고, 하기 싫은 일에는 핑계가 보인다'라는 말이 있다. 강한 의지와 문제 해결 능력을 가진 사람은 늘 '해결 방법'을 찾기 위해 노력하지만, 해보기도 전에 할 수 없다고 생각하는 사람은 '안 되는 이유와 핑계'부터 찾으려고 애를 쓴다는 뜻이다. 어려움이 예상되는 일에 대해 주위의 우려와 만류를 뿌리치고 시작하는 사람들에게는 '반드시 성공시키고야 말겠다'는 확고한 의지와 에너지가 있다. 부정적인 견해를 보이는 사람들의 말을 반박하기 위해서라도 두세 배의 노력을 기울인다. '한번 이 악물고 해보자' 하는 식이다. 이 과정에서 바로 남들과는 다른 경쟁력과 성공 스토리가 나오는 것이다.

다만 어떤 일이든 기획의 기본은 저마다 자기 마음에서 우러나와야 한다. 시켜서 마지못해 하는 기획에서는 그러한 에너지가 나오지 않는다. 내가 하고자 하는 기획이 '반드시 내가 이루고 싶은가'에 초점을 두어야 한다. 확고한 목표 의식을 갖고 있으면 어떠한 장애물을 만나도 성공을 거두기 위한 과정으로 넘길 수 있다.

결과에 연연해하지 말고 실패도 담담하게 받아들이는 자세가 필요하다. 과정에서 만나게 되는 여러 가지 문제 요소들, 당초 생각과 다르게 전개되는 상황, 의지를 꺾이게 만드는 내·외부적 요인 등 이런 모든 것을 해결해나가는 노력과 실천 역시 기획의 한 부분이다. 그러므로 언제 어디서든 즐겁게 해야 한다. 내가 행복해야 남을 행복하게 해줄 수 있다는 말처럼, 기획자가 즐거운 마음으로 스스로 하고자 하는 마음이 강할 때 다른 사람의 마음을 움직일 수 있다.

열 배 더 팔리는 상품을 개발하겠다고 하면 주위에서 어떤 반응을 보이는가? 분명 냉소적이거나 우려감을 표명할 것이다. 하지만 '한 번 해보겠다'고 마음먹으면 해결해야 할 문제들이 먼저 보인다. 물론 쉽지 않은 문제들일 것이다. 왜냐하면 열 배 더 팔리는 상품을 개발하려면 기존의 틀을 뛰어넘어야 하기 때문이다. 명확한 목표 의식과 달성하겠다는 확고한 의지만 있다면, 그 문제들을 하나씩 해결해나갈 때 목표에 가깝게 다가서고 있는 자신을 발견하게 될 것이다. 어떤가. 뿌듯하고 자랑스럽지 않을까?

핵심 포인트 이것만은 기억하자!

• 상품을 기획한다는 것은 시장 거래에 있어 교환 가치가 있는 상품, 즉 소비자에게는 욕구 충족을 위해 돈을 지불할 가치(willing to pay)를 제공하고, 판매자와 생산자에게는 이익을 실현해주는 동시에 기존 것과는 차별화되어 구매 가치를 이끌어내는 상품을 구상하는 것을 의미한다.

• 머천다이징(merchandising)이란 '기업의 매출 목표 달성을 위해, 과학적 접근을 통한 수요 예측을 기반으로 적합한 상품이나 서비스를 가장 적절한 시간과 장소에 적정한 가격과 수량을 유통시키는 일에 관한 상품기획과 관리 활동'을 의미한다.

• 상품기획 프로세스의 메커니즘을 잘 이해하고 있으면 기획의 전체적인 흐름과 맥락을 파악할 수 있다. 이때 각 프로세스별 명확한 역할과 상호 연관 관계상의 시너지를 최적화하는 시스템을 구축하는 것이 중요하다. 패션 상품기획의 프로세스는 '정보 분석–타깃 설정 및 니즈 분석–머천다이징 콘셉트 설정–운영계획 수립–시제품 개발 및 품평–생산–유통 및 마케팅–평가 및 피드백'의 과정으로 진행된다. 상품기획 프로세스는 조직 간의 협업이 얼마나 잘 시스템화되어 있느냐에 따라 그 효율이 결정되며, 이는 기업 문화에 기인하는 경우가 많다.

• 머천다이저는 철저히 '효율'과 '시장 경쟁력 강화'를 위해 존재한다. 단순히 '판다'가 아니라 '남는 장사를 한다'는 개념으로 접근해야 한다. 갈수록 복잡해지고 다양해지는 현대 산업사회에서 다양한 환경 변수를 고려하여 시장에서 경쟁자보다 우위에 설 수 있는 전략을 수립해야 한다.

• 머천다이저의 주요 상품 전략은 상품 구성 전략, 가격 전략, 핵심 상품 전략, 상품 관리 전략을 들 수 있으며, 이러한 전략적 업무는 기업에 최대 효율과 이익을 낼 수 있는 상품 구조의 설계로 완성된다.

• 아이디어 발상의 핵심은 기존의 사고에서 벗어나 새로운 관점으로 대상을 바라보는 것이다. 변화의 시작은 고정관념을 타파하고 현상을 보는 관점을 바꾸는 데서부터 시작된다.

• 초과잉 경쟁 시대에는 남들과 다르게 생각하고, 실행력을 높이며, 원하는 목표를 이루어 나가는 관철 능력이 중요하다. 그러기 위해서는 지식의 습득과 지식으로 얻는 테크닉을 자신에게 맞도록 활용하여 보다 체계화된 접근으로 목표를 이루려는 자세가 필요하다.

2장

불황, 당신은 어떻게 살아남을 것인가

저성장 시대, 불경기라는 말을 언론에서 심심찮게 들을 수 있다. 소비자는 지갑을 꼭꼭 닫고, 기업은 매출 부진에 허덕이고 있다. 그 안에서 많은 기업들과 자영업자 그리고 샐러리맨들은 살아남기 위해 치열한 생존 경쟁을 펼치고 있으나 힘겹기만 하다. 지금 우리 사회는 이제껏 경험해보지 못한 경기 침체 국면에 빠져들었다.

이 장에서는 불황이라는 절박한 상황에 처한 이들의 심정과 현실에 대해 함께 느끼고 스스로 자극제가 되어 다가올 미래를 대비하기 위한 돌파구의 방향성을 찾아보고자 한다. 실력이 있어야 살아남을 수 있다. 이제부터 어떻게 실력을 갖추어야 하는지 함께 논의해보자.

1년 만에 매출 반 토막,
사장님은 어떻게 할 것인가?

"이러다 회사 문 닫게 생겼어요. 전년 대비 매출이 형편없이 줄었습니다."

최근 만나는 사람들 입에서 자주 오르내리는 말이다. 대형 유통사도, 중소기업도, 자영업자도 모두 마찬가지다. 방방곡곡에서 곡소리가 나고 있다. 매출 몸살을 심하게 앓고 있다. 일부의 아우성이 아닌 전반적인 현상이다. 우리는 지금 불황의 늪에 빠져 있는 것이다!

우리는 몇 년 전부터 불황을 온몸으로 느끼고 있으며, 각종 지표에서도 확연히 드러난다. 한국은행에서 발표한 체감 경기를 나타내는 지수인 기업경기실사지수(Business Survey Index, BSI)*와 소비자심리지수(Consumer Composite Sentiment Index, CCSI)**가 2018년 11월까지

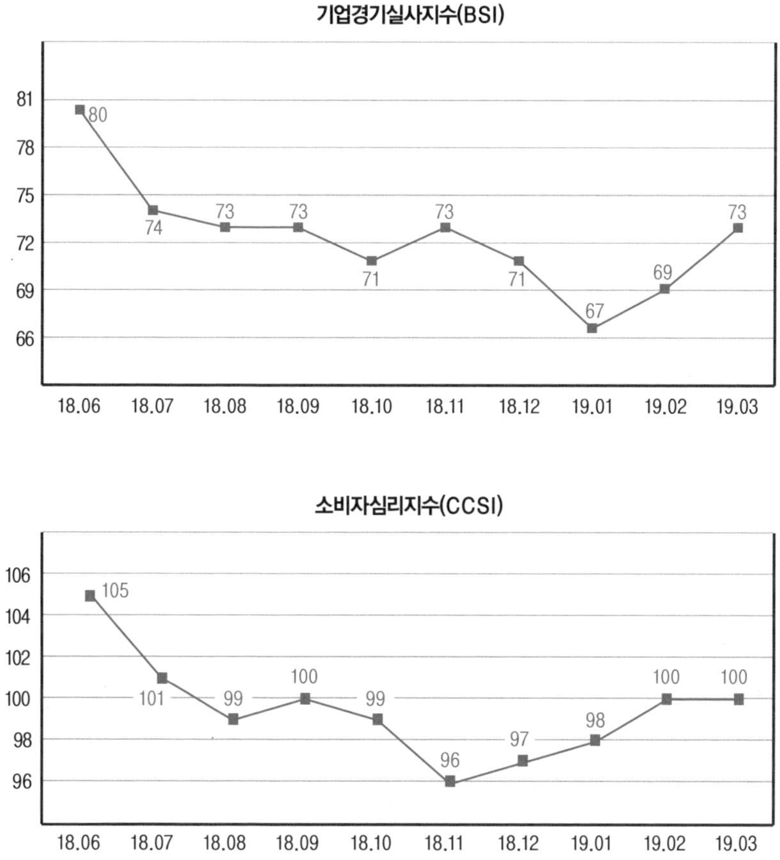

그림 2-1 통계청 국가통계포털(KOSIS) 기업경기조사와 소비자동향조사

* 경기 동향에 대한 기업가들의 판단 · 예측 · 계획의 변화 추이를 관찰하여 지수화한 지표로써, 기업가들의 주관적이고 심리적인 요소까지 조사가 가능하여 경제정책을 입안하는 데 중요한 자료로 활용된다. 일반적으로 지수가 100 이상이면 경기가 좋고, 100 미만이면 경기가 안 좋다고 판단한다.

** 우리나라 가계 부문의 현재 생활형편, 생활형편 전망, 가계수입 전망, 소비지출 전망, 현재 경기판단, 향후 경기 전망 등 총 6개의 주요 개별지수를 표준화하여 합성한 지수로, 소비자 심리를 종합적으로 판단하는 데 이용된다. 100보다 크면(작으면) 소비자가 체감하는 평균적인 경기 상황보다 더 낙관적(비관적)임을 나타낸다.

지속적으로 하락세를 보였다. 이는 기업이나 소비자 모두가 향후 경기를 안 좋게 보고 있다는 의미다(2018년 12월부터는 북미 관계 개선에 따른 남북경협 기대감, 주가 상승 영향으로 상승세를 보이고 있으나 실물 경기는 불안정하다는 해석이 많다).

먼저 소득과 연관되어 있는 고용시장을 살펴보자. 고용시장은 '제조업 붕괴', '일자리 절벽', '1인 자영업자의 몰락'이라는 덫에서 헤어나오지 못하고 있다. 2018년 7월 기준 일자리가 제조업에서만 1년 전 대비 12만여 개가 증발했으며,[2] 제조업에서 시작된 고용 악화는 도미노처럼 모든 고용 지표를 박살내고 있다. 또한 제조업의 붕괴는 서비스업을 비롯한 산업 전체로 전이되고 있다.

여기에 기업 내 구조조정 및 취업 절벽으로 인한 심각한 일자리 문제는 고용시장의 중추라고 할 수 있는 40대에 집중되고 있으며, 체감 경기가 바닥을 치면서 1인 자영업자들을 폐업으로 내몰고 있다. 이러한 경기 침체 현상은 소비자들의 지갑을 꼭꼭 닫게 만들고 있으며, 이로 인해 기업은 매출 부진의 늪에서 허우적대는 결과로 이어지고 있는 것이다.

다음으로 시장구조를 들여다보자. 지금은 초과잉 경쟁 시대다. 신상품이 나오면 바로 경쟁사에서 카피 제품이 출시되고, 약간만 바꾸어 보다 나은 상품으로 고객을 빼앗아간다. 골목 상권에서는 좀 된다 싶으면 유사 아이템으로 우후죽순 경쟁 매장들이 들어선다. 또 동네마다 커피숍은 왜 그리 많은가? 치킨집은 가까운 상가뿐만 아니라 배달 앱을 열면 먼 거리에서도 달려온다. 적자생존이며, 나눠 먹기식이다.

한때 잘나가던 중소기업들이 급격한 매출 하락을 경험하는 경우도 많다. 로드자전거 시장이 폭발한 2014년에 크게 성장한 알톤스포츠(Alton Sports)는 중국 저가 상품 및 미세먼지라는 환경적 요인으로 2015년 622억에서 2017년에는 434억으로 매출이 크게 하락했다. 또한 착즙기 시장의 대표적 선두 주자였던 휴롬(Hurom)은 주스카페에 공을 들이는 사이 주력 상품인 착즙기 시장에서 경쟁에 밀려나는 바람에 2015년 2,308억 원에서 2017년 929억 원으로 매출 급락을 경험했다. 경쟁자들이 착즙기보다 세척이 쉽고 성능이 개선된 핸드 블렌더, 초고속 블렌더 등을 들고 나와 시장을 잠식한 것이다.[3)]

문제는 그뿐만이 아니다. 여기에 더하여 불황이라는 어두운 그림자가 아주 짙게 깔려 있다. 경쟁에서 버티는 것도 힘든데, 소비자는 어지간해선 지갑을 잘 열지 않으려 한다. 19년째 식당을 운영하고 있는 어느 자영업자에 따르면, "음식 맛도 좋아지고, 가격도 경쟁력이 있으며, 주변 상권에 이렇다 할 변동 요소가 없는데도 매출이 형편없는 걸 보고 불경기를 실감한다"고 말했다. 매출 반 토막! 남의 일이 아니다. 경쟁자와 소비자 모두가 이겨내야 할 대상이다. 그것도 아주 힘들고 절박하게 말이다.

그렇다면 경기 침체와 소비 절벽 시대에 기업의 존폐를 위협하는 매출 하락을 어떻게 할 것인가? 기업이나 장사의 목표는 똑같다. 이익을 남겨서 종사자들이 삶을 영위해나가는 것이다. 이익은 대부분 매출을 통해서 나온다. 그런데 이익의 중요한 원천인 매출이 줄고 있다. 반드시 해결해내야 하는 과제다. 물론 종사자 그 누구도 이런 사실을 방관하는 건 아니다. 나름대로 최선의 노력을 다하고 있지만 개선점이 크게 보이지 않기에 어떤 행운이 따르기만 간절히 바라고 있다.

그 이유는 무엇일까? 관성에 의한 틀에 박힌 사고 때문이 아닐까 생각한다. 대한민국 사회는 너무나도 혹독한 경쟁 구도하에서 생존게임을 지속해왔다. 고도성장을 거쳐 이제는 더 많은 노력을 해도 성장기와 같은 성과를 거두기 어려운 상황에 처해 있기 때문에, 뛰어넘으려는 노력에 비하여 얻을 수 있는 결과에 대한 부정적 인식으로 아예 노력조차 포기하고 있는지도 모른다.

여러분도 생각해보라. 지금 50~60대의 직장 선배가 과거 국내 산업의 성장기 시절을 무용담 삼아 얘기하면 곧이곧대로 듣는가? 예전과 지금은 상황이 많이 다르다고 항변할 것이다. 틀린 생각이 아니다. 경쟁이 치열하지 않았던 시절과 지금의 시장 상황은 게임의 룰 자체가 다르다. 갖고 싸우는 무기도, 시장에 참여하고 있는 경쟁자 수도 현격히 달라졌다. 뿐만 아니라 소비자의 눈높이와 정보력은 모든 기업을 현재에 안주하지 못하게 만들고 있다.

초경쟁 시대에서는 완전히 다르게 접근해야 한다. 호황기에 해온 방식은 좋은 품질을 합리적인 가격에, 그리고 보다 나은 상품을 공급하는 것이었지만 지금은 아니다. 상상을 뛰어넘는 수준의 제품이 나와야 시장에서 반응한다. 이전보다 10%, 20% 더 파는 것도 중요하지만, 그렇게 해서는 경쟁에서 이길 수도 없거니와 기대만큼의 매출로 연결되기도 힘들다. 1만 장 팔리는 티셔츠를 10만 장 팔려는 생각을 해야 하고, 한 그릇 팔리는 자장면을 열 그릇 더 팔려고 노력해야 보이지 않는 전쟁에서 승리를 거머쥘 수 있다. 단순한 개선이 아닌 완전히 판을 뒤집고 틀을 바꿔서 생각해야 이룰 수 있는 결과물이다.

그리고 경쟁업체가 동종업이라는 인식은 예전 이야기가 되었다. 과거에는 동종업체 간 경쟁이 자연스러운 현상이었지만, 이제 경쟁업체는 그 벽을 뛰어넘어 존재한다. 재래시장이나 동네 슈퍼마켓은 그동안 나름대로의 경쟁력으로 소비자를 이끌어왔으나, 대형할인점과 동네 상권까지 진출한 기업형 슈퍼마켓(Super Supermarket, SSM)의 등장은 그들의 생존 경쟁에 막대한 영향을 끼치고 있다.

그런데 지금은 어떠한가? 모바일이나 인터넷으로 쉽게 장을 볼 수 있는 시대가 아닌가. 클릭만 하면 간편하게 집까지 배송해준다. 하물며 내일 아침 식사 준비를 못했다면, 저녁 늦은 시간이라도 클릭 몇 번이면 새벽에 집 앞까지 신선한 식료품을 배달해주는 세상이다. 온라인 마켓과 경쟁해야 하는 시대인 것이다. 이제는 눈에 보이지 않은 경쟁자까지 고려해야 한다. 시장이 빠르게 변화하고 있기 때문에 자칫 방심하면 승자 독식으로 시장에서 완전히 밀려나는 사태까지 발생해서 기업의 생존 가능성은 점점 낮아지게 됐다.

그럼 불황이라는 그라운드에서 초경쟁이라는 규칙에 마주한 기업들은 모두 강자의 제물이 되어야 하는 것일까? 어떻게 해야 도태의 늪에 빠지지 않고 오랫동안 생존할 수 있을까? 가장 확실한 방법은 단 하나, 시장에서 우위를 점유할 수 있는 무기를 만들어야 한다. 경쟁에서 살아남을 당신만의 확실한 무기! 그 무기는 '차별화'라는 이름으로 나타나 콘셉트, 즉 '메시지'로 승화되어 타깃의 뇌리에 깊숙이 꽂히는 것이어야 한다. 그렇게 만들 수만 있다면 우리에게 가장 필요한 매출은 저절로 따라오게 마련이다. 그 차별화는 단순히 다름을 추구하는 것이 아닌 깊이 있는 차별화, 즉 차별화에 차별화를 더하여 남들과 다르게, 나만의 색깔로 소비자를 자극하고 만족시킬 수 있어야 한다. 해답은 여기에 있다.

퇴출 위기에 놓인 협력업체 사장님은 어떻게 살아남을 수 있을까?

2018년 초, 유명 브랜드에 20년간 가방을 납품해온 사장님이 한숨 쉬며 토해낸 말에서 이 험난한 경쟁사회의 한 단면을 엿볼 수 있었다.

"외형이 큰 브랜드의 경우 3~4개 업체가 납품을 합니다. 예전에는 협력업체로 등록이 되면 일정 물량을 안정적으로 납품할 수 있었어요. 하지만 갈수록 원가 인하 압박과 치고 들어오는 경쟁업체로 인해 한시도 맘 놓을 날이 없습니다. 그나마 국내 업체들과 경쟁할 때는 나았어요. 지금은 대형 수출업체가 수출 경기 부진으로 인해 내수시장을 공략하는 탓에 국내 소규모 업체들은 피바다가 되고 있습니다. 내수업체는 낮은 가격을 앞세운 대형 수출업체와 경쟁 자체가 안 됩니다. 바이어는 견적 단가가 낮다는 이유로 가격 경쟁력과 대규모 생산 라인을 갖춘 대형업체를 선호하고요. 이제 국내 시장에서 '을'의 시대는 갔습니다."

해당 업체는 업계에서 나름 경쟁력을 갖고 있는 우량 중소기업이었다. 그 말을 들으니 가슴이 저려왔다.

한마디로 무한경쟁 시대다. 패션 제조업을 예로 들었지만, 어디 거기뿐이랴. 납품 시장은 어디서든 경쟁이 치열하게 진행된다. 시장에는 상품만 공급 과잉이 아니라 상품을 제조, 납품하는 회사도 넘쳐나기 때문이다.

거기에 더하여 이 상황을 악화시키는 근본적인 원인은 '갑'인 소매기업의 매출 부진이다. 판매가 저조하다 보니 매입을 줄이게 되고, 관계되어 있는 협력업체는 치열한 '살아남기 경쟁'을 할 수밖에 없는 현실인 것이다. 소비 절벽 시대인 불황이 장기화될 조짐을 보이고 있다. 지금은 안심하고 있을지라도 언제 경기장 밖으로 퇴출될지 모른다. 퇴출은 무엇을 의미하는 가? 바로 생존과 직결된다.

또한 국내에서 영업하는 해외 진출 기업의 경우에는 국내 기업과는 다르게 전략적 의사 결정에 따라 한순간에 국내 생산을 중단하고 글로벌 생산 방식으로 생산 시스템을 변경하는 탓에 납품하던 국내 협력업체들이 갑자기 오더가 없어지는 경우가 생긴다. GM이 그랬고, 나이키가 그랬다. 이런 경우는 저항할 기회조차 없어진다. 자체 경쟁력을 키워 다른 거래처를 공략하거나 아니면 다른 시장으로 사업을 전환해야 한다. 준비하고 있지 않으면 대책 없이 한순간에 무너지고 만다. 이러한 힘겨운 생존 싸움은 지금도 도처에서 계속되고 있다.

'갑'과 '을'의 공존공생 관계를 잘 이해하고 있는가? 거래 관계에 있어서 상품이나 서비스를 공급받고 그 비용을 지불하는 측이 '갑'이고, 제공하거나 납품하는 측이 '을'에 속한다. '을'은 보통 협력업체라고 불리는데, 협력업체는 거래 관계 특성상 '갑'에게 의존도가 높을 수밖에 없다. 하지만 '갑'과 '을'은 같이 공존하고 함께 살아야 한다. 상호 보완적인 관계이기 때문이다. 대체로 제조업 형태인 협력사는 제품을 판매해주는 채널이 필요하고, 소매업은 우수한 제품을 공급해주는 제조사가 있어야 한다.

그런데 지금은 제품을 공급하는 협력업체인 '을'이 붕괴되고 있다. 우리나라는 제조업하기 참으로 힘든 나라라는 생각이 든다. 적은 마진으로 갖은 원가 인하 압박과 불합리한 거래 조건하에서 일정 수준 이상 되는 품질의 제품을 열심히 납품하고 있다. 이러한 협력업체가 있기에 '갑'도 생존이 가능하다는 사실이 묵살되고 있는 듯하다. 참으로 안타깝다.

규모가 있는 소매기업에 납품하는 협력업체가 되기 위해서는 선정 평가 기준에서 일정 수준 이상이 되어야 계약이 가능하고 거래를 유지할 수 있다. 그리고 정기적으로 협력업체 평가(거래 실적, 납기 준수율, 품질, A/S, 가격, 업무 협조도 등)를 받아 거래의 지속 여부를 평가받고 재계약을 결정한다. 밀려나지 않으려면 경쟁업체보다 더 나은 평가를 받아야 한다. 영업력이 뛰어나든가, 탁월한 원가 경쟁력이 있다든가, 아니면 남들이 못하는 독보적인 기술력이 있어야 살아남을 수 있는 시장 환경이다.

산업 성장기에는 많은 제조업이 시설을 늘리고 신규 투자를 확대하고 신생 기업이 우후죽순처럼 생겨났다. 하지만 지금은 상황이 다르다. 2017년 4분기부터 2018년 3분기까지 연속 4분기 동안 국내 생산 능력이 감소세를 보였다.[4)]〈그림 2-2〉를 보면 2018년에 제조업 평균 가동률이 완만한 상승세를 보이고 있는데, 그 이유는 경기가 좋아서가 아니라 생산 능력이 감소했기 때문이다. 긍정적으로 보면 산업 구조조정이 이루어지면서 과잉설비가 축소되고, 경쟁력을 잃은 기업들이 시장에서 퇴출된 영향도 있지만, 전체적인 경기 부진으로 문을 닫는 중소기업이 많은 이유도 한몫한다.

이제 우리나라 제조업은 새로운 국면을 맞이하는 단계라 생각한다. 구조조정으로 인해 산업 효율의 틀이 잡혀가고 있으므로 확대 위주의 성장에서 적정 수준의 성장을 찾아가는 단계라고 볼 수 있다. 그리고 우리가 할 일은 여기서 도약의 발판을 마련하는 것이다.

나도 사업을 시작한 이래로 기존 기업과의 경쟁에서 살아남기 위

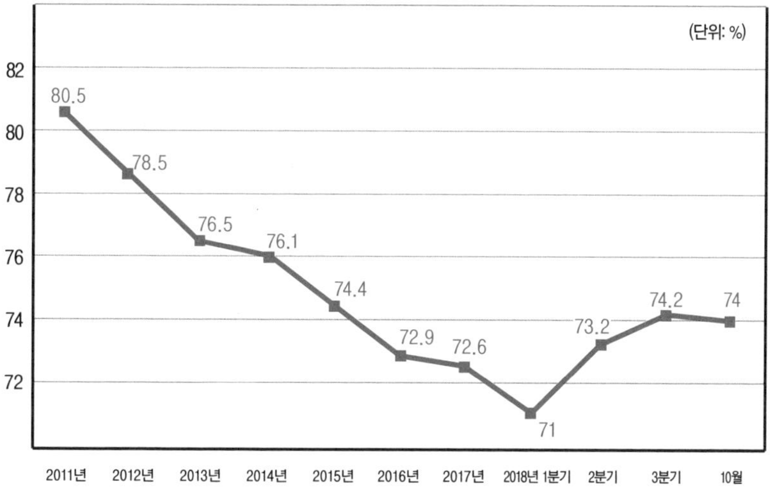

그림 2-2 제조업 평균 가동률 추이

해 부단히 노력하고 있다. 불황기인 지금은 돈을 버는 것이 목표가 아니라 살아남는 것이 목표다. 요즘 사업하는 사람들한테서도 "무조건 버텨야 한다"는 말을 자주 듣는다. 그만큼 불황은 우리에게 생존이라는 어려운 숙제를 내주고 있다. 실력이 있어야 살아남는 것이다.

그러기 위해서는 경쟁자들이 갖지 못한 무기를 만들어야 한다. 전쟁터에서 적군이 칼을 들고 나설 때 총을 들고 있으면 이길 확률이 높다. 공유 가능한 정보의 확산과 산업 인프라의 성숙도가 높아짐에 따라 이제 기업들이 가진 외형적 경쟁력은 큰 차별성을 갖지 못하게 되었다. 20년 된 기업의 생산 시스템을 신생 기업이 못하란 법은 없다. 많은 인적자원을 보유한 기업의 개발력이 꼭 월등하다고 볼 수도 없다.

이젠 원하는 자에겐 필요한 공급원이 있고, 루트만 개척하면 충분히 따라갈 수는 있는 환경이다. 하지만 여기서 중요한 것은, 하드웨어는 그렇다 치더라도 그 안에 있는 노하우까지 그냥 따라오는 것은 아니라는 사실이다. 그렇기 때문에 대기업은 노하우가 많은 우량 기업과의 거래를 선호하는 것이다.

그렇다고 물러날 수는 없지 않은가? 다윗이 골리앗을 이긴 방법은 돌팔매라는 무기를 사용했기 때문이다. 협력업체가 가질 수 있는 무기는 여러 가지가 있다. 가격 경쟁력, 생산 능력, 납기 이행력, 품질력, 영업력, 개발력 등이다.

여기서 중소기업에 필요한 다윗의 무기와 같은 것은 무엇일까? 나는 개발력이라 생각한다. 왜냐하면 쉽게 따라하지 못하는 능력이며, 인원이 많다고 해결되는 것이 아니기 때문이다. 연령의 핸디캡이 없는 스포츠가 골프다. 자본의 논리로 해결 안 되는 것이 개발력이다. 중소기업이 대기업을 이길 수 있는 유일한 방법이며, 소비자의 마음을 훔칠 수 있는 상품을 개발한다면 경쟁에서 승리할 수 있으리라 확신한다.

앞서 말했듯이 거래 관계에 있어서 '갑'의 위치에 있는 기업의 매출 부진으로 '을'의 입장인 협력업체들은 입지가 좁아졌다. 아주 간단한 원리다. 매출은 상품으로부터 나오고 협력업체는 판매성이 높은 상품을 개발해야 납품의 기회를 얻으며, 우수한 판매로 이어져 다시 발주가 나오는 선순환 구조로 이어진다. 매출을 리딩하는 제품을 개발할 수 있는 능력은 가장 강력한 무기다. 또한 상품을 생산하는 제조업체로서는 가장 기본 중의 기본이라 할 수 있다.

개발력은 직원이 많다고 성과가 잘 나오는 것이 아니다. 아이디어와 상품화 능력이 얼마나 잘 갖춰져 있느냐에 달려 있다. 그 때문에 새롭게 발상하고 실행할 수 있는 자가 이길 수 있는 것이다. 다윗이 골리앗을 이겼던 것처럼 돌팔매를 만들어보자!

하루하루 버티기도 어려운 자영업, 사장님의 생존 전략은?

"음식점 10곳 문 열 때 9곳 폐업!"

국세청과 소상공인연합회 등은 2018년에 폐업하는 자영업자가 사상 처음 100만 명을 넘어설 것으로 내다봤다. 이에 따라 개업 대비 폐업 수를 나타내는 자영업 폐업률은 2016년 77.8%에서 2018년 90%에 육박할 것으로 전망했다.[5)]

한국은행에 따르면, 2018년 2분기 말 기준 자영업 대출은 590조 7천억 원으로 6개월 사이 41조 5천억 원이나 증가했다고 한다. 자영업자의 대출이 빠르게 증가하고 있는 것이다. 금융기관별로 자영업 대출 증가율이 은행이 10.8%인 반면, 제2금융권이 40%대 이상으로 상대적으로 높았다. 제2금융권의 금리가 더 높다는 점을 감안한다면 자영업자들이 더 위험한 상황에 노출되어 있다는 것을 알 수 있다. 더욱이 최근 금리 인상이 진행됨에 따라 가장 취약한 계층인 소상공인·자영업자가 가장 큰 타격을 입게 되는 것은 자명한 사실이다.

실제 경기 부진으로 인한 자영업자의 매출 하락은 심각한 수준이며, 최저임금으로 인한 인건비 비용 상승으로 소득은 더욱 줄고 있어 대출 증가라는 상황으로까지 내몰리고 있다. 2019년에는 자영업자의 휴·폐업이 전년보다 늘어날 위험성이 아주 높다.

내수 부진으로 소비 심리 위축도 큰 영향을 미치고 있다. 2018년 11월 한국은행의 소비자심리지수(CCSI)는 96%로 2017년 2월(93.9%) 대비 가장 낮았다. 주 52시간제가 시행된 이후 저녁 시간에 손님들의 발길이 뜸해진 것은 물론이요, 소비자의 외식도 줄어든 데다 상권 내에서 잘되는 음식점으로만 몰리는 현상이 발생하며 빈익빈부익부 현상이 심화되고 있다.

한편 서울 중심 상권에서는 빈 점포에 내걸린 임대 광고를 어렵지 않게 찾을 수 있다. 한국감정원에 따르면, 서울 중대형 상가 공실률은 2017년 3분기 9.8%에서 2018년 3분기 10.6%로, 소규모 상가 공실률은 4.1%에서 5.6%로 크게 올랐다.

이처럼 경기가 장기 침체 국면에 들어서고 퇴직자 및 실직자가 양산되는 국내 현실은 자영업 시장을 지옥으로 만들고 있다. 시장은 유한하고 소비는 침체가 가속되고 있는 상황에서, 직장에서 퇴출된 사람들은 어쩔 수 없이 자영업 시장으로 계속 몰리고 있어 이 암담한 현실은 끝없이 되풀이되고 있다.

치열한 시장 경쟁은 평균 매출을 낮추는 마이너스 효과를 양산한다. 장사가 된다 싶으면 바로 경쟁 점포가 입점해 나눠 먹기식 운영이 다반사고, 소비자에게 어필될 만한 특색을 갖추지 못한 매장은 계속 매출 부진의 나락으로 떨어지고 있다. 유명 프랜차이즈 매장은 본사의 영업력을 무기로 소규모 자영업자를 경쟁에서 밀어내고 있다. 초경쟁 시장에서 자본력에 힘없이 무너지고 마는 것이다.

하지만 길이 전혀 없는 것은 아니다. 최근 소비자 트렌드는 남들과 다른 것, 나만의 감성을 충족시킬 수 있는 것이 인기를 끌고 있다. 매력적인 콘셉트를 무기로 소비자에게 차별화된 메시지를 전달하여 인기몰이를 하는 매장도 많이 늘어나고 있다. 소비자의 감성은 다양하

그림 2-3 망원동 카페 '자판기'

면서도 매우 빠르게 변하고 있다. 그 속도를 못 따라가면 도태되고 마는 것이다. 앞서나가야 경쟁에서 이길 수 있다.

치열한 자영업 시장의 생존 싸움에서 살아남기 위해서는 무엇보다 '경영 마인드'를 갖추어야 한다. 아무리 손바닥만 한 구멍가게를 할지라도 '장사' 수준을 넘어서지 못한다면 험난한 경쟁의 길을 걸을 수밖에 없다. "장사하지 말고 경영하라"는 말이 있다. 무엇을 의미할까? 장사는 내 능력이 주체가 되는 것이고, 경영은 직원 및 시스템이 주체가 되는 것이다. 즉 장사는 판매지만 경영은 관리하는 것이다.

붕어빵 장사를 하더라도 자신만의 신념과 경영철학이 필요하다. 한 개 파는 데 노력하지 말고, 열 개 더 팔려는 생각을 해야 한다. 그러려면 철저한 경영학적 사고와 경영 기법에 대한 이해가 필요하다. 튼튼한 이론 체계가 밑바탕되어야 지속적인 발전을 이룰 수 있고, 이는 경영학적 마인드에서 비롯된다.

자장면 열 그릇 더 팔려면, 피자 열 판 더 주문받으려면, 치킨 열 마리 더 팔려면 어떻게 해야 할까? 단순히 가격만 경쟁업체보다 낮게 책정하면 될까? 홍보 전단을 좀 더 돌리면 가능할까? 이렇게 하면 두세 개는 더 팔 수 있을 것이다. 하지만 그 효과는 오래 못 간다. 만일 열 배 더 팔게 된다면, 매출의 터닝포인트를 얻게 될 것이다. 왜냐하면 그렇게 팔리게 만든 요인들은 결코 일시적이지 않기 때문이다.

예를 들어보자. 단순한 솜사탕을 아이디어로 승화시켜 억대 매출을 올린 고쉐프의 경우, 별다를 것이 없는 솜사탕을 오랜 연구와 노력

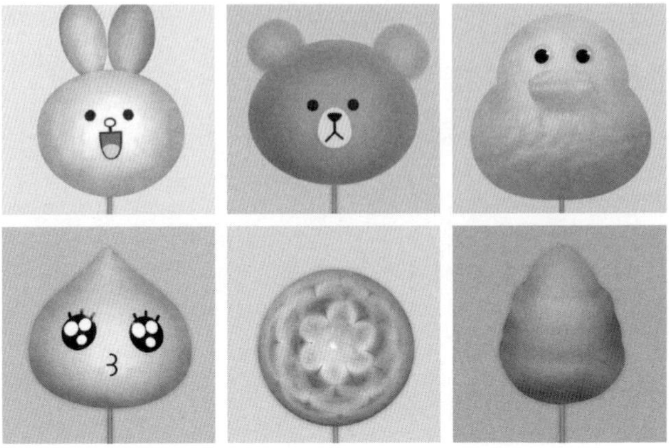

그림 2-4 고쉐프의 스윗프렌즈 매직솜사탕

끝에 고객이 좋아할 만한 요소를 개발하여 형형색색의 토끼, 곰, 오리 모양으로 만들어 소비자의 눈길을 확 끌었다. 평범하지 않은 생각과 노력 덕분에 솜사탕으로 연간 1억 원이 넘는 순이익을 올릴 수 있었던 것이다.

동네에서 치킨집을 운영한다고 하자. 그냥 다른 치킨가게와 동일한 콘셉트와 메뉴로 장사한다면, 배달 앱을 타고 넘어오는 지역 경쟁자와 대체 메뉴 업종이랑 치열한 싸움을 벌여야 한다. 경쟁에서 살아남으려면 가격을 싸게 하던지 프로모션을 해야 한다. 비용이 올라가고 수익은 줄어드는 악순환의 늪에 허우적거리게 된다. 소비자의 눈은 다 똑같다. 관심을 끌어야 주목을 얻을 수 있다. 그래야 구매로 연결된다. 어떻게 관심을 끌 것인가?

상권에 거주하는 타깃 소비자층이 누구인지 파악하면 접근이 좀 더 쉬워진다. 부유층이 산다면 좀 더 건강을 강조한 메뉴로, 1인 가구가 많다면 혼자서 먹기에 적당한 용량으로, 아이들이 많은 동네라면 오후에 간식거리로 사 먹일 수 있도록 키즈 메뉴를 개발할 수도 있다. 소비자들의 입맛에 대한 관성은 절대적으로 막강하다. 소비자가 관심을 갖고 직접 구매해서 맛을 본 후 만족감을 느낀다면 단골이 될 뿐만 아니라 주위에 소문을 내게 마련이다. 매력 있는 메뉴만 잘 개발해도 입소문을 통해 주문이 대폭 늘 것이다.

흔히 기획 관련 업무를 보는 사람들끼리 잡담을 할 때, "우리가 치킨집을 하면 남들과는 다르게 할 것이다"라는 말을 하곤 한다. 메뉴, 인테리어, 홍보, 하물며 냅킨 하나라도 색다르게 하여 소비자의 관심을 이끌어서 성공할 수 있다고 자신하는 것이다. 현실은 다를 수 있겠지만, 적어도 남들과의 경쟁에서 '체계적이고 차별화된 생각'으로 접근하면 이길 승산이 높다고 생각한다.

여러분이 항상 염두에 두고 있어야 할 부분이 이것이다. 경기에서 승리하려면 남들과 같은 생각을 해서는 안 된다. 관점을 달리하고 체계적으로 접근해야 한다. 그러려면 기획자적 사고방식이 몸에 배어야 한다. 그게 아니면 차라리 '장사'에 미쳐라. 미친다면 생존은 가능하다. 그러나 효율이 떨어지는 것은 각자가 감수할 몫이리라. 어떻게 하겠는가?

절반으로 줄어든 이익, 어떻게 대처할 것인가?

기업의 '존재 목적'은 무엇인가? 기업의 가치관에 따라 저마다 다르다. 비영리 조직은 설립 목적이 존재 이유가 될 테고, 일반 기업은 고용, 사회적 기여, 영업 활동을 통한 종사자의 생계 유지 등을 들 수 있다. 하지만 기업의 주력 활동은 철저히 '이윤 창출'이다. 비영리 조직, 사회적 단체, 일반 기업 등을 총망라해서 기업은 돈의 흐름이 발생하고, 업무를 진행하기 위해서는 비용이 발생할 수밖에 없다. 결론적으로 '돈이 남는 운영'을 해야 기업이나 단체 모두 생존이 가능하다.

대기업이나 중견기업의 경우는 자금 담당 부서가 있어서 전체적인 자금 흐름을 관리한다. 하지만 중소기업이나 자영업의 경우는 그렇지 못한 경우가 많다. 심지어 투자 대비 수익성이 낮아 고전을 면치 못하는 상황이 발생하기도 한다.

문제는 불황이라는 검은 그림자는 대기업, 중소기업을 막론하고 전체적으로 수익성 악화라는 늪에 빠지게 만든다는 사실이다. 수익(이익)이 줄고 있다는 것은 기업 운영에 심각한 영향을 주고 있다는 것을 의미하며, 이는 생존과 직결되는 문제다. 대표적인 두 가지 상황을 살펴보기로 하자.

첫 번째로 인건비와 임대료 상승을 들 수 있다. 최저임금제 시행과 근로시간 단축으로 기업은 인건비 부담이 가중되고 있으며, 또는 상권의 경우 일명 '젠트리피케이션(gentrification) 현상'*이라는 임대료 상승의 부작용까지 따른다. 오피스 상권에서 편의점 2개소를 운영하고 있는 지인은 최근 "매출이 줄어든 와중에 인건비와 임대료가 올라 이익이 절반 이상 줄었다"고 어려움을 토로하였다. 실제로 국내 한 편의점에서 최저임금 상승에 따른 점주들의 순이익 변화에 대한 시뮬레이션을 시행했는데, 점주의 이익이 반으로 줄어들 것이라는 결과가 나왔다고 한다.[6)]

다음으로 매출 감소와 가격 할인 경쟁이다. 경기 침체가 가져온 1차적인 현상은 매출의 감소다. 소비 감소에 따른 어쩔 수 없는 결과다. 문제는 기업이 살기 위해 출혈 경쟁을 벌이게 되는 2차 현상이다. 소매

* 낙후된 구도심 지역이 활성화되어 중산층 이상의 계층이 유입됨으로써 기존의 저소득층 원주민을 대체하는 현상을 가리킨다.

업을 하는 기업들은 온몸으로 체감할 것이다. 정상 판매(정가 판매) 대비 세일 판매(할인 판매) 비중이 증가하였고, 연중 세일 개념이 자리 잡은 지 오래된 소매기업도 있다. 세일 비중이 높아지면 자연적으로 이익률이 감소한다. 그러면 매출을 더 올려서 전체 이익액을 유지시켜야 한다. 하지만 그것도 쉽지 않다. 업체 간 가격 경쟁이 치열하고, 소비는 한정되어 있기 때문이다.

또한 소비자들은 인터넷 최저가 정보에 빠삭하다. 온라인 쇼핑몰은 경쟁적으로 최저가를 무기로 소비자를 유혹한다. 소비자는 오프라인에서 상품을 보고 바로 구매하는 것보다는 인터넷에서 검색을 한 후에 구매를 결정한다. 온라인이 더 싸면 가차없이 구매 장소를 이동하는 것이다.

제조사들은 어쩔 수 없이 가격 할인 전쟁에서 살아남기 위한 고통을 감내하고 있다. 최소 마진을 유지하기 위해 제조비용을 절감하는 전략을 사용한다. 인건비를 줄이기 위해 구조조정을 하고, 원부자재를 납품하는 협력업체에 원가 인하 압박을 넣는다. 제조사에 부품을 납품하는 2차 협력업체도 살기 위한 몸부림을 쳐야 한다. 모두가 이익이 줄어드는 악순환이 벌어지고 있는 것이다.

그렇다면 소비자는 이익을 보는 것일까? 어떤 면에선 좋은 상품을 값싸게 살 수 있지만, 결국 가격 중심적으로 생산된 저품질 상품과 제조사의 신규 투자 감소로 인해 상품 선택의 폭이 좁아져 다양성을 잃게 된다. 그러나 소비자 역시 근로자이거나 자영업자 또는 그들의 가족이 아닌가? 즉 소비자 역시 생산자라는 의미다. 매출 감소와 가격 할인 전쟁이 가져다주는 이익 감소의 악순환 고리에는 이러한 구조가 숨겨져 있다. 우리는 깊이 생각해봐야 한다. 소비자는 생산자 입장에서, 생산자는 소비자 입장에서 어떻게 하면 건강한 생산-소비 시장이 될 것인가에 대해 말이다.

이익을 늘리는 방법은 여러 가지가 있다. 그중에서도 가장 플러스적인 방법은 매출을 늘리는 것이다. 모든 기업이 추구하는 절대적인 목표이기도 하다. 하지만 시장에 참여한 모든 기업이 매출을 증대시킬 수는 없다. 경기 호전 상황이 아닌 불경기에서는 전체 시장 규모가 늘지 않기 때문이다. 결국 기업의 목표는 경쟁사보다 잘하는 것이다. 경쟁사의 몫을 빼앗아와야 한다. 여기에서 경쟁 우위의 절대적 필수 요건이 수반된다.

경쟁사보다 가격을 싸게 하고, 광고를 많이 하고, 채널을 확대하여 판매한다면 매출을 신장시킬 수는 있다. 하지만 비용이 문제다. 오히려 비용 증가로 이익이 감소하는 역효과가 발생할 수 있다. 결론적으로 기업이 이익을 확보하기 위해서는 최고의 매출 효율과 최적의 마진 구조를 가진 히트 상품을 개발하는 것이 최선의 방법이다.

시장에서 절대적인 판매력을 보유한 히트 상품은 이익 기여도가 높다. 매출 상승으로 인한 이익액 증가와 기업(혹은 브랜드) 이미지 제고를 통한 연관 상품의 동반 매출 상승을 일으키는 시너지 효과가 바로 그것이다. 물파스로 유명한 현대약품은 '미에로화이바'의 성공 덕분에 의약품회사에서 기능성 건강음료 시장으로 성공적으로 진출하였고, 유니클로의 '플리스 재킷'은 인지도가 낮은 회사를 패션 대기업으로 발돋움하게 하였으며, '히트텍'을 개발하는 원동력이 되었다.

하지만 히트 상품을 개발하는 것은 녹록치 않다. 많은 기업들이 각고의 노력을 해도 히트 상품이라 불릴 만한 상품이 잘 나오지 않는다. 그렇다면 이익을 늘리는 데 히트 상품 개발만이 최우선일까?

마진 믹스(margin mix)라는 개념이 있다. 제품 포트폴리오상에서 마진(이익)이 낮은 카테고리를 높은 카테고리로 대체하는 방법이다. 실제로 대형할인점에서는 수익성 강화를 위해 매출은 높지만 이익률이 상대적으로 낮은 브랜드 제품을 이익률이 높은 PB(Private Brand)로 대체하고 있으며, 다양한 브랜드 포트폴리오를 보유한 어느 유통회사는 매출액은 높지만 마진 구조가 안 좋은 고가 브랜드 비중을 줄이고 이익률이 높은 중저가 라이선스 브랜드를 공격적인 영업으로 대체하면서 이익 구조를 상당히 개선하여 수년간의 적자를 벗어난 사례도 있다. 결국엔 마진 싸움이다. 이익이 높은 곳에 집중해야 한다.

최근 몇 년간 소비자의 대표적 구매 키워드는 '가성비'였다. 소비의 대상이 지불하는 돈의 가치보다 월등히 높은 점에 초점이 맞춰져 있다. 이제 소비자는 쉽게 지갑을 열지 않는다. 반면 기업은 살아남아야 한다. 줄어드는 이익에 한숨만 쉬고 있을 순 없지 않는가. 그렇다고 비용만 줄여서는 한계가 있다. 살아남으려면 소비자의 지갑을 열게 만들어야 한다.

어차피 소비는 한정되어 있다. 같은 가격이면 마진이 높은 상품을 팔거나 새로운 수요를 창출해서 매출을 늘려야 한다. 기존 상품과 차별화가 안 된다면 어려운 현실을 벗어날 수 없다. 새롭고 참신하며 소비자가 만족할 만한 제품을 내놓아야 한다. 그러면 대체 효과도 거둘 수 있다. 혼밥족에게 햄버거 대신 편의점의 간편식이 어필되고, 항상 똑같은 이미지를 보여주는 유명 브랜드에 식상한 소비자가 '스타일난다'와 같이 남다른 시각으로 시장을 공략한 기업에 열광하는 것이 바로 그 증거다.

여러분은 이제 느꼈을 것이다. 기업의 존재 이유는 이윤을 남기기 위해서고, 불황의 시기에 줄어드는 마진을 회복하려면 소비자가 열광할 상품을 개발하고, 마진이 좋은 상품을 확대해야 하는 것을 말이다. 그 어떤 것보다도 우선적으로 고민해야 한다.

실적 부진에 허덕이는 샐러리맨의 한숨, 방법은 없을까?

1998년 국가 부도의 날. 나는 20대 후반에 IMF를 경험했다. 갑작스럽게 닥쳐온 기업 위기로 함께 일하던 팀원의 절반 이상이 구조조정의 칼날에 직장을 떠나야 했고, 남은 직원들은 두 배의 업무량에 신음해야 했다. 떠난 직원이나 남은 직원들 모두 고난의 길을 걸었던 것이다.

지금은 어떠한가? 더 이상 경기 침체를 거론하는 자체가 무의미해졌다. 시장 침체가 안겨주는 '고난의 행군'은 직장인들을 어쩔 수 없이 버텨야 하는 현실 속에 가둬두고 있다. 매출 부진으로 인한 업무 강도 상승은 스트레스를 가중시키고, 삶의 질적 수준을 떨어뜨리고 있다. '워라밸'이라는 신조어가 괜히 나왔겠는가. 직장 업무에 지친 현대인에게 삶의 의미를 되새겨보자는 사회적 풍토가 반영되어 나온 것이 아닌가.

지금 여러분 주위를 둘러보면 불과 4~5년 전이랑 많이 다른 직장 분위기를 느낄 수 있을 것이다. 연령의 하향화 추세로 30대 팀장, 40대 임원이 증가하고 있고, 구조조정의 매서운 칼바람과 조기퇴직 영향으로 40, 50대는 언제 직장을 그만둘지 모르는 불안감에 떨어야 한다. 충성도가 높은 대기업 임원이 실적 부진을 이유로 하루아침에 해고되는 사례는 이제 낯선 일이 아니다.

어디 관리자만의 문제겠는가. 사원~과장 직급에서도 인사 평가의 잣대가 실적과 연관되는 경우가 많다. 과거 호황기에는 신입사원이 들어오면 충분한 교육과 양성 과정을 거쳐서 제대로 된 업무를 수행할 수 있도록 인사교육 시스템이 갖추어져 있었다. 하지만 불황기에는 신입사원이 성장할 때까지 기다려줄 시간과 비용이 부족하기 때문에 경력자 위주로 채용을 확대하고 있다. 경력 연차의 차이가 크다 보니 하부 계층이 약해져 있는 것이다.

특히 상품에 대한 개발-기획 분야는 더욱 심각하다. 이 분야는 전문 인력을 육성하는 데 투자비용이 높기 때문에 경력자 위주로 고용이 이루어지고 있으며, 날로 팽창되는 온라인 시장으로 인해 수요는 많고 공급은 부족한 상황에서 결국 숙련도가 낮은 개발-기획 인력 구성 비율이 높아지고 있다. 그렇기 때문에 기업에서는 경험과 노하우보다는 철저히 프로세스와 시스템으로 그들을 통제하려 하고 있다. 기획의 본질인 창의적 사고력은 계발되지 못하고, 구조화라는 프레임에 갇혀 달성해야 할 목표에만 몰입되어 일을 쳐내는 데만 집중하고 있는 것이 현실이다. 전부가 그런 것이 아니라 일부에서 보이는 현상에 대한 얘기다. 오해하지 않길 바란다.

하지만 한 번쯤은 생각해볼 문제다. 왜냐하면 그들이 강해져야 우리나라 경제가 힘을 가질 수 있기 때문이다. 언제까지 외국 브랜드가 국내에 들어올 때마다 우리 시장을 내줄 것인가? 우리나라도 유니클로나 무인양품 같은 글로벌 유통 브랜드가 있어야 하지 않겠는가?

결국 기획이 강해져야 한다. 그들은 기업의 매출과 직결된 업무를 진행하고 있으며, 관계되어 있는 수많은 협력업체들의 생존의 키를 움켜쥐고 있다. 중소기업의 질적 성장과 육성은 제품을 기획하고 유통시키는 그들의 성장에 달려 있다고 해도 과언이 아니다.

하지만 우리나라의 상품기획 업무는 가히 도제식이라 해도 무방하다. 선배로부터 배운 지식을 답습하는 경우가 대부분이다. 체계화된 기획 인력을 양성할 전문 교육기관도 거의 전무하며, 지식과 경험을 쌓을 시간도 주지 않는다. 그런 이들이 매출 실적 부진이라는 태풍의 한복판에 놓여 있는 것이다. 생각만 해도 마음이 무겁게 조여온다.

최근 대형 유통기업이나 패션 브랜드에서 매출 실적 악화에 따른 인건비 절감을 위해 상품 개발 조직을 축소하는 상황을 자주 접하게 된다. 참으로 난감한 일이 아닐 수 없다. 매출의 출발은 상품에서부터 시작되는데, 그 조직을 약화시키는 것이다. 전쟁으로 치면 무기 개발 시스템이 약해지는 것과 같다. 개발보다는 효율을 꾀하기 위한 관리형 조직으로 바뀌고 있는 추세다. 다시 말하면 상품을 '개발'하는 것이 아니라 협력업체가 개발한 상품을 '선택'하는 것이다.

이제는 회사 대표들이 나서야 할 때라 생각한다. 약화된 상품 개발 조직을 좌시해서는 안 되며, 대표들이 깊이 관여해야 한다. 우리나라는 전통적으로 톱다운(top-down) 방식의 의사 결정 체계를 갖추고 있으므로, 회사를 살리기 위해서는 대표가 상품 개발과 관련해서 빠른 의사 결정과 실행력 있는 액션을 취해야 한다.

오늘날 기업은 한 손으로는 책임이라는 미명하에 채찍을 휘두르고, 다른 손으로는 권한이라는 당근을 쥐어주며 주인의식을 요구하고 있다. 거기에 더하여 세상의 트렌드를 읽어낼 줄 아는 거시적 안목까지 갖추길 원하고 있다. 즉 자영업자 마인드가 인정받는 시대인 것이다. 직장인과 자영업자는 결국 유사한 방향으로 가고 있다. 지금 우리 사회가 필요로 하는 직장인의 상(像) 역시 자영업자의 마인드를 가진 사람들이다. 회사에서도 자기를 드러내지 않고 무미건조하게 일하는 직원보다는, 발로 뛰며 스스로 일을 만들고 해결해나가는 사람을 더 인정한다.

히트 상품을 개발하는 것은 관성적으로 해오던 업무 방식으로는 해내기 어렵다. 더군다나 단순했던 산업사회에서 복잡하게 얽혀 있는 정보화시대로의 변화는 상품 개발에서도 고려해야 할 요인이 많아졌다. 이제는 다양한 변수와 수많은 정보를 잘 믹스 매치시켜 차별화된 콘셉트를 뽑아내는 능력을 키워야 한다. 일하는 목적의식, 관점을 바꿔야 한다. 그러기 위해서 기본이 중요하다. 응용을 하려면 기본이 중요하기 때문이다.

여러분은 이미 잘 알고 있다. 매출만 좋으면 일이 쉬워진다는 것을. 뉴스나 기사를 통해 대박 상품이나 아이디어로 화제가 된 상품을 보면 '나도 저런 걸 개발해야 하는데' 하고 생각할 것이다. 그런 상품이 주는 효과와 필요성에 대해 너무나 잘 알고 있지 않은가. 여러분도 할 수 있다. 마음에 열정과 반드시 해내겠다는 의지만 갖고 있다면 말이다.

핵심 포인트 이것만은 기억하자!

• 불황이라는 그라운드에서 초경쟁이라는 규칙에 마주한 기업들이 생존하기 위해서는 시장 경쟁에서 살아남을 당신만의 확실한 무기를 만들어야 한다. 그 무기는 차별화라는 이름으로, 메시지로 승화된 콘셉트를 담아, 타깃의 뇌리에 꽂히는 것이어야 한다. 그 차별화는 단순히 다름을 추구하는 것이 아닌 깊이 있는 차별화, 즉 차별화에 차별화를 더하여 남들과 다르게, 나만의 색깔로 소비자를 자극할 수 있고 만족시키는 것이다.

• 시장 경기 악화로 인한 '갑'의 매출 부진은 제품을 납품하는 제조업체의 입지를 갈수록 좁게 만든다. 오더가 줄고 있으며, 그 경쟁에서 살아남아야 거래가 가능하다. 힘겨운 생존 싸움에서 이기려면 실력이 있어야 한다. 바로 다윗이 골리앗을 돌팔매란 무기로 이겼던 것처럼 아이디어와 상품화 능력을 총동원하여 매출을 리딩할 수 있는 제품을 개발해야 한다.

• 90%에 육박하는 폐업률을 보이는 자영업 시장이 갈수록 위기감을 더해가고 있다. 더욱더 치열해지는 생존 경쟁 탓에 더 이상 남들과 똑같은 방법으로는 살아남기 힘든 상황이다. 이 치열한 싸움에서 살아남기 위해서는 '경영 마인드'를 갖추어야 한다. 그리고 체계적이고 차별화된 생각으로 접근해야만 이길 승산이 높아진다. 기획자의 시선을 가져라.

• 인건비 등의 비용 상승, 경쟁 심화로 인한 가격 출혈 경쟁 등으로 이익은 점점 줄어들고 있다. 소비자의 심리를 파악하여 소비자가 열광할 상품을 개발하고, 마진이 높은 상품을 지속적으로 발굴해야 한다. 결국엔 이익을 늘리는 것이 목표다.

• 히트 상품을 개발하려면 상품 관련 조직을 개발 중심의 시스템으로 개선시켜야 한다. 상품 개발과 관련해서 빠른 의사 결정과 실행력을 갖기 위해서는 회사 대표가 관심을 갖고 움직여야 가능하다.

3장

위기에서 기회를 찾아라

많은 기업들과 경제 활동을 하는 사람들은 지금 상황이 너무 힘들다고 한다. 힘들다고 포기할 것인가? 그럴수록 정신을 차려야 한다. 두려움이 용기로 바뀌면 기대 이상의 성과가 찾아온다. 위기라는 상황이 주는 절박함과 두려움을 잘 활용하면 뜻하지 않은 기회를 만날 수 있다.

강한 자가 살아남는 것이 아니라 살아남은 자가 강하다는 말도 있지 않은가. 살아남기 위해 긴장하고 집중하자. 생존은 결국 실력이다.

사슴은 사자에게 쫓길 때 극도의 집중력을 발휘한다

"'죽고자 하면 살 것이요, 살고자 하면 죽을 것이다.'

영화 〈명량〉에 나오는 이순신 장군의 명대사다. 여러분도 많이 들어본 말일 것이다. 나는 요즘 이 문구가 더욱 절실히 가슴에 와닿는다. 사회 초년병으로 대기업에 입사하자마자 IMF 외환위기를 겪었고, 그 위기를 넘기지 못하고 다니던 회사가 부도가 나서 법정관리 체제에서 일을 하였으며, 새로운 회사로 인수되어 오랜 기간 재건의 고통을 감내해야 했다.

법정관리 당시는 회사에 소속된 샐러리맨이었으므로, 회사도 중요하지만 나 개인의 안위와 앞날에 대한 걱정이 더 앞섰던 것이 사실이다. 매출의 시작이라 할 수 있는 상품기획 업무를 진행하면서 그 중요성과 책임감을 통감했지만, 회사를 위기에서 구해낼 상품을 개발하기 위해서 모험을 거는 쪽보다는 안정 위주의 업무 태도를 취했다. 그러나 경영진은 달랐으리라. 기업을 정상화하기 위한 개혁의 방향과 부진의 늪에서 빠져나갈 고민을 계속했으리라 생각한다.

20년의 직장생활을 정리하고 뜻한 바가 있어 2015년 말에 창업을 하였다. 이루고 싶은 꿈이 있었고, 그 꿈을 이루기 위해서는 온라인 비즈니스에 대한 경험이 필요했다. 그렇게 시작한 창업이지만, 일 년도 되지 않아 예상과 달리 시장 상황이 안 좋게 흘러가는 바람에 심각한 위기 상황에 봉착하였다. 창업하기 전에 약속했던 오더들이 경기 상황 악화에 따라 취소 혹은 보류되어 매출은 없고 비용만 지출되는 악순환이 계속되었다.

버텨야 했다. 방법을 찾아야 했다. 지인들을 찾아가 부탁도 해보고, 새로운 기회가 있을까 싶어 계속 찾아다녔다. 아마 직장인이었으면 그렇게 하지 못했으리라. 자본금과 대출금은 거의 바닥이 나고 회사의 운명은 절벽 끝에 있었다. 앞이 안 보였다.

이래선 안 되겠다 싶어 직원과 논의 끝에 신규 아이템을 개발해 보기로 했다. 먼저 시장조사를 통해 가능성을 파악하고, 과감하게 남은 예산을 전부 투입했다. 직원은 소량 생산하여 테스트를 진행해보는 것을 건의했으나, 그럴 만한 시간적인 여유가 없었다. 남은 자금을 모두 투입하는 무모하리만치 과감한 의사 결정을 할 수밖에 없었다. 실패하면 도산이었다.

〈동물의 왕국〉에서 사자에게 쫓기는 사슴은 죽음의 레이스를 펼친다. 그냥 달리는 것이 아니라 생존을 위해 달리는 것이다. 극도의 집중력이 발휘되는 순간이다. 누구나 시험 기간을 앞두고 벼락치기를 해본 경험이 있을 것이다. 여유 있게 시험공부를 할 때와는 달리 집중력의 차이가 있다는 것을 알 것이다.

절체절명의 위기 순간에 내린 의사 결정은 나를 더욱 강하게 채찍질하였고, 하나의 목표에 집중하게 만들었다. 그 집중력은 신규 아이템을 어떻게든 성공시켜야 한다는 목표 의식을 강하게 고취시켰고, 평소에는 느끼지 못한 에너지가 나를 이끌었다. 포기란 있을 수 없었으므로 될 때까지 부딪치고 한 걸음이라도 더 내딛으려 노력했다.

상품이 입고되기 전에 상품제안서를 작성하여 모든 온라인과 유통 채널에 메일을 보냈다. 답변이 없으면 밤새 내용을 수정해서 다시 보냈다. 그리고 미팅 의사를 밝혀온 바이어에게는 나의 모든 역량을 총동원하여 상품의 가능성을 어필했다.

하루에 여러 채널을 미팅하는 일이 다반사였고, 몇 시간을 기다려서 간신히 미팅하기도 했다. 오라는 곳은 어디든 마다하지 않고 달려갔으며, 과거 대기업 머천다이저 출신이라는 명함은 아예 지워버리고 자영업자의 자세로 바짝 몸을 낮추어 어떻게든 거래가 성사되기를 바라는 마음으로 간절히 영업했다.

정성이 통했는지 우리나라 시장에는 다소 낯선 아이템이었지만 가능성을 보고 많은 온라인에서 상품 전개를 받아주었으며, 일부 오프라인 유통도 긍정적으로 검토해주었다. 그 결과 작은 시장이지만 소기의 성과를 올릴 수 있었고, 지금까지도 나의 꿈을 이루기 위해 필요한 지식과 경험을 안겨주고 있다.

우리나라 역사에서 전쟁을 빼놓고는 이야기를 풀어나갈 수 없을 것이다. 그만큼 수많은 외세의 침략에서 버텨내야 했고, 아직도 분단이라는 아픔과 강대국의 이해관계 사이에서 치열하게 싸우고 있다. 그러한 강한 생존력이야말로, 국토 면적도 작은 데다 세계 각국에서 후원받던 한국을 선진국의 반열에 오르게 한 힘이 아닐까 생각한다. 아마도 우리나라 국민에게는 아주 강력한 생존 유전자의 피가 흐르고 있는지도 모른다. 그러니 여러분은 선천적으로 역경을 이겨낼 수 있는 DNA를 갖고 있다고 생각해도 좋을 듯하다.

평시와 전시 상황은 사고의 깊이가 전혀 다르다. 삶의 가치와 편익을 추구하는 평시와는 달리, 전시 체제에는 사느냐 죽느냐의 기로에서 있게 된다. 목표는 살아남는 데 있다.

중국 역사서 《사기(史記)》에 나오는 이야기에 따르면, 한신(韓信)이 조나라와 전쟁을 할 때 오합지졸인 병사들의 상황을 감안하여 병사들이 물러나지 못하도록 물을 등지고 진을 쳐서 결사적으로 싸우게 하여 승리했다는 내용이 있다. 이를 일컬어 배수지진(背水之陣)이라 한다.

목숨 걸고 일을 도모하는 결연한 자세를 나타낸다든지, 위험을 무릅쓰고 전력을 다하는 경우를 비유할 때 이 말을 쓴다.

기업을 하는 경영자나 자영업자의 생태계는 전쟁 상황이나 다름없다. 호황기가 아닌 불경기에는 더욱더 승리를 장담할 수 없는 상황이 지속된다. 위기에 봉착한 기업도 있을 것이고, 지금은 상황이 나쁘지 않은 기업도 언제 어떻게 상황이 돌변할지 모르는 게 현실이다. 어떤 상황에서든 대비해야 한다.

위기의 순간에는 시야가 좁아지고 판단력이 흐려지게 마련이다. 어찌할 바를 모르고 한숨과 걱정으로 시간을 보내기 일쑤다. 물론 배수의 진을 친다고 없던 능력이 생기는 것은 아니지만, 위기의 순간에는 잠재력이 폭발한다. 결사항전의 힘이 생긴다. 우리는 그런 각오로 이 위기를 헤쳐나가야 한다. 위기를 돌파하기 위해 집중해야 한다.

필름 카메라로 유명한 후지필름은 필름 시장의 쇠퇴기라는 최악의 위기 상황에서 철저한 개혁을 감행해서 살아남았다. 필름 시장에서 어깨를 나란히 하던 세계적인 필름 회사인 코닥은 이 변화를 이기지 못하고 파산했지만, 후지필름은 필름사업부를 과감히 축소하고, 자체 기술력을 기반으로 화장품과 의약품 사업에 투자하여 업종 전환에 성공하였다. 후지필름의 본업은 잃었지만 후지필름이라는 회사는 소멸하지 않은 것이다.

《10미터만 더 뛰어봐!》라는 책을 쓴 천호식품 김영식 회장의 절실함에서 비롯된 수많은 위기 극복 사례는 많은 이들에게 귀감이 되고 있다. 회사 홍보를 위해 욕먹을 감수를 하며 컴퓨터가 있는 곳은 어디든 가서 메인 화면을 자사 홈페이지로 바꾸어놓는가 하면, 주력 상품인 흑마늘의 효능을 직접 체험해봐야 고객을 설득할 수 있다고 생각해서 매일 흑마늘을 먹으며 수천 킬로미터를 걸어 다녔다고 한다. 그 덕분에 몸에 좋다는 것을 몸소 경험한 이후 더욱 자신 있게 제품을 판매할 수 있었다고 한다.

누구나 바라는 게 있고, 하고 싶은 것이 있다. 하지만 이를 위해서 노력하는 정도는 사람마다 다르다. 어떤 사람은 목표는 정하되 행하지는 않고, 또 누군가는 목표와 달성을 위해 노력하지만 절실함이 없는 사람도 있다. 또 어떤 사람은 목표를 이루기 위해 죽을힘을 다해 노력하는 사람도 있을 것이다. 자신의 회사를 지키기 위해 절실한 마음으로 목숨 걸고 위기를 극복하고자 한다면 최소한 생존의 방법을 찾을 수 있을 것이다.

자신이 소속되어 있거나 또는 운영하고 있는 회사를 자세히 들여다보자. 한발 물러서서 좀 더 객관적인 시각으로 시장을 보고, 고객을 찬찬히 보라. 위기의 순간에는 보다 냉정해져야 한다. 그러면 그동안 보지 못했던, 생각지 못했던 해결 방안을 찾을 수 있다.

이와 동시에 회사를 살릴 수 있는 히트 상품을 개발하는 데 총력을 기울여야 한다. 히트 상품은 조직원들을 춤추게 하고 신명나게 한다. 자신감을 붙게 만든다.

어렵다고 푸념만 늘어놓을 게 아니라 불황이라는 난국을 타계하겠다는 정신력과 집중력을 키워야 한다. 프로야구에서는 위기를 넘기면 다음 회에 기회가 찾아오는 경우를 자주 볼 수 있다. 위기 상황은 긴장감을 조성하여 나태해진 정신을 바로잡아준다. 여러분은 지금 전쟁을 치르고 있다는 점을 명심하라.

불황은 또 다른 매출 키워드다

1인 기업을 시작하면서 어쩔 수 없이 '똑부형 사장'이 되기 위해 온갖 노력을 다하였다. '똑부형 사장'은 똑똑하고 부지런한 경영자라는 의미다. 똑똑해지기 위해 풍부한 지식을 담으려고 노력했고, 인력과 자본이 부족한 상황이었으므로 부지런할 수밖에 없었다.

온라인 판매가 주력이다 보니 국내 대형 온라인 마켓에서 무료로 진행하는 셀러 교육에도 부지런히 참석했다. 그중에 '매출 키워드 뽑기'라는 주제가 있었다. 매출을 올릴 수 있는 키워드를 뽑아내는 과정인데, 사업자가 가진 콘텐츠에서 소비자들이 선호하고 관심 있어 하는 핵심 키워드를 추출하는 것이다.

키워드에는 정보만 가져가는 키워드와 매출을 올려주는 키워드가 있다. 매출을 올려주는 키워드는 구매를 결정하는 비용적인 요소가 담겨 있다. 정보 탐색 후 비용을 고려하는 검색은 구매를 높여주기 때문이다. 예를 들어, 지인을 통해 기름 없이 튀김 요리를 할 수 있는 에어프라이어에 대해 알게 되었다면 흥미를 가지고 인터넷에서 검색을 할 것이다. 처음에는 정보를 얻기 위한 검색을 한다. 그런 다음 관련 상품을 비교·분석한 뒤에 필요성을 느끼면 구매를 고민하게 된다. 이때 가장 먼저 고려하는 것이 비용이다.

불황기에는 비용적인 부담을 해소시켜주는 정보를 담고 있는 것이 매출을 올려주는 키워드다. 매출을 올려주는 키워드를 토대로 아이디어나 콘셉트를 설정한다면 고객의 관심을 더욱 끌 수 있고 성공 상품을 개발할 수 있다.

그렇다면 불황에서 기회를 찾아 성공한 아이템에는 어떤 것들이 있을까?

최근 몇 년 사이 저가 생활용품 시장이 뜨겁게 달아오르고 있다. 업계에 따르면 저가 생활용품 시장은 2016년 2조 원대에서 2019년에는 4조 원대로 규모가 2배가량 커질 전망이다. 저가 생활용품 시장의 성장은 최근 소비 트렌드와 밀접한 관련이 있다. 광고기획사 HS애드의 〈2017 소비 트렌드 보고서〉를 살펴보면, 요즘 소비자는 '가성비'와 '미니멀'에 집중하는 경향을 보인다. 가성비는 말 그대로 가격에 민감한 반응을 보이는 소비 행태를 말한다. 미니멀 트렌드는 생활에 꼭 필요한 최소한의 물건만 두고 사는 것을 뜻한다. HS애드는 "가성비 소비와 미니멀 소비 연관어를 비교해보면 집에서 생활하는 데 필요한 물건이 주를 이룬다"고 분석했다. 가성비와 미니멀이 합쳐진 소비 트렌드가 주축으로 떠오르면서 저가 생활용품점이 활황을 맞은 것이다.

2018년 저가 생활용품 시장은 다이소가 평정한 시장에 미니소(MINISO)와 버터(BUTTER) 등 국내외 브랜드가 가세하면서 경쟁이 치열해지는 양상을 보였다. 중국 자본을 바탕으로 한 미니소와 국내 자본인 버터는 공격적인 출점 계획을 세우며 지각 변동을 예고했다. 일본 모델을 벤치마킹한 다이소가 점유한 시장에 신흥 세력이 합세하면서 한·중·일 생활용품점의 자존심 대결로도 이어지고 있다.

한편 유통가에서는 '리퍼 상품(refurbished product, 재정비 상품, 리퍼브)'으로 불황형 실속 소비자들을 공략하고 있다. 장기화되고 있는 불황 속에서 실속을 찾는 가치 소비가 확대되면서, 사용에는 전혀 문제가 없으면서 가격 면에서 좀 더 저렴한 리퍼 상품을 찾는 고객들이 증가하고 있는 것이다. 리퍼 상품은 고객이 단순 변심으로 반품한 것이나 미세한 흠이 있어 팔지 못한 물건을 손질해 신상품보다 싸게 판매하는 제품을 말한다. 가전에서부터 명품까지 다양한 상품들이 팔리고 있다.

신한카드에 따르면, 2013년 대비 2017년에는 10배 가까이 리퍼 상품 시장이 커졌다고 한다. 여러분도 기억하는 갤럭시 노트7은 출시

후 배터리 폭발 사고로 곤혹을 치렀다가 배터리 용량을 줄이는 방식으로 결함을 손보고 리퍼비시 폰으로 다시 출시했는데, 판매가 상당히 잘됐다. 이유는 30% 가까이 가격이 저렴했기 때문이다.

불황과 IT가 키운 중고거래 시장도 활발해지고 있다. 우리나라 대표 중고거래 사이트인 '중고나라'는 2018년 거래액이 2조 5천억을 기록했으며, '불황 속 호황'을 이어나가고 있다. 내수시장의 비주류였던 중고거래 시장이 대기업이 참여할 정도로 고속 성장하고 있으며, 모바일로 거래를 간편하게 연결해주는 스타트업이 다양해지면서 양적 팽창을 이끌고 있다.

'롱 라이프 디자인'을 추구하는 일본의 라이프스타일 편집숍 디앤디파트먼트(D&Department)는 신상품의 홍수에 떠밀린 양질의 지역 특산품, 재활용품, 시대를 초월하여 오랫동안 사랑받는 보편적인 물건을 매장에 진열해 판매한다. 중고 가구를 판매하기 시작하면서 연결성과 진정성이라는 키워드로 한·일 양국 10개 매장에서 100억 엔의 매출을 기록하고 있다.

최근 주 52시간 근무의 여파로 회식 문화가 사라지고 직장인들 주머니가 얇아지면서 일반 유흥 음식점보다 가격이 저렴한 '실내포차'가 지속적으로 각광을 받고 있다. 매출 하락과 인건비 부담이 높아진 탓에 음식점들이 업종 변경 시 '실내포차'에 주목하게 된 것이다.

최근 젊은 층에서 '탕진잼'이라는 신조어가 유행이다. '탕진하다'

와 '재미'의 합성어로, 소소하게 돈을 쓰면서 즐거움을 느낀다는 뜻이다. 인형뽑기, 코인노래방 등이 유행한 이유 역시 팍팍해진 삶에 지친 이들에게 비상구 역할을 대신해주었다는 점에서 씁쓸함이 묻어 있긴 하지만, 적은 돈을 지불해서 만족감과 성취감을 느낄 수 있게 해준 것은 분명하다.

보험업계에서도 월 보험료가 180원에서 1만 원 미만까지 크게 낮아진 '미니 보험'을 선보이고 있다. 경제가 어려워지면서 보험 해약률이 크게 상승하고 있는 상황에서 보장을 단순화하고 보장 기간을 줄여 기존 대비 보험료를 확 낮춘 보험이다. 보장 내용을 단순화해 필요한 보장을 선택적으로 가입할 수 있도록 하여 2040세대를 타깃으로 하고 있다.

여러분은 '립스틱 효과(lipstick effect)'라는 말을 들어본 적이 있는가? 립스틱 효과는 경제 불황기에 나타나는 특이한 소비 패턴으로, 소비자 만족도가 높으면서도 가격이 저렴한 사치품(기호품)의 판매량이 증가하는 현상이다. 이는 1930년대 미국의 대공황 시절, 산업별 매출 통계에서 경제가 어려운데도 불구하고 립스틱 매출은 꾸준하게 오르는 기현상이 확인되어 경제학자들이 붙인 용어다.

이러한 매출 증가 현상은 호황기의 소비 패턴이나 만족도를 불황기에도 쉽게 떨치지 못하는 소비자 심리에서 비롯된다. 소비자들은 최저 비용으로 최대 만족을 찾고 싶어 한다. 지갑이 얇아진 소비자에게 비용 부담이 적은 사치품(기호품) 소비는 '자기 형편에 맞춘 작은 사치'로써 불황기를 극복하는 합리적 소비 패턴인 셈이다.

불황기에 소비자들은 호황기 때보다 '가성비'에 더욱 집중하게 마련이다. 합리적인 소비가 극대화되는 것이다. 또한 관심은 사회적 트렌드에 편승하여 '가심비'에도 쏟아지고 있다. 즉 가성비는 물론이고 심리적인 만족감까지 중시하는 소비 형태를 보이고 있는 것이다. 여기에는 조금 비싸더라도 자신을 위해 구매하겠다는 심리가 반영되어 있다. 가심비는 서울대 소비트렌드분석센터가 전망한 2018년 소비트렌드 중 하나로 선정되기도 했다.

그렇다면 불황으로 꽁꽁 얼어붙은 소비자의 구매 심리를 어떻게 자극해서 매출로 연결시킬 것인가? 가격 할인만 할 것인가? 로스리더(loss leader) 상품 비중을 높일 것인가? 마진은 적지만 대량 매출 기회가 있는 특판 매출에 집중할 것인가? 이러한 다양한 방법으로 매출 압박을 못 이기고 무리수를 두는 기업들을 많이 봐왔다. 세일 비중을 높이기도 하고, 저가형 상품을 대량생산해서 내일이 없는 브랜드를 만들기도 하고, 오프라인 매장의 아우성은 뒤로하고 홈쇼핑에 올인하는 회사도 봤다. 모두 비정상적인 형태다. 물론 전술적인 측면으로 접근은 가능하지만, 이것이 유일한 해결책이 되어서는 안 된다.

상품기획의 기본 원리는 '최저 비용 대비 최대 효율'이다. 판매 효율을 높이기 위해 어떤 상품을 어떻게 개발하느냐가 회사의 운명을 결정짓는다. 불황기에도 소비자의 구매는 일어난다. 소비가 없어지는 것이 아니라 다른 쪽으로 이동하기 때문이다. 이때 중요한 것은 소비자를 이끌려고 하지 말고, 소비자가 가려는 곳에 미리 가 있어야 성공할 수 있다는 사실이다. 여러분이 상품기획자라면, 사장이라면 불황이라는 키워드를 어떻게 활용할 것인가? 생각해볼 문제다.

불황엔 시장 질서가 바뀐다?

경기 침체 한파가 산업 현장을 덮치면서 2018년 상반기 기업 도산이 사상 최대를 기록했다. 대법원에 따르면 2018년 상반기까지 전국 법원에 접수된 기업 도산 신청은 836건으로, 전년 동기 대비 9.1% 증가했다. 주말과 공휴일을 제외한 영업일 기준으로 하루 평균 6.9개 기업이 자금난으로 쓰러진 셈이다.[7] 협력사로 번지는 불황 도미노 현상은 더욱 많은 기업들을 위험으로 내몰고 있다. 2019년 2월 국내 유명 스포츠 브랜드가 부도 처리되어 수많은 거래처가 2차 도산 위기에 몰린 경우가 그러하다.

마치 커다란 지각변동과 같다. 경제 불황이라는 높은 파고는 준비가 안 된 기업들을 무참하게 덮어버린다. 탄탄한 선두 기업을 제외한 열위 기업들은 경쟁에서 참패하여 도태되거나 퇴출될 가능성이 높아지며, 반대로 규모가 큰 선두권이 몰락할 경우 열세에 놓여 있던 기업이 극적으로 반등할 기회를 얻기도 한다. 환경에 유연한 조직이 살아남는다. 최고 상위 계층인 공룡은 멸종했다. 현 생태계의 주인은 호모사피엔스다.

불황에는 1등 기업이 계속 독주하는 경향이 높다. 경기가 호황일 때 소비자는 다양한 제품을 찾지만, 불황일 때는 새로운 제품보다는 기존의 익숙함을 찾는 소비가 늘어난다. 이는 안정을 우선시하려는 '불황의 심리'가 적용되기 때문이다.

커피 시장이 좋은 사례다. 6년 만에 커피 수입량이 하락세로 돌아섰다. 관세청 수출입무역통계에 따르면, 2018년 1~10월 커피 수입량은 12만 1019.1톤을 기록했다. 2017년 같은 기간 12만 2122.5톤보다 1103.4톤 줄어든 규모다. 이 통계에서 커피 수입량이 줄어든 것은 2012년 이래 6년 만에 처음이다.[8] 이는 전체적으로 소비량이 줄고 있다는 증거다. 한편 동서식품, 스타벅스 등 시장을 주도하는 1등 기업은 오히려 성장세를 이어갔다. 경쟁력 있는 업체만 소비자에게 선택되는 탓에 나머지 중소 브랜드들은 뒤처져 양극화가 심화되는 것이다.

반면 후발 기업이나 절대적 열세 기업들은 이 상황을 한번 노려볼 만하다. 막강한 1등의 영향으로 2~3위 기업이 추락하여 공략 가능한 수준까지 내려오기 때문이다. 시장을 리드하는 강력한 기업이 있을 경우에는 차별화하여 소비자에게 접근하는 방법도 좋다. 1등의 대안 기업이 될 수 있도록 소비자 마음에 각인만 된다면 언제든지 규모를 키울 수 있다.

한방 화장품 가운데 50대 이상 여성층 사이에서 독주하고 있는 아모레퍼시픽의 '설화수'에 대응하여 LG 생활건강은 노화가 시작되는 30대 후반을 타깃으로 모던하고 세련된 이미지를 부각하여 설화수와 대립하는 경쟁 구도로 '더 히스토리 오브 후'를 성공시켰고, 빈폴은 트레디셔널 캐주얼의 강자인 '폴로 랄프로렌'에 대응 브랜드로 자리매김하여 성공한 사례가 이를 반증해주고 있다.

외식 시장에서도 대마불사가 통하지 않았다. 최근 식품 대기업의 외식 사업부는 축소되고 있는 추세고, 매출은 완연한 하락세를 보이고 있다. 전체 외식 사업은 커지고 있지만 소비 심리가 위축된 데다 트렌드도 급격히 빨라지면서 대처 능력이 늦은 대기업도 어쩔 수 없이 몸집 줄이기에 나선 것이다.

식품업계에 따르면, CJ그룹에서 외식 사업을 맡고 있는 CJ푸드빌은 수익성 악화로 한식뷔페 브랜드 '계절밥상'과 대표적 패밀리레스토랑 브랜드인 '빕스'의 매장 수를 대폭 축소하고 있으며, 롯데GRS가 운영하는 패밀리레스토랑 브랜드 'TGI 프라이데이'의 매장 수도 크게 줄었다. 한때 매장 수가 55곳에 이르렀으나 2018년 12월 기준 절반인 28곳만 영업을 하고 있다.[9)]

외식산업경기지수는 2018년 3분기 67.41로 매출이 전년보다 대부분 감소했다고 나타나고 있는데, 오히려 외식업체 수는 크게 늘었다. 통계청에 따르면 전체 외식업체 수는 2010년 58만 6297개에서 2016년 67만 5199개로 6년 새 15.2%나 증가했다. 소규모 외식업체가 증가하고 있는 것이다.

또한 간단히 데우기만 하면 되는 가정간편식(HMR) 시장 규모가 2015년 1조 6000억 원에서 2018년 4조 원까지 성장한 것으로 파악되고 있다. 연관 카테고리가 성장하면서 기존 외식업 시장을 위협하고 있는 것이다. 이처럼 불황과 급격한 트렌드의 변화는 대기업의 수익 악화로 이어져 판도의 변화를 가져오기에 중소기업에는 약진의 기회를 제공하기도 하지만 쉽지 않은 게 현실이다.

예전에 방영되어 인기를 끈 가요 경연 프로그램인 〈나는 가수다(나가수)〉처럼 1등이 꼴등이 될 수도 있고, 꼴등이 1등이 될 수도 있다. 우월한 위치에 있다고 현실에 안주한다면 바로 나락으로 떨어지는 게 요즘 산업계의 현실이다. 투자를 줄이고 안정 지향적 운영을 한다면 추격자에게 자리를 내줄 수도 있다. 그래서 위기의식과 절박함을 무기로 새로운 도전을 통해 기업을 성장시킬 수 있는 것도 초경쟁 상황이 첨예화된 불황기의 현상이다.

경쟁사가 가진 장점은 언제든 무력화될 수 있다. 위기가 기회가 될 수 있다. 대량생산 체제를 갖춘 기업은 매출 저하로 규모를 축소해야 하며, 많은 직원으로 인해 서비스 강점을 가진 기업은 비용 문제로 직원을 정리해야 하는 고민을 하기도 한다. 이때 경쟁자와 다른 강점을 보유한 기업은 이를 반등의 기회로 삼아야 한다.

최근 기업들은 비용을 줄이고 이익 확보에 최선을 다하는 경향을 보이고 있다. 시장유동성에 대비하여 현금 흐름(cash flow) 개선에 주력하는 것이다. 이는 볼륨 확대를 위한 매출 지향적 경영이 아닌 이익 극대화를 통한 생존력 강화에 전략의 추를 두고 있는 것이다. 신규 투자보다는 비효율 카테고리를 정리하고, 주력 카테고리를 강화하여 효율 중심으로 재정비하며, 신규 고객 확보보다는 기존 고객 이탈 방지에 주력하고 있는 것이다.

이렇듯 기업과 조직이 딱딱하게 굳어 있을 때는 히트 상품을 발굴하는 것만큼 막강한 해결책은 없다. 히트 상품은 매출 타계와 동시에 고객을 끌어모으고 자사의 이미지를 긍정적으로 부각시킨다. 또한 강력한 매출 효과는 자금 회전율을 개선시켜 새로운 투자 여건도 양호하게 만든다.

과거에는 집안에서 고시 합격생이나 의사가 나오면 사회적으로 계층 상승이 이루어지기도 했다. 그래서 부모님은 자녀 하나라도 성공시키기 위해 그토록 교육에 매진했던 것이다. 아직도 그 신념은 지속되고 있다. 같은 맥락에서 잘 개발된 히트 상품은 그 기업을 살리고 죽어가는 매장을 회생시킨다. 히트 상품 개발에 각고의 노력이 필요한 이유다.

여러분은 비용을 줄이고, 매출을 조금이라도 더 신장시켜보겠다고 열심히 일한다. 하지만 히트 상품 한 방이 주는 효율은 그 무엇보다도 강력하다는 걸 잘 알 것이다. 불황기에는 경쟁자도 흔들리고 소비자도 변한다. 그 흐름을 잘 간파하여 시장 우위를 점유할 수 있는 강력한 '한 방'을 얻기 위해 온 힘을 다해야 한다. 흐름을 읽는 자에게는 기회가 주어지며, 그 기회는 히트 상품 발굴을 통해 얻을 수 있다.

포기하지 않는 이에게 반전의 기회가 온다

'생존은 실력이다.'

내 사무실 문에는 이와 같은 문구가 붙어 있다. 내가 사업이 부진하여 힘들었을 때 지인이 나에게 한마디 툭 던진 말인데, 내 마음속에 강하게 자리 잡아 지금은 사훈이라 생각하고 항상 쳐다보며 각오를 되새기고 있다.

창업한 이후 3년 동안 수많은 위기와 좌절을 겪었다. 불황기에 사업을 시작하여 생각지도 못한 어려움과 난관이 나를 괴롭혔다. 가진 거라곤 상품기획과 관련된 경험과 인맥뿐이었다. 회사를 운영한다는 것이 무엇인지도 몰랐다. 자신감 하나만 가지고 시작한 거라 어려움이 따르는 것은 당연한 수순이었다. 내가 감내해야 할 고통이었다.

대기업과 중견기업에서 얻은 실무 지식과 인프라만 갖고 창업을 시작했지만, 창업 생태계는 그리 만만치 않았다. 더욱이 불황이라는 악재는 모든 상황을 어둡게 만들었고, 나는 어찌할 바를 모르고 속수무책으로 당할 수밖에 없었다.

그래도 신념은 있었다. 내 경험과 지식이 헛되지 않으리라는 확신을 갖고 꾸준히 버텨나갔다. 시간이 지나면 경험은 성공의 자양분으로 축적될 것이고, 그것을 통해 기회가 생기리라 믿었다. 무모했던 도전은 조금씩 시장을 넓혀가며 자리를 잡아갔고, 새로이 얻은 지식과 아이디어는 앞길에 대한 밝은 비전을 심어주었다.

포기하고 싶었던 적도 많았다. 가장 큰 이유는 자존심 문제였다. 오더를 주는 입장에서 받는 입장으로 상황이 바뀌면서 가장 크게 느낀 것은 심리적 고통이었다. 그래도 낮은 자세로 상담을 하고 영업을 펼쳐나갔다. 뒤돌아서면서 이를 악물게 되는 감정은 어찌할 수가 없었지만 포기할 수 없었다. 오기가 발동했고, 회사 책임자로서 물러설 데가 없다는 마음이 나를 이끌었다. 창업 4년째를 맞이한 지금, 아직도 여유 있는 상황은 아니지만 희망의 돛을 올리고 멀리 내다보고 항해하고 있다.

지금도 새로운 사업 아이디어를 계속 구체화하고 있고, 꾸준히 전개해온 아이템인 기능성 안경은 각종 온라인 사이트와 대기업 유통에서도 관심을 보이고 있다. 이 모든 것이 포기하지 않고 생존을 위해 절실함과 적극적인 노력이 얻어낸 결과라 생각한다. 그런 점에서 어려움을 이겨낸 자신감과 경험은 성공이라는 길을 걷게 해줄 가장 소중한 자산이 아닌가 싶다.

반전의 기회는 스포츠에서 많이 목격된다. 막강한 주전에 가려 빛을 못 보던 후보 선수가 뜻하지 않게 출전 기회를 얻고 실력을 십분 발휘한 끝에 주전으로 발돋움할 수 있는 기회를 얻거나, 선두권에 들지 못하는 팀이나 선수가 모두의 예상을 깨고 선두권으로 치고 올라갈 기회를 얻은 경우가 그러하다. 후보 선수의 경우는 항상 주전의 공백에 대비하여 연습을 게을리하지 않고 언제라도 부르면 달려갈 자세를 취해야 한다. 열위 선수나 팀은 선두권에 들기 위해 더 많은 노력과 각오를 다져야 한다. 그러면 언젠가 기회는 온다. 포기한 사람은 포기한 만큼만 얻게 되는 것이다.

'언더독 효과'도 이와 일맥상통하는 부분이 있다. 스포츠나 영화, 드라마 등에서 약자로 분류되는 주체를 '언더독(underdog)'이라 하고, 이길 것으로 예상되는 주체를 '탑독(top dog)'이라 한다. 약자인 언더독이 강자를 이길 때 예상을 벗어난 승리는 극적인 효과를 더해준다.[10] 사람들은 약자로 지목된 주체에게 동변상련을 느껴 심리적 애착심을 갖게 되어 약자를 응원하기 마련인데, 이러한 현상을 '언더독 효과'라고 부른다.

스포츠 브랜드 가운데 '언더독을 후원한다'라는 기업 가치를 내세우는 브랜드가 있다. 기능성 티셔츠에서 시작하여 제품에 대한 끊임없는 노력과 열정으로 가장 혁신적인 스포츠 의류와 슈즈를 판매하고 있는 글로벌 스포츠 브랜드 '언더아머(UNDER ARMOUR)'다. 언더아머 역시 스포츠 시장에서 나이키, 아디다스 등에 상대도 되지 못할 수준의 언더독에 속했지만, 기업 비전과 철학을 끊임없이 발전시키고 고객에게 전달하여 지금은 나이키의 아성에 도전하는 브랜드가 되었다.

지도자 인생의 마지막 도전에서 베트남의 영웅이 된 '박항서 감독'이 그러하고, 사양 산업인 카메라 필름 시장에서 자체 기술력을 바탕으로 신규 사업에 진출하여 회사를 지켜낸 후지필름도 반전을 이룩한 기업에 속한다.

반전의 기회를 잡으려면 어떻게 해야 하는가? 우리는 가끔 '칼을 간다'라는 표현을 쓰곤 한다. 복수를 표현할 때 주로 사용하지만, 하나의 목표를 위해 정신을 집중하고 준비하는 마음 자세를 뜻하기도 한다. 갈고 닦은 칼은 언젠가 반드시 쓸모가 있다.

경제 상황이 어렵다 보니 알고 지내던 중소기업 사장 가운데 좌절하는 분들이 더러 계셨다. 업무상 혹은 친분으로 봐온 분들인데, 요즘엔 영업을 하면 할수록 손해가 나서 차라리 가만히 있는 게 손해를 덜 본다며 개탄해 마지않았다. 부도가 난 회사도 있고, 그냥 흘러가는 대로 현 상황을 지켜보고 있는 분들도 있다.

20년간 알고 지낸 50대 후반의 어떤 사장님께 이렇게 말씀드렸다. "30대에는 정말 열심히 일하셨잖아요? 지금처럼 어려운 상황에서 다시 그 열정을 찾으셔야 합니다. 하실 수 있습니다!" 그분은 암담한 현실에서 어떻게 상황을 타개할지 갈팡질팡했다. 난관에 봉착하면 사고의 폭이 좁아진다고 하지 않던가. 나귀에게 눈가리개를 씌워놓은 것처럼 시야가 좁아지게 마련이다.

언젠가 다시 올 기회를 생각하면서 칼을 갈아야 한다. 준비한 자에게만 기회가 보인다. 기회가 온 줄도 모르는 사람은 준비가 안 되어 있기 때문이다. 조직을 재정비하고, 사업구조를 효율 중심으로 구조조정하며, 위기에서 회사를 구할 히트 상품을 개발하는 데 온 힘을 다해야 한다. 그러면 다시 우뚝 설 날이 온다!

핵심 포인트 이것만은 기억하자!

• 시장은 총성 없는 전쟁터와 같다. 전쟁에서 이기려면 극한 각오를 해야 한다. 위기의식을 갖고 냉정한 시각으로 시장을 바라보면 해결책을 찾을 수 있다. 어려울수록 극도의 집중력으로 나태해진 정신력을 바로잡아야 한다.

• 매출 키워드는 구매와 관련해 소비자들이 선호하고 관심을 보이는 키워드로, 정보를 담은 키워드와 매출을 올려주는 키워드가 있다. 여기서 매출을 올려주는 키워드는 비용적인 요소가 담겨 있으므로, 불황기에는 비용적인 부담을 해소시켜주는 정보를 담은 키워드에 집중하여 콘텐츠를 개발해야 한다.

• 호황기에 구축된 시장 질서는 불황기가 되면 많은 변화가 일어난다. 1등이 꼴찌가 될 수 있고, 꼴찌가 선두권에 진입할 기회를 얻을 수도 있다. 불황기에는 경쟁자도 흔들리고 소비자도 변한다. 그 흐름을 잘 파악하여 시장 우위를 점유할 수 있는 강력한 히트 상품을 개발하기 위해 온 노력을 다해야 한다. 그러면 역전의 기회가 주어질 것이다.

• 기회는 준비된 자에게만 보인다고 했다. 어떠한 상황이든 항상 최선을 다해 역량을 키우고 정신을 집중하여 목표를 향해 끊임없이 매진하면 성공이라는 길이 눈앞에 보일 것이다.

4장

성공 사례에서 원칙을 찾아내 응용하라

세상에는 너무나도 많은 히트 상품들이 있다. 기발한 아이디어 상품, 회사를 살리는 킬링 아이템 등 존재감을 뽐내는 다양한 상품들이 존재한다. 그런 상품들의 성공 요인과 히스토리를 접할 때마다 나지막이 탄성을 지르고 고개를 끄덕이지만, 실제로 현업에 반영하는 비율은 그다지 높지 않다. 왜 그럴까? 그 이유는 플레이어와 처한 환경이 다르기 때문이다. 그럼에도 성공 스토리에 열광하는 이유는 '나도 저렇게 하면 성공할 수 있다'는 희망과 실현할 수 있는 해결책의 가이드라인을 제시해주기 때문이다.

따라서 성공 사례의 결과에 너무 현혹되지 말고 그 원칙을 찾아내어 나의 상황에 맞게 재해석하는 작업이 필요하다. 중고등학교 때 배우는 수학도 기본 편과 응용 편으로 나뉘어 있지 않은가. 기본에서 원리를 깨우쳐야 다차원으로 응용이 가능한 것이다.

이 장에서는 많은 성공 사례에서 주로 발견되는 성공 원칙을 도출하여, 대표적인 사례를 기준으로 자신의 상황에 적용할 수 있는 키포인트를 정리해보았다. 보는 데에서만 그치지 말고 대입하여 응용해보는 노력이 여러분을 성장시킬 것이다.

변하지 않는 성공 방정식을 보여준 유니클로의 '플리스 재킷'

2018년 9월 일본 SPA 브랜드 '지유(GU)'가 국내에 들어온다는 소식에 패션유통계가 술렁거렸다. 지유는 일본의 중저가 SPA 브랜드로, 국내에서 성공한 유니클로의 모기업인 패스트 리테일링(Fast Retailing)이 선보인 브랜드다. 우리에게는 '지유'보다 '유니클로'라는 브랜드가 더 낯익다.

유니클로는 합리적인 가격을 앞세운 중저가 브랜드로 국내 패션업계에 막강한 영향력을 끼쳤는데, 유니클로보다 낮은 가격대를 표방하는 지유의 국내 진출이 이슈가 된 것은 아마도 유니클로의 후광이 있었기에 가능했으리라. 그러므로 우리는 유니클로의 성공 요인에 대해 알아볼 필요가 있다.

유니클로는 일본 경제가 장기 불황 속에서 소비자 물가가 끝없이 하락하는 디플레이션에 빠졌을 때도 매출액을 경이적으로 늘려온 의류 회사다. 지금은 글로벌 브랜드로 성장하여 일본에서뿐만 아니라 세계 각지에서 그 위상을 높이고 있다. 오늘날 유니클로를 있게 한 계기는 일본 경제의 침체가 심각했던 1998~2000년에 '플리스(fleece)'*라는 소재로 만든 겨울용 재킷이 빅히트를 친 덕분이다.

그림 4-1 유니클로 플리스 재킷

당시 일본 인구의 감소와 내수 기반 서비스 산업이 크게 위축되고 있었던 상황은 현재 우리나라 실정과도 매우 흡사하다. 유니클로는 업종의 한계, 경기 상황의 열악함을 탓하기보다 작은 기업에서도 우량 기업이 나올 수 있다는 사실을 몸소 보여주었다.

싸구려 2류 의류업체에서 오늘날 글로벌 기업으로서 유니클로를 성장하게 한 동력은 바로 플리스 재킷의 엄청난 판매 덕분이었는데, 당시 판매 실적은 다음과 같다.

* 플리스는 미국 말덴 밀즈사가 개발한 의류 소재로, 천연 섬유보다 가볍고 보온력과 염색성이 뛰어난 장점이 있다. 폴리에스테르 원단에 부드러운 필(pill)을 발생시킨 플리스는 신축성이 있으면서 물기에 잘 젖지 않는다. 재킷, 바지, 내의, 양말, 모자 등 다양하게 사용되고 있다.

1998년 200만 장 판매
1999년 850만 장 판매
2000년 2,600만 장 판매

플리스는 이렇게 폭발적인 판매를 기록했다. 시즌 상품이 단품으로 이만큼 팔린 경우는 의류업계 역사를 통틀어 처음 있는 일이었다고 한다. 1998년에 200만 장의 플리스를 팔았을 당시 일본 의류업계에서는 보통 10만 장 팔리면 히트 상품으로 간주했다. 그런 상황에서 무려 20배가 넘는 200만 장을 판매한 것이다.

플리스라는 소재는 가볍고 얇으면서 보온성이 좋아서 방한복 소재로도 널리 이용되어왔으나 외투로 입는 경우는 드물었고, 등산용이나 방한용 등 특수한 용도로만 한정되었다. 재킷의 경우 한 벌 가격이 5,000엔에서 10,000엔 정도에 팔렸다. 일반 소비자에게 널리 팔기에는 다소 비싼 편이었다.

유니클로는 플리스를 재킷으로 제작하여 1,900엔이라는 경이적인 가격으로 팔았다. 일반 유통점이 아무리 세일을 해도 3,900엔 이하로 팔기 힘든 점을 감안하면 혁신적인 가격이었다. 처음에는 유니클로도 4,900~5,900엔에 판매하였다. 이 가격대는 유니클로가 적정 마진을 낼 수 있는 최저 가격이었다. 그런데 비싸다는 이미지를 갖고 있던 플리스를 1,900엔대에 내놓았다는 것은 그야말로 상식을 완전히 파괴하는 수준이며, 극장에서 영화 한 편 보는 것과 같은 가격이었다. 영화한 편 보는 돈으로 그동안 비싸게 생각한 플리스 재킷을 살 수 있다면 누구도 아깝다고 느끼지 않을 것이다. 소비자에게 플리스 재킷은 그러한 수준의 가격이었다.[11)]

현재 유니클로는 가성비 높은 상품으로 인식되어 있다. 품질은 믿을 만하고, 가까운 곳에 매장이 있다면 한 번씩 들르게 만드는 매력이 있다. 기능성에 더하여 패션 디자인도 나쁘지 않다. 그렇다고 유니클로 제품이 경쟁 SPA 브랜드와 비교하여 절대적으로 우수한 것은 아니다. 다만 소비자의 마음속에 이미 유니클로의 브랜드 아이덴티티가 확고히 자리를 잡은 것이다.

그 실마리는 '히트 상품'에 있다. 유니클로가 플리스 외에 에어리즘(AIRism)과 히트텍(HEATTECH)이라는 히트 상품을 연이어 출시하면서 이미 소비자에게 유니클로는 가성비가 높은 브랜드로 인식되어 있었다. 히트 상품이 브랜드를 만들고 있는 것이다.

유니클로는 어떻게 평균 판매량보다 20~200배 넘는 히트 상품을 낼 수 있었을까? 먼저, 고객의 관심을 확 끌었다. 기존 가격보다 3분의

그림 4-2 유니클로 에어리즘과 히트텍

1밖에 안 되는 1,900엔이라는, 한마디로 '미친' 가격은 고객들의 저항감을 무너뜨렸으며, 51가지나 되는 다양한 색상은 촌스러움을 한 방에 날려버렸다. 그러자 같은 상품임에도 불구하고 두세 벌씩 구입하는 소비자가 늘어났으며, 온 가족이 부담 없이 구매해서 함께 입는 범용성까지 갖춤으로써 폭발적인 매출을 올렸다.

하지만 단순히 가격이 싸고, 컬러가 많다고 해서 히트 상품이 되었을까? 절대 그렇지 않다. 지금까지도 유니클로의 플리스 상품이 잘 팔리는 이유가 있다. 그것은 소비자에게 지속적으로 만족을 주기 때문이다. 낮은 가격임에도 꼼꼼한 바느질 처리와 오래 입어도 변하지 않는 최고의 품질은 고객에게 신뢰를 주고, 가격이나 기능을 어필하기보다는 단순하지만 세련되고 임팩트 있는 광고 전략으로 중저가이지만 콘셉트 있는 브랜드로 각인시켰으며, 필요에 의해 고객을 찾게 만드는 매력을 담아낸 것이다. 물론 그 기저에는 협력업체와 쌓은 신용으로 대량 판매를 가능하게 한 상품 소싱 시스템이 뒷받침되었기에 가능한 일이었다.

하지만 우리는 여기서 유니클로의 창의적인 접근을 살펴봐야 한다. 좋은 소재긴 하나 사용이 한정적이던 소재를 외출복으로 만들어야겠다는 획기적인 발상과 매출 리딩 상품으로 발전시킨 전략이 그것이다. 카테고리를 개척하고 발전시켜 새로운 시장을 연 것이다.

고객들은 항상 새로움을 원하고, 지금도 아이디어 상품은 지속적으로 출시되고 있다. 기술 발전 속도가 거의 혁신적인 수준이다. 새로운 것이 곧 새롭지 않은 것이 되는 세상이다. 그렇다고 항상 새로운 것을 추구하는 것은 너무 어렵다. 유니클로는 기존에 있던 플리스를 새로운 관점으로 접근하여 고객의 생각을 바꿔놓았다. 여러분도 새로운 것에 집착하기보다는 늘 접하고 있는 사물들을 세밀히 관찰해보라. 관점만 바꿔서 바라봐도 새로운 시장이 보일 것이다.

익숙함에 다름을 얹으라는 말이 있다. 중요한 것은 그다음이다. '다름'에 강한 임팩트를 실어야 한다. 고객들로 하여금 관심을 갖게 하려면 구매력이 약한 카테고리는 의미 없다. 중심 카테고리를 흔들어야 파급 효과가 크다.

유니클로가 가방으로 혁신을 시도했더라면 이렇게까지 브랜드를 키울 수 없었을 것이다. 유니클로는 플리스라는 좋은 소재를 볼륨화가 가능한 재킷 아이템에 적용하였고, 놀랄 만한 가격으로 새로운 소비 트렌드를 창조하였다. 그리고 지속적으로 소비자에게 전달하는 긍정적인 가치는 회사를 글로벌 회사로 약진시켰고, 지금도 매출을 견인하는 주력 아이템으로 만들었다.

유니클로의 플리스 재킷 성공 사례는 20년이 지난 지금도 사용할 수 있는 변하지 않는 성공 방정식이다. 그것은 소비자와의 커뮤니케이션을 가장 확실히 이끌어내는 '킬링 아이템'이 되었다. 1,900엔이라는 파격적인 가격으로 소비자의 비용을 줄여주면서 소재의 한계를 뛰어넘어 용도의 다양성을 제시한 '가치혁신', 그리고 세련된 이미지로 정서적 만족을 주는 '차별화된 콘셉트'는 플리스 재킷을 초히트 상품으로 만들었다. 단, 전제 조건이 있다. 사람들이 관심 가질 만한 중심 카테고리여야 하며, 저가격의 뿌리에는 원가 절감(cost down)과 대량생산 시스템, 그리고 판매량 극대화(high volume)를 이루어낼 수 있는 마케팅 노하우가 반드시 뒷받침되어야 한다.

몇 가지 활용 가능한 예를 들어보자. 소비자가 비싸다고 인식하고 있는 고급 소재나 재료를 획기적인 가격으로 제시하면 일단 높은 관심을 끌 수 있다. 1만 원도 안 되는 랍스터, 10만 원 전후의 이태리 정통 수제화, 5만 원대의 고급 티타늄 안경테 등은 일반적으로 소비자가 생각하지 못한 가격 수준이기 때문에 놀라움을 줄 수 있다. 이때 중요한 것은 단순히 싸다는 인식을 심어주는 데 집중하면 안 된다는 것이다. 유니클로는 중저가 전략을 취하면서도 세련된 사람들이 입는다는 광고 콘셉트로 합리적인 가격으로 패션을 지향하는 이미지를 심어주었다. 싸지만 격이 다르다는 인식을 심어주어야 한다.

또한 가격 파괴의 핵심은 원가 파괴에서 나와야 한다. 혁신적인 가격이 나오려면 원가 절감 자체가 혁신적이어야 가능하다. 이것을 실현할 수 있어야 한다. 대량생산, 기술적 진보, 다국적 소싱, 유통 단계 축소 등 동원할 수 있는 모든 방법으로 원가 파괴를 현실화시켜야 가격 파괴의 전략이 비로소 완성될 수 있다.

또한 가격 파괴 전략은 소비자의 구매 빈도가 높은 카테고리로 접근해야 효과가 크다. 예를 들어 봄여름 의류의 주력 품목인 폴로 티셔츠에 적용하면 매출 효과가 높다. 문제는 가격 파괴의 활용이다.

과거 한 브랜드는 폴로 티셔츠만 파격적인 가격으로 매출몰이를 시도하였다. 10만 원 전후의 판매 가격을 5~6만 원대로 대량 출시하여 고객 입점 확대와 매출 증대를 유도하였다. 그 결과 소기의 목적을 달성하였다. 하지만 브랜드 관리 차원에서 아주 중요한 가격 정책을, 주력 아이템에만 집중하는 바람에 전반적으로 브랜드 가치를 낮추는 역효과가 발생하여 다른 상품의 판매에 문제가 발생했다. 가격 파괴 전략은 기업이나 브랜드가 추구하는 정책과 부합해야 하며, 그 내용과 소비자를 이해시키는 방법의 절묘한 조합에 바로 승패가 달려 있다.

가치의 혁신을 이룬 '젠틀몬스터'

- 세계 1위 럭셔리 그룹인 루이비통모에헤네시(LVMH)로부터 600억 투자 유치
- 2011년 연 매출 1억 원으로 시작해 2016년 1,551억으로 5년 만에 1,500배 성장
- 2016년 기준 30.6%라는 놀라운 영업 이익률 달성

토종 브랜드로서 글로벌 브랜드와 당당히 어깨를 나란히 하고 있는 선글라스 업계의 신성 '젠틀몬스터' 이야기다. 아이웨어 브랜드 '젠틀몬스터'의 고속 성장은 우리나라 패션 잡화 브랜드 역사상 유례가 없을 만큼 경이롭다. 해외 유명 디자이너의 패션쇼에 젠틀몬스터 선글라스를 모델들이 쓰고 나오고, 마돈나와 비욘세 등 유명 연예인이 착장한 사진을 보는 것은 이제 이상할 것이 없을 정도다. 면세점에서

는 명품 브랜드를 제치고 중국 관광객들의 지갑을 열게 하는 브랜드로 상위에 랭크되는 기염을 토해내고 있다. 현재 시장이 평가하는 기업 가치는 1조 원에 이르며, 2019년에 상장을 앞두고 있는 브랜드다. 선글라스라는 하나의 아이템으로 어떻게 이런 일이 가능했을까?

젠틀몬스터를 론칭한 김한국 대표는 아이웨어 업계 전문가가 아니었다. 영어교육 회사에서 근무하면서 신성장 동력을 찾는 데 골몰하던 중 새로운 사업 아이템으로 패션 안경을 선택하여 2011년 창업을 하였다. 처음에는 어려움도 많이 따랐지만, 시행착오 끝에 기존과는 다른 차별화된 디자인과 마케팅에 집중하여 시장의 반응을 이끌어냈다. 거기에 인기 드라마 〈별에서 온 그대〉에서 전지현 씨가 쓰고 나오면서 젠틀몬스터를 널리 알리게 된 직접적인 계기가 되었다.

당시 〈별에서 온 그대〉라는 프로그램이 중국에서 얼마나 인기가 있었는지를 알 수 있는 일화가 있다. 국내 면세점에 쇼핑 온 중국 관

그림 4-3 젠틀몬스터 선글라스

광객 가운데 한 어린아이가 넘어지면서 "도와줘, 도민준!"이라고 한국어로 말해서 주위에 있는 매장 직원들이 놀랐다는 후문이 있다(도민준은 〈별에서 온 그대〉의 남자 주인공이다). 그만큼 드라마가 높은 인기를 끌었고, 젠틀몬스터를 발돋움하게 만든 데는 유커들의 인기몰이가 한몫했을 것이다. 그 후 연예인들이 젠틀몬스터를 찾게 되고, 국내외 유명 디자이너와의 협업작품(컬래버레이션)이 진행되면서 명실상부한 대표적 선글라스 브랜드로 자리 잡았다.

젠틀몬스터는 패션업계에 적잖은 영향을 미치고 있다. 이렇다 할 글로벌 브랜드를 내놓지 못하고 있는 대한민국 패션 브랜드 현실에서 어쩌면 선구자 같은 역할을 하고 있는 것이다.

몇 가지 중요한 성공 포인트를 살펴보자.

1. 숨어 있는 시장 가치 발굴

김한국 대표가 패션 안경을 창업 아이템으로 선정하고 사업을 시작했을 때는 해외 명품과 유사한 디자인으로 제품을 만든 후 5분의 1 정도로 가격을 저렴하게 판매하는 것이 수익 모델이었다. 홈페이지를 통해 여러 개의 제품을 고르면 배송해주고 마음에 안 들면 회수까지 무료로 해주는 서비스도 함께 진행했다. 여기서 중요한 것은 아이웨어라는 아이템을 선정했다는 것이다.

젠틀몬스터가 시장에서 떠오르는 브랜드가 되었을 당시 나는 수입 명품 아이웨어 유통회사에서 상품기획을 맡고 있었다. 그때 느낀 것은 아이웨어 품목의 원가율이 상당히 낮다는 점이었다. 시장 형성 가격 대비 원가가 낮기 때문에 어떻게 운영하느냐에 따라 높은 이익을 가져올 수 있었다. 김한국 대표는 이를 간파한 것이다. 아이웨어 업계가 아닌 교육 사업에 있던 사람이 어떻게 이런 아이템을 찾을 수 있었을까? 아마도 현실에 안주하지 않고 항상 새로운 무언가를 찾는 노력 덕분에 가능했으리라.

대기업 브랜드 사업본부에서 13년 동안 상품기획 업무를 담당했을 당시에는 내가 하는 일이 최고인 줄만 알았다. 상품기획 업무가 회사의 핵심적인 일이라 자존감도 높았고, 나름대로 최선을 다했기에 업무 능력도 인정받았다. 하지만 롯데유통으로 이직하여 리테일 MD로서 일하면서, 하나의 브랜드 상품 관점에서 벗어나 각양각색의 브랜드 군집을 관리하기 시작했고, 기획에서 판매에 이르는 전 과정을 통찰하면서 다양성에 눈을 떴다. 새로움이 주는 자극은 나를 한층 업그레이드시켜주었다.

그리고 샐러리맨으로서 마지막 직장으로 선택한 아이웨어 유통회사에서는 기존과 전혀 다른 아이템 특성과 시장구조를 파악할 수 있었다. 패션업 일만 해온 나에게는 경이로운 새로움을 주는 시장이었다. 나는 패션업계에 있는 지인들을 만나면, 세상에는 무수히 많은 시장이 각각의 특성을 유지하면서 고유의 영역을 지키고 있다고 강조한다. 우주에는 태양계 말고도 무수히 많은 행성 무리가 있다. 우리는 그 존재를 모르기 때문에 아무런 정보도 갖고 있지 않다. 시장도 마찬가지다. 우리가 저마다 알고 있는 것은 빙산의 일각이다.

많이 알면 남보다 앞서 나갈 수 있다. 앞만 보고 가지 말고 주위를 둘러보자. 동종업계 사람들만 만나서는 시야가 좁아진다. 폭넓은 교류를 통해 사고의 폭을 넓혀야 한다. 아이디어는 그냥 얻어지지 않는다.

2. 트렌드 캐치

누구든지 선글라스 한두 개쯤은 갖고 있을 것이다. 눈을 보호할 뿐만 아니라 패션 아이템으로도 널리 사용된다. 더욱이 기상 변화로 여름이 길어지면서 이제 선글라스는 필수품으로 자리 잡아가고 있다. 가격은 브랜드마다 천차만별이다. 구찌, 프라다, 샤넬 등 명품은 40만 원에서 백만 원을 넘는 제품도 있다. 반면 인터넷에는 만 원에서 십만 원 미만의 중저가 상품들이 주류를 이루고 있다.

과거 선글라스는 명품 브랜드의 독무대였다. 하지만 2000년대 후반부터 독특한 디자인을 앞세운 '하우스브랜드(house brand)'*들이 서

* 이미 다른 패션업계에 진출해 있는 상태에서 안경 사업을 하는 토털 브랜드와 달리, 안경만 전문적으로 디자인하는 브랜드를 말한다.

서히 시장에 얼굴을 내밀기 시작하였다. 명품의 단조로움에 지친 소비자들이 색다른 느낌의 디자인을 찾기 시작한 것이다. 거기에 40만 원 이상의 고가에 가격 부담을 느낀 소비자들은 남들과 다른 분위기를 연출할 수 있으면서 동시에 가격도 합리적인 선글라스에 매력을 느끼기 시작했다. 젠틀몬스터는 이러한 수요를 적극적으로 파고들었다.

〈별에서 온 그대〉를 본 시청자들이라면 누구나 "저 선글라스는 어디 제품이지?"라는 궁금증이 생겼을 것이다. 그만큼 특이하고 패셔너블했다. 기존 제품에서는 볼 수 없는 디자인이었으며, 패션의 중심인 20~30대 여심의 소비 심리를 정확히 꿰뚫었다. 명품 선글라스를 사기엔 가격 부담이 크던 차에 다소 낮은 가격대인 20만 원대 가격으로, 브랜드를 앞세우기보단 스타일링에 초점을 맞춘 디자인으로 어필한 것이다. 그 선택은 적중했다.

어느 시장이나 시장을 선도하는 강자가 있다. 그리고 그 안에는 트렌드라는 작고 큰 흐름이 존재한다. 선글라스 시장은 오랜 기간 명품 브랜드가 주도하고 있었다. 하지만 개성을 중요하게 여기는 소비 트렌드와 함께, 여름이 날로 길어지면서 패션의 머스트해브(must have) 아이템으로 선글라스가 부상하면서 소비자는 좀 더 다양하고 새로운 제품에 대한 욕구를 표출하기 시작했다. 단순히 태양으로부터 눈을 보호하는 기능적 용도에서 벗어나 멋과 스타일링을 만족시켜주는 트렌드로 바뀐 것이다.

무슨 일을 하든지 때가 중요하다. 타이밍이 흥망성쇠를 좌우한다. 그리고 그 타이밍은 고객의 관심을 집중시킬 수 있는 상품화적 요인과 궤를 같이해야 한다. 젠틀몬스터도 시작부터 성공한 것은 아니다. 여러분도 각자 카테고리에서 트렌드의 동향을 읽는 선구안을 가져야 한다. 정보력과 기획력을 키워라. 그다음은 실행하는 것이다.

3. 감성 마케팅을 통한 브랜딩

젠틀몬스터의 성공 요인이 이른바 '전지현 선글라스'라는 PPL의 후광이 있었다고는 하지만, 이 브랜드를 폭발적으로 확장시킨 것은 소비자에게 전달하는 감성이었다. 젠틀몬스터는 매 시즌 새롭고 독특한 디자인을 출시하고 있다. 연간 100여 개의 모델이 출시되는데, 90%가 새롭게 디자인된 신상품이라고 한다. 겨우 10%만이 지난 시즌 인기 모델을 그대로 가져갈 뿐이다. 소비자는 항상 새로움으로 어필하고 있는 젠틀몬스터에 기대감을 가질 수밖에 없다.

또한 특색 있는 플래그십은 기존 안경업계가 한 번도 시도하지 않은 공간과 설치 예술의 접목으로 소비자에게 놀라움을 주었다. 이 감성 쇼룸은 늘 소비자의 관심 대상이고, 방문 고객들은 개인 SNS에 자랑 삼아 올리는 일을 마다하지 않는다. 이러한 젠틀몬스터의 혁신적인 이미지를 고객들이 스스로 홍보하고 있는 것이다.

그림 4-4 젠틀몬스터 홍대 스토어

우리나라 안경업의 거의 80% 이상을 점유하고 있는 대구 안경단지의 안경제조회사 대표 한 분이 이런 얘기를 했다. "젠틀몬스터를 만든 김한국 대표는 안경업계에서 볼 때 백 년에 한 번 나올까 말까 한 경영자다."

물론 안경업계를 기준으로 한 얘기지만, 이 사실을 부정할 수는 없다. 젠틀몬스터가 단시간 내에 이루어낸 실적이 이를 증명하고 있다. 대자본이 투입된 것도 아니고, 잘 알려진 글로벌 브랜드도 아닌 국내 토종 브랜드로 이루어낸 성과다. 시기적으로 맞아떨어진 운도 무시할 순 없다. 하지만 운도 실력이다. 돛이 준비되어 있어야 바람이 불 때 쾌속 항진할 수 있는 것이다.

앞서 나는 젠틀몬스터의 성공 요인을 크게 세 가지로 열거했다.

거기에 다시 세 가지 관점을 제시한다. 첫째는 시장은 무한하고 아이템은 많다는 것이다. 시장을 보는 혜안을 길러야 한다. 김한국 대표는 아이웨어 비전문가로서 패션 안경을 사업 아이템으로 선정했다. 평소 좁은 시야를 갖고 있었다면 절대 보이지 않았을 것이다. 오히려 한 분야에 속해 있는 종사자들은 알고 있는 것이 많기 때문에 어쩔 수 없이 포기하는 아이템들이 많은 반면, 훈수를 두는 것처럼 제3자가 되어 보면 다른 시장이 보일 때가 있다. 이렇듯 자기가 하고 있는 일에서 인사이트를 갖는 것도 중요하지만, 보다 폭넓게 주위를 둘러봐야 한다. 다행히 우리나라 패션유통 시장은 역사가 깊지 않기 때문에 개척할 부분이 많다. 내 사업만 봐서는 시야가 좁아진다. 아직도 우리에겐 기회가 있다.

둘째는 시장을 정확히 파고드는 기획력이다. 소비자가 무엇을 필요로 하는지, 매력적인 니즈가 무엇인지 정확히 짚어내고 그에 맞는 상품을 기획하는 능력이다. 젠틀몬스터가 명품과의 싸움에서 가격만 낮춰서 승부했더라면, 저가 시장에 진입하여 온라인으로만 유통했더라면 지금과 같은 성과는 이루지 못했으리라. 패션의 주체 세력의 취향에 적합한 상품을 내민 것이다. 거부할 수 없는 시장 트렌드를 배후에 두고 말이다.

마지막으로는 소비자에게 주는 심리적 만족감이다. 항상 새로움을 추구하는 경영 마인드에서 출발한 혁신적이고 차별화된 브랜딩은 사용자에게 패션을 리딩하는 그룹에 속해 있다는 자부심을 주고, 팔

로워 그룹에게는 워너비 브랜드로 자리매김하여 지속적 가치를 계속 창출해낼 수 있게 해주었다. 소비자는 젠틀몬스터를 갖고 싶어 하고, 구입하고 나면 소문을 내고 자랑을 한다. 이보다 훌륭한 마케팅이 어디 있을까.

대기업도 아니고 해당 분야에 오랜 경력이 없더라도 아이웨어라는 하나의 아이템으로 글로벌 브랜드와 어깨를 나란히 하며 성장하는 '젠틀몬스터'를 보면서 어떤 생각이 드는가? 고민해볼 일이다.

불황에 다시 한 번 생각해봐야 하는 롯데마트의 '통큰 치킨'

여러분은 2010년 롯데마트에서 내놓은 '통큰 치킨'을 기억하는가? 당시 나는 롯데마트에 몸담고 있었는데, 그 상품이 미친 영향에 대해 놀라움을 금치 못했던 기억이 있다.

당시 롯데마트는 전국 82개점에서 프라이드치킨 1마리(900g)를 5,000원에 판매하였다. 바로 '통큰 치킨'이라는 이름으로 말이다. 롯데마트의 '통큰 치킨'은 경쟁사인 이마트에 경쟁력 강화를 위해 전략적으로 구상하고 있던 '가치혁신 상품' 시스템의 산물이다.

'통큰 치킨'은 치킨 전문점 판매가의 3분의 1 수준이었기 때문에 소비자들로부터 큰 주목을 받았다. 이 제품을 사기 위해 고객들은 영업 시작 전부터 길게 줄 지어 기다려야 했고, 이러한 진풍경은 그 어떤 마케팅보다도 효과적으로 입점 객수를 늘리는 결과를 낳았다.

하루에 정해진 수량만 판매하고, 치킨 한 마리에 2만 원 가까이 하던 당시 가격에 비해 저렴하게 판매한 덕분에 소비자들은 높은 관심을 보였다. 하지만 대형마트가 영세 자영업자들의 영역인 '골목 상권'을 침해한다는 비판에 무릎을 꿇을 수밖에 없었다. 결국 남아 있는 통큰 치킨 수만 마리를 기부하고 판매를 중단했다. 그리고 1년 뒤에 '큰 치킨'으로 네이밍을 변경하여, 가격도 골목 상권을 위협할 수준이 아닌 9,900원으로 판매를 재개했다.

불황의 시기에 우리는 팩트에 근거해서 다시 한 번 생각해볼 필요가 있다. 시장은 공존공생의 논리가 적용되는 곳이며, 대기업과 중소기업이 동반 상생의 길을 모색하는 것도 아주 중요하다. 이는 지극히 당연한 논리다. 그러므로 상품 외적인 요인은 배제하고 여기서는 상품기획적인 측면에만 집중해서 살펴보고자 한다. 왜냐하면 '통큰 치킨'이라는 상품이 준 파급 효과가 실로 대단했기 때문이다.

그림 4-5 롯데마트 통큰 치킨

롯데마트는 사전 테스트 판매에서 일주일에 10만 마리가 팔린 것을 바탕으로, 월 평균 60만 마리 판매를 목표로 하여 점포별로 하루 최대

200~400마리가 판매 가능하도록 시설을 갖추었다. 대량 수요를 이끌어내기 위해 기존 대형마트 판매가보다 30~40% 저렴한 가격을 책정했고, 구매 고객의 만족도를 높이기 위해 중량도 30%가량 늘렸다. 또한 포장 용기도 동그란 바구니에 담아 차별화된 이미지를 강조하였으며, 가격 인상 요인을 막기 위해 치킨 무와 샐러드, 소스 등은 따로 판매하는 방식을 취했다.

'통큰 치킨'을 담당한 상품기획자에 따르면, "대형마트는 원료 공급자와 직거래할 수 있고, 산지를 일원화해 대량 소싱이 가능하기에 품질 대비 가장 저렴한 가격에 치킨을 선보일 수 있었다"고 한다. 또한 생닭을 비롯해 필요한 재료의 양을 사전에 계산해 대량 주문함으로써 원가를 낮추었다고 한다.[12)]

자, 이제 본론으로 들어가보자. 롯데마트는 할인점 업계에서는 후발 주자지만, 유통업에서는 전통적인 강자다. 당시 경쟁사인 이마트는 국내 업계에서 최초로 대형할인점을 전개하여 주요 상권을 선점함으로써 매출 효율을 높이고 있었다. 따라서 롯데마트는 선두권을 따라잡기 위한 전략이 필요했으며, 가장 중요하다고 판단한 상품에서 전략적인 승부를 걸었다. 그리하여 '가치혁신 상품' 개발을 위해 전사적인 시스템이 가동되었다.

그전까지만 해도 삼겹살 등 가격 민감도가 높은 품목에서 서로 가격을 낮추어가며 고객 몰이에 급급한 전략을 펼쳤지만, 그 방법을 탈피하여 '상품 가치'에 포인트를 두어 전 MD를 집중하게 만들었다.

역마진을 감수하면서까지 벌어진 가격 낮추기 전쟁은 입점 고객을 반짝 늘릴 순 있어도 지속성이 떨어지기 때문에 이 같은 장기적인 포석이 필요했던 것이다.

여기서 '통큰 치킨'의 세 가지 성공 효과를 살펴보자. 첫 번째는 매출 시너지 효과다. '통큰 치킨'은 단일 상품의 매출로 인한 판매 증대보다는 입점 객수를 높이는 데 혁혁한 공을 세웠다. 해당 제품을 사기 위해 아침마다 길게 늘어선 줄은 고객들에게 미리 사지 않으면 못 산다는 인식을 심어주었고, 아침 일찍 롯데마트로 발길을 이끌었다. 점포에 온 고객들은 치킨만 사고 돌아가지 않는다. 자연스럽게 다른 상품도 구매하면서 경쟁사에 가려던 고객들을 유입하는 효과도 거두었다. 고객이 증대되면서 매출 효과 외에 경쟁사 고객을 자사 고객으로 빼앗아오는 역할도 한 것이다. 일거양득이다. 그 덕분에 별도의 마케팅 비용을 들이지 않고도 일 년 마케팅 예산과 맞먹는 효과를 거두었으며, 론칭 해에 기록적인 영업 이익률을 달성했다.

두 번째는 '통큰 시리즈'의 탄생이다. '통큰 치킨'의 성공은 상품 라인 확대로 이어졌다. 통큰 두부, 통큰 TV, 통큰 넷북, 통큰 블럭 등으로 품질은 높이고 가격은 시중가의 3분의 1 수준으로 가성비를 높인 가치 상품을 계속 론칭하여 매출을 주도하는 전략을 펼쳐나갔다. 통큰 치킨의 가성비를 경험한 고객들은 동일 콘셉트로 전개된 상품들에 대해서도 긍정적인 이미지가 각인되어 있어 자연스럽게 높은 구매율로 이어졌다.

마지막으로는 '통큰'이라는 전달력이 강한 네이밍의 탄생이다. 통큰 시리즈와 같은 가격 파괴 상품은 그전에도 있었고, 지금도 계속적으로 출시되고 있다. 하지만 '통 크게 쏜다'는 의미를 가진 '통큰'은 부르기 쉽고, 의미 전달력이 높아 소비자들에게 확실하게 각인되어 하나의 콘셉트로 인식되었으며, 홍보 효과와 더불어 메시지를 주변에 전달하는 데 큰 영향을 주었다. 소비자의 마음에 긍정적인 이미지를 고착시킬 수 있었기에 강력한 전파 효과를 발휘한 것이다.

최근에 SNS 광고나 온라인 쇼핑 등에서 '마약 매트리스', '마약 베개' 등 '마약~'이라는 상품명으로 대중들에게 어필하고 있는 상품이 있다. 주목성이 높은 상품명과 상품이 주는 기능적 효과가 소비자들에게 회자되어 매출 증대로 이어지고 있으며, '마법~'과 같은 유사 상품까지 출시되어 그 인기를 실감케 하고 있다. 아마도 대중들이 광장시장의 '마약 김밥'에 대해 잘 알고 있는 상황에서 '마약'이라는 단어가 들어 있는 상품명이 임팩트 있게 대중들의 관심을 끌었으리라 생각한다.

물론 '통큰 시리즈'가 모두 성공한 것은 아니고, 골목 상권 침해라는 비판으로 축소되기도 했다. 하지만 경쟁에서 살아남기 위해 우리가 무엇을 고민해야 하는지 잘 알려준 사례가 아닌가 싶다.

나는 '통큰 치킨'은 콘셉트의 승리라고 생각한다. 치킨은 국민적인 먹거리 음식이다. 자영업의 대표적 창업 아이템이고, 최고의 간식거리이자 '치맥'으로 승화된 메뉴다. 소비자들이 통큰 치킨에 열광한 이유는 2만 원 가까이 되는 프랜차이즈 치킨에 대응하여 소비자들의 부담을 대폭 줄여줬기 때문이다. 여기에 입에 착착 감기는 '통큰'이라는 이름을 붙여, '치킨' 하면 생각나는 묘수를 얹은 것이다. 가격이 싸기만 한 치킨은 새롭지 않다. 거기에 콘셉트를 입혀야 비로소 소비자에게 색다름을 줄 수 있다.

또 하나, 모든 히트 상품에는 소싱력이 숨어 있다. 유니클로의 플리스 재킷도 마찬가지다. 〈백종원의 골목식당〉이라는 프로그램에서, 고로케 장사를 시작한 지 얼마 안 되는 사장한테 백종원 대표가 주문한 것은 '스피드'였다. 장사가 잘되어도 숙련도가 낮으면 많은 고로케를 만들어낼 수 없기 때문에 이를 문제 삼은 것이다. 상품이 있어야 매출이 나올 수 있다. 잘 팔리는 상품은 공급이 최우선 과제다. 공급력은 대량생산, 적기 납품, 안정된 품질, 원가 절감이 모두 포함되어 있다. 이 점을 해결해야 비로소 히트 상품을 개발할 준비가 된 것이다.

나 역시 1인 기업을 운영하면서, 자본력을 보유한 기업과 시장에서 경쟁하는 데 많은 어려움을 느끼고 있다. 하지만 푸념만 하고 있을 순 없다. 다윗이 골리앗을 이겼듯이 자신만의 무기로 전쟁에서 이겨야 한다. 우리는 개인 베이커리가 백화점에 입점되어 높은 매출을 올리고, 동대문에서 시작한 작은 쇼핑몰이 글로벌 대기업에 인수되는 사례를 보지 않았는가.

차별화의 진수를 보여준 일본 시계 브랜드 '놋또'

여러분은 손목시계를 사용하는가? 현대인에게 시간은 아주 귀한 존재다. 시간은 사회적·개인적 삶의 핵심 체계다. 약속을 정하고, 정해진 시간 안에 무언가를 해야 하고, 때가 되면 식사를 하는 등 우리는 삶의 대부분에서 시간이라는 개념을 사용한다. 이렇듯 시간과 그 시간을 표현해주는 시계는 우리의 사회·문화 생활에서 아주 중요한 역할을 한다.

2015년 한국갤럽 조사 자료에 따르면, 우리나라 성인 중 35%가 손목시계를 착용한다고 한다.[13] 내 기억에 불과 20년 전만 하더라도 사회생활을 하는 대다수의 사람들이 손목시계를 차고 다녔다. 손목시계는 필수품 중 하나이며, 시간을 확인하는 본래 기능 외에도 사용자

그림 4-6 놋또 이미지

의 라이프스타일을 엿볼 수 있는 매개체다. 그러나 지금은 스마트폰이 그 자리를 대신하고 있다.

닛케이 BP컨설팅사가 발표한 데이터에 따르면, 일본의 스마트폰 보급률은 49.7%라고 한다. 반면 우리나라는 성인 인구 95%가 스마트폰을 사용하고 있다.[14] 비록 일본이 우리나라보다 스마트폰 보급률이 낮다 하더라도 시계의 기능을 대체하고 있는 라이프스타일 트렌드는 무시하지 못할 것이다. 우리네 일상생활 깊숙이 들어온 스마트폰의 등장은 '시계'의 필요성을 잊게 만들었다.

이러한 상황에서 시계의 존재를 다시 불러일으킨 브랜드가 있다. 바로 손목시계로 일본에서 돌풍을 일으키고 있는 5년 차 신생 기업 '놋또(knot)'가 그 주인공이다. 2014년 온라인으로만 시작하여 크라우드 펀딩을 통해 소비자들에게 존재를 알린 후, 지금은 '시계 업계의 유니클로'라 불리며, 일본은 물론 해외로까지 그 세력을 확장하고 있다. 먼저 '놋또'의 성공 노하우부터 알아보자.

1. 압도적인 가성비를 제시하다

소비자들이 놋또 시계를 보고 놀라움을 금치 못하는 이유는 뭘까? 무엇보다도 글로벌 명품에 버금가는 프리미엄 시계를 3분의 1 가격인 1만 엔대(우리나라 돈으로 10만 원대)에 판매하는 착한 가격 때문일 것이다.

놋또 시계는 철저히 일본에 뿌리를 두고 있다. 놋또의 모든 부품은 'All made in Japan'을 모토로 하여 프리미엄 시계의 품격을 보여준다. 정교함과 높은 품질을 자랑하는 일본산 재료와 부품만을 사용하고, '무수부 프로젝트(MUSUBU Project)'를 통해 일본의 장인정신을 손목시계에 담아 품질을 높였으며, 일본의 2대 가죽 작업장인 토치 가죽, 일본 하이 무브먼트의 자존심인 시티즌, 세계 최고의 정밀 금속 가공 기술을 자랑하는 하야시 세이키 등 일본 전역의 장인들과 협업을 통해 세계적인 경쟁력을 갖추고 있다.[15] 정말 놀라운 일이다. 이런 고품질의 부품을 사용하면서 어떻게 1만 엔대의 가격을 유지할 수 있단 말인가.

고품질을 유지하면서 합리적인 가격에 제품을 판매할 수 있게 된 비결은 유통 마진과 제반 비용을 최소화한 비즈니스 모델에 있다. 먼저 놋또는 일본 시계업계 최초로 SPA 비즈니스 모델을 도입해 기획부터 판매에 이르는 전 과정을 직접 운영하여 혁신적으로 원가 구조를 개선했다. 또한 완제품이 아닌 구성 부품별 조립 판매, 즉 모듈화를 통한 맞춤형 판매를 통해 재고 리스크를 줄였으며, 역세권에서 벗어나

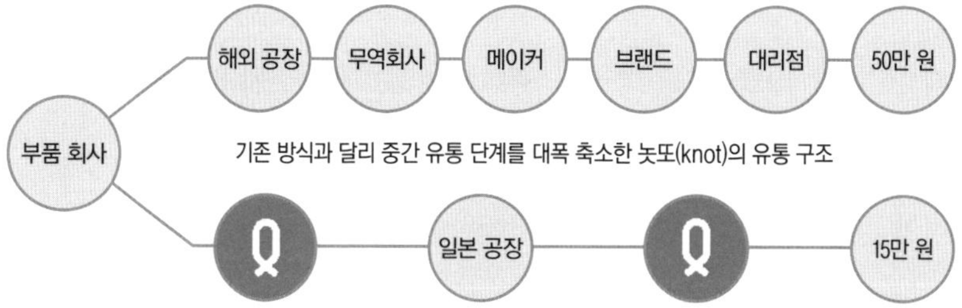

그림 4-7 놋또의 유통 모델

골목에 첫 매장을 오픈함으로써 비용 절감 효과도 고려하였다.

2. 가치와 자기만족을 중시하는 소비 트렌드에 부합하다

최근 소비 트렌드 중 하나는 개성 추구형 소비자가 늘어나고 있다는 것이다. 나만의 가치, 나만을 위한 상품에 관심을 쏟으며 지갑 열기를 주저하지 않는다. 《트렌드코리아 2017》의 저자 이준영 교수는 "더욱 능동적이고 창조적으로 변해가는 소비자를 무시해서는 시장에서 좋은 반응을 이끌어낼 수 없으며, 커스터마이징(customizing) 마켓의 발전과 진화가 대량생산 시대의 근원적 변화를 알리는 신호탄이 될 것이다"라고 하였다.[16)]

셔츠와 넥타이는 그날 복장과 분위기에 맞게 자유롭게 코디할 수 있는데, 왜 시계는 그렇지 않은 것일까? 이러한 욕구를 충족시키겠다는 자세에서 태어난 브랜드 놋또는 완제품을 판매하지 않고 시계 본체, 스트랩, 버클 등을 따로 상품화하여 고객들이 자유롭게 조합하여 자신만의 시계를 만들 수 있는, 이른바 커스텀 오더(custom order)를 지향하고 있다. 옵션이 워낙 다양하여 15,000가지 이상의 조합이 가능하므로 고객들이 같은 시계를 보유할 가능성은 현저히 낮다. 그러므로 고객이 저마다 갖고 있는 라이프스타일과 취향에 따라 자유롭게 자신만의 시계를 완성할 수 있으며, 이름과 기념일, 메시지를 각인해주는 서비스를 이용하면 더욱 특별한 나만의 상품이 되는 것이다.

또한 놋또는 스트랩을 교체할 때마다 시계 매장을 방문해야 하는 기존의 불편함을 해소하고, 커스텀 시계의 편의성을 획기적으로 개선하기 위해 특별한 공구 없이도 누구나 쉽게 스트랩을 갈아 끼울 수 있는 '이지 레버(easy lever)'를 장착했다.

놋또가 상품의 가치를 고객에게 전달하는 방법 가운데 인상 깊은 점은 인그리디언트 브랜딩(Ingredient Branding) 전략을 극대화하고 있다는 것이다. 인그리디언트 브랜딩 전략은 제품에 포함된 부품이나 소재, 성분 등 제품을 구성하는 요소를 마케팅에 적극 활용하는 마케팅 기법으로, 대표적인 사례로는 고어텍스, 인텔의 펜티엄 프로세서, 돌비 시스템 등이 있다. 인그리디언트 브랜딩 전략은 제조사가 뛰어난 구성 요소를 적용하고 있다는 사실을 알리어 제품의 가치를 손쉽게 전달할 수 있으므로 유사한 제품들에 비해 보다 효율적으로 경쟁 우위를 점할 수 있다.

놋또 시계의 대표적 콘셉트인 커스터마이징 시스템만으로는 그리 새롭다거나 신선하지 않다고 여길 수 있다. 하지만 놋또는 시계의 전체적인 이미지보다는 시계가 갖고 있는 구성요소, 즉 개별 부품, 제작 과정상에 깃들어 있는 장인들의 노력 등을 강조하여 '한 끗 다르다'는 점을 부각시키고 있다.

또한 각 매장에서는 단순히 시계와 액세서리의 판매를 위한 진열이 아닌 시계의 각 파트별 부품이 일본의 유명 장인이나 브랜드에서 온 것임을 강조하는 정보들을 제공하고 있다. 더욱이 매장 곳곳에 이러한 정보들을 손쉽게 온라인으로도 검색할 수 있도록 배려해놓았다. 이렇게 시계 부품에 대한 자세한 정보를 확인하고, 매장에서 본 정보를 인터넷에서 다시 검색하는 과정을 통하여, 놋또는 단순히 아이디얼한 커스텀 시계를 판매하는 곳이 아닌 최고의 구성품으로 이루어진 가치 있는 브랜드라는 인식을 고객에게 심어준다. 그다음에 다시 한번 가격에 놀라게 만드는 것이다.

여기서 생각해볼 점은 디지털 시대의 소비자들은 주어진 정보에만 집중하는 것이 아니라 능동적으로 받아들이고 스스로 조사하여 주관적으로 판단하기를 원한다는 사실이다. 기업들이 제품의 전체적인 완성도에 대해서만 이야기하지 말고, 아주 작은 구성요소라도 보다 적극적으로 어필해야 하는 이유다. 고객에게 긍정적인 이미지를 줄 수만 있다면 말이다.

3. 고객이 원하는 시계의 속성을 다시 정의하다

나는 아주 가끔 시계를 찬다. 멋을 내기 위한 포인트가 필요할 때 손목시계를 착용하며, 평상시에는 스마트폰이 시계 역할을 대신한다. 놋또를 이끄는 엔도 대표도 같은 생각을 했다. 그가 처음으로 한 작업은 손목시계의 용도를 '재정의'하는 것이었다. 시간을 확인하는 도구로써의 기능이 약화되고 있음을 인지하고, 시계를 '패션'으로 다시 정의했다. 렌즈와 의료기술의 발달로 안경이 시력을 보호하는 용도에서 패션으로 활용되고 있는 것처럼 시계의 역할도 비슷한 흐름을 이어갈 것으로 판단한 것이다.

놋또가 가장 중요하게 여기는 것은 고객의 만족감이다. 홈페이지에 나와 있는 회사 소개글에는 "시계를 선택하는 데 두 시간 가까이 고민하다가, 우리 시계를 보고는 '재밌다'며 시계를 구입한 고객이 있다. 싱가포르에서 일부러 키치죠지 가게까지 시계를 구입하러 온 손님이 있다. 이것은 정말 대단하고 무엇보다 기쁜 일이다"라고 적어놓았다. 즉 고객이 무엇을 원하는지, 어떻게 기뻐할지를 가장 먼저 생각하고, 고객에게 항상 새로운 체험을 제공하며 사랑받는 브랜드가 되고자 노력하는 마음이 놋또의 기업 정신이다.

일본의 매력을 세계에 전하고 고객의 웃는 얼굴을 보고 싶다는 캐치프레이즈는 놋또가 지향하는 바를 가장 잘 나타낸다. 명품 시계들이 보다 정확하고, 고급화에 열을 올릴 때, 시계에 대한 재정의를

그림 4-8 놋또 홈페이지에 실린 회사 소개글

통해 기분에 따라 바꾸어 찰 수 있는 '패션 액세서리'를 창조하였으며, 그로 인해 고객들이 만족하고 가치 있는 구매를 했다고 믿게 해주었다.

평범한 직장인들이 '패션'을 위해 시계에 많은 돈을 들이기는 쉽지 않다. 수백만 원 하는 명품은 엄두를 못 내고, 저가 시계는 디자인이나 성능이 만족스럽지 못한 게 현실이다. 놋또는 이 틈을 파고들어서 고품질의 시계를 합리적인 가격으로 판매하여 그들의 욕구를 단숨에 충족시켜주었다.

'레드불'은 자양강장제가 아닌 '에너지드링크'라는 새로운 정의를 내려 성공했고, '룩옵티컬'은 "안경은 얼굴이다"라는 콘셉트를 앞세워 패션으로 안경을 재정의하였다. 시장에 참여한 경쟁자는 많다. 그 시장을 바꿀 수 없다면 룰을 바꾸는 것도 좋은 전략이다. 나만의 룰을 만들어 개척하면 독자적인 나만의 시장이 생긴다. 그러기 위해서는 내가 무슨 일을 하는지, 내 회사가 가진 역량이 어떤지에 대해 명확히 알고 있어야 한다. 그래야 또 다른 정의를 찾을 수 있다.

놋또가 크라우드 펀딩을 통해 세상에 알려진 지는 5년밖에 안 되었지만, 지금은 일본 시장뿐만 아니라 세계 시장 진출에도 눈을 돌리고 있다. 그들에게는 단기간에 성공할 수 있었던 힘이 있다. 일본 특유의 세밀함과 장인정신에 더하여 시대적 흐름과 시장의 변화를 잘 캐치하여 사업의 방향을 스마트하게 설정하였다. 소비자들이 무엇을 원하고, 어떻게 해야 즐거워하는지를 잘 알고 있었던 것이다.

시계는 새로운 아이템이 아니다. 그렇다고 성장 산업도 아니다. 오히려 스마트폰의 영향으로 소비자의 관심에서 조금씩 잊히고 있다. 그런 아이템을 재정의하고, 가치 부여와 차별화를 통해 폭발적인 반응을 이끌어냈다. 우리는 여기서 무엇을 봐야 할 것인가?

차별화는 '기존과는 확실한 다름을 보여주는 것'이다. 차별화는 '생각지도 못했던 새로운 것'과 '원했지만 현실화하지 못했던 것'으로 나누어 생각해볼 수 있다. 놋또가 표방하는 바는 후자에 속한다. 명품에 비견되는 품질의 프리미엄급 시계를 3분의 1 수준의 가격인 1만 엔대에 판매하면서, 'All made in Japan'의 자부심과 가치를 담아 마치 어벤져스처럼 일본의 내로라하는 장인들과 최고의 실력을 자랑하는 부품을 결합함으로써, 하나의 완벽한 완성품을 만들어 소비자에게 사지 않고는 못 배길 상품을 만들어냈다.

흔히 일본을 제조업의 강자라고 한다. 일본은 장인정신과 고집, 엄격한 품질은 물론이고, 세계적으로 완성도 높은 품질과 독보적인 기술력을 갖고 있다. 그들 스스로 일본산에 대한 자부심도 높다. 그러나 20년의 장기 불황은 'Made in Japan' 신화를 무너뜨렸다. 일본에 있는 공장들은 '마더 공장'으로서 생산의 효율성을 높이는 개선 작업을 통해 노하우를 해외 공장으로 이전하는 역할을 해왔다. 그러나 비용이 저렴한 신흥국에 최신 설비를 갖춘 공장들이 늘어나면서 일본 내 공장은 경쟁력이 약화되었다. 우리나라도 그 전철을 밟고 있다.

놋또가 가격 경쟁력을 확보하는 데 치중했다면 생산비용이 저렴한 해외 생산에 눈을 돌렸을 것이다. SPA 시스템을 지향한다면 당연히 그럴 수밖에 없다. 하지만 놋또는 철저히 자국 생산을 고집했다. 그리고 그것을 하나의 가치로 전환하여 소비자에게 강조하고 자부심을 고취시켰다. 가격만이 가치가 아닌 것이다. 소비자가 원하는 가치는 가성비도 있지만, 정서적 만족감도 중요하다. 물론 향후 자국 내 생산만으로 해결하기 어려울 정도로 매출이 증가한다면 해외 생산을 검토할 수도 있겠지만, 사업 초기에 쌓인 놋또의 브랜딩은 소비자 마음속에 이미 긍정적인 이미지로 자리 잡아 쉽게 무너지지는 않을 것이다.

우리나라에도 장기 불황의 그늘이 드리우고 있다. 일본이 불황 20

년을 극복한 것처럼, 우리도 준비를 해야 한다. 나는 대기업이 주도하는 경제 재건보다는 중소기업의 육성이 장기적으로 필요하다고 생각한다. 내수 수요만으로 모든 기업이 시장 생존력을 갖추려면 자국 인구수가 1억 명 정도는 되어야 한다고 한다. 일본은 인구수가 1억이 넘기에 내수만으로도 기업들이 다양하고 실험적인 운영이 가능하다. 그렇기 때문에 중소기업의 질적 수준이 높다. 하지만 우리는 다르다. 내수시장이 작기 때문에 수출에 의존할 수밖에 없고, 수출 경쟁력 확보를 위해 시스템과 자금력을 확보한 대기업 중심의 산업 지배 구조가 필연적이다.

이제는 바뀌어야 한다. 현대 축구에서는 미드필드 싸움이 승패를 좌우한다. 산업계에서도 허리라고 할 수 있는 중소기업들이 탄탄해져야 건강한 산업구조를 이룰 수 있다. 그러자면 정부는 장기적이고 현실적인 중소기업 육성 프로그램을 꾸준히 개발하고, 대기업은 협력업체와 동반 성장의 기틀을 확고히 해야 하며, 중소기업 사장이나 직원들은 작지만 강한 기업을 만들기 위해 최선을 다해야 한다. 정부 지원금은 그림의 떡이 되고, 대기업은 상생보다는 몸집 불리기에 혈안이 되어 있으며, 중소기업은 미래보다는 눈앞의 현실에 몰입되어 있는 경우가 많다. 바꿔야 한다. 그러기 위해서는 피나는 노력이 필요하다. 공부하고 배워야 한다. 끌려 다니지 않으려면 말이다.

죽어가는 상권을 살린 〈백종원의 골목식당〉

사람 좋아 보이는 넉넉한 웃음과 짬뽕을 국물까지 한 번에 비워내는 모습에서 구수한 동네 아저씨 같은 느낌을 보이며 골목 음식점을 휘젓고 다니는 이가 있다. 바로 백종원 대표다. 〈백종원의 골목식당〉은 침체된 골목 상권에서 요식업 대표 주자인 백종원 대표가 코칭을 해줌으로써 각 식당의 문제점을 찾아내고 해결 방안을 제시하여 상권을 재생시킨다는 취지로 만든 프로그램이다.

하루 평균 3천 명이 식당을 개업하고, 2천 명이 폐업한다는 식당 사업에서 각 식당마다 갖고 있는 문제점을 전문가의 시각에서 분석하여 상권 특성에 맞게 해답을 제시하는 과정을 보면서, 단순히 TV 프로그램에서 벗어나 우리가 배워야 할 점들이 눈에 띄었다.

물론 방송 결과는 음과 양이 있다. 방송이란 강력한 매체를 통해 널리 전파되고 백종원 대표의 코칭을 통해 메뉴와 서비스가 개선되면서 고객들에게 인기 있는 식당으로 자리 잡은 곳도 있는 반면, 방송 효과가 3개월이 채 못 가고 다시 예전으로 되돌아간 식당도 있다. 한편 방송으로 인해 고객들의 발길이 늘어 건물주만 이득을 보는 것이 아니냐는 항변도 있다. 하지만 〈백종원의 골목식당〉은 예능 프로그램이다. 방송 프로그램은 흥미와 자극적인 요소를 담고 있다. 많은 시청자들이 관심을 가질 만한 흥미, 즉 오락적인 요소를 바탕으로 스토리를 더해 완성도를 높이는 것이다.

우리나라에는 많은 자영업 식당들이 있다. '먹방'이 트렌드로 자리매김하면서 음식에 대한 국민들의 관심도 높아졌다. 거기에 침체되어 있는 골목 상권을 살려보겠다는 취지로 진행된 〈백종원의 골목식당〉은 높은 호응도를 보이며 10%대의 높은 시청률을 기록하기까지 했다.

그림 4-9 〈백종원의 골목식당〉

매출이 없어 고생하는 식당에 '거리 심폐소생 프로젝트'라는 콘셉트로 리뉴얼시켜 손님이 늘고 기뻐하는 주인을 보면서 시청자들도 함께 기뻐했으리라.

자, 여기서 우리는 〈백종원의 골목식당〉이라는 프로그램을 통해 무엇을 얻을 것인가? 세상의 이치는 크게 다르지 않다. 문제점을 발견하고 해법을 찾아가는 프로세스는 각자가 처한 조건과 상황만 다를 뿐 그 원리는 일맥상통한다. 〈백종원의 골목식당〉은 식당이라는 아이템을 통해 외부 전문가의 시선에서, 객관적이고 전문적인 관점으로 상황을 분석하고 그들에게 자생할 수 있는 솔루션을 제공한다. 그리고 식당 아이템으로써만 아니라, 모든 자영업자나 일반 중소기업 사장님들에게도 적용 가능한 솔루션 프로세스라는 사실을 이해해야 한다. 우리는 〈백종원의 골목식당〉이라는 프로그램의 성공 여부나 결과를 떠나서 한 분야의 전문가가 전개하는 코칭 과정을 통해 어떻게 솔루션을 만들어가는지에 대해 집중해야 한다. 저마다 자기에게 활용할 수 있는 핵심 콘텐츠를 뽑아낼 수 있어야 한다.

먼저 잘되는 식당의 특징부터 살펴보자. 첫 번째로 그곳에서만 맛볼 수 있는 메뉴가 있다. 식당은 음식을 판매하는 곳이므로 무엇보다도 맛이 중요하다. 이때 다른 식당과 차별화된 맛을 갖추어야 고객들이 기억하고 다시 찾게 된다. 거리에 차고 넘치는 것이 식당이다. 남들과 같아서는 경쟁에서 이겨내기 힘들다.

메인 상권이 아닌 골목 상권으로 고객을 끌어들이려고 한다거나, 대형 프랜차이즈 가맹점과 경쟁하려면 '뭔가 다른' 메뉴로 승부해야 한다. 꼭 완전히 다른 메뉴일 필요는 없다. 해당 상권의 고객층이 새로움을 느낄 만한 참신함이 있으면 좋다. 일반 중소기업인 경우, 자본력과 기술력으로 무장한 대기업과 시장에서 경쟁하고 있다면 낮은 가격만으로 승부하는 것은 의미가 없다. 시장을 쪼개어 세분화시켜 비어 있는 고객을 공략해야 승산이 있다. 타깃에게 주는 새로움을 무기로 말이다.

두 번째로 차별화된 가격이다. 고기가 많이 들어 있고 국물 맛이 좋은 갈비탕이 가격이 비싸다면 전혀 놀라운 일이 아니다. 내용이 훌륭함에도 불구하고 가격이 낮을 경우 고객들은 호감과 만족을 느낀다. 백종원 대표 자신도 쌈밥과 삼겹살을 1인분에 9,000원에 팔던 것을 6,000원에 판매하면서 대박을 냈다고 한다. 가성비는 백종원 대표의 철학이자 핵심 콘텐츠다. 그러한 가격대를 형성하기 위해서는 원가 경쟁력을 확보해야 한다. 왜냐하면 가격은 마진과 연관성이 크기 때문이다.

적정 마진율을 확보하지 못하고 가성비를 추구하기 위해 가격을 낮추기만 한다면 운영에 문제가 생긴다. 따라서 품질 좋은 재료를 저렴한 가격에 확보하기 위한 우량 공급처를 발굴하고, 최대한 운영비를 낮추기 위한 노력이 수반되어야 가성비라는 콘텐츠를 얻을 수 있다.

세 번째로 독특한 맛이다. 같은 냉면이라도 그 식당만의 고유한 맛을 낼 수 있어야 한다. 신메뉴를 말하는 것이 아니라 동일 메뉴라도 주변 식당과 다른 맛을 갖고 있어야 한다는 것이다. 주로 여기에 스토리가 담기게 마련이다. 오랜 시간 시행착오를 거쳐 개발한 사장님만의 독특한 양념 비법이 있다든지, 다른 가게에서는 맛볼 수 없는 깊은 풍미를 내기 위해 전국을 돌아다니면서 연구하고 개발했다든지 하는 경우가 그것이다.

이제부터는 백종원 대표가 '성공하는 식당'을 위해 거론한 주요 전략에 대해 짚어보면서 어떻게 활용 가능한지에 대해 살펴보자.

백 대표는 가장 먼저 '기본'을 강조한다. 소비자에게 음식을 파는 장사는 만드는 정성과 음식을 대하는 자세가 중요하다고 말한다. 그런 기본자세도 없이 식당을 하는 것 자체가 잘못되었다고 한다. 쓰레기통을 뒤져서 경쟁자의 메뉴를 알아내려는 열정, 몇 십 년간 한 우물만 파면서 고객에게 최고의 맛을 선사하겠다는 집념 등이 바로 성공하는 식당이 갖추어야 할 요건이다.

우리 주위를 둘러보자. 음식을 만드는 사람이나 기술직 같은 직종에 종사하는 사람들은 땀과 열정을 한곳에 집중하고 연마한다. 회사에서 근무하는 회사원들은 어떨까? 열정이 있을까? 하고 있는 일에 대해 얼마나 많은 애정을 갖고 있을까? 나는 일을 하는 데 있어 기본이 가장 중요하다고 생각한다. 누군가를 평할 때 "기본이 됐다, 안 됐다"라는 말을 자주 한다. 그 기본이 무엇인가. 바로 일에 임하는 자세다.

과거 프로스펙스 상품기획 MD로 재직하던 시절, 신생 브랜드의 MD가 나와 일면식도 없는 관계임에도 갑자기 기획안을 보여달라고 연락해온 적이 있다. 황당했지만 그 MD의 일에 대한 열정을 인정하지 않을 수 없었다. 경쟁에서 이기기 위해 부끄러움이란 감정은 중요치 않았던 것이다.

대부분의 상품기획자나 MD들은 상품에 대한 본질을 파악하려고 하지 않는다. 아니, 구조적으로 파악할 수 없게 되어 있다. 하지만 기본을 모르면 응용하지 못한다. 창의성을 발휘하기도 어렵다. 경쟁이 치열하고 경기가 어려울수록 우리가 기본에 충실해야 하는 이유다.

두 번째로 메뉴를 집중화하는 것이다. 음식점에 가보면 고깃집임에도 불구하고 수십 가지의 메뉴가 있는 걸 볼 수 있다. 고객들은 말한다. "이 집에서 가장 잘하는 게 뭡니까?" 이런 말이 나오면 그 식당은 잘된다고 볼 수 없다. 메뉴가 많은 식당은 손님을 입맛대로 다 잡고 싶어서 그런 것이다. 하지만 고객은 그 식당을 기억하지 못한다. 기분에 따라 찾는 식당밖에 될 수 없거나 아예 갈 필요가 없는 식당이 될 수도 있다. 왜냐하면 수많은 식당 중에서 내가 먹고 싶은 메뉴가 불분명할 때, 우연히 그 앞을 지나갈 때만 선택의 순간이 오기 때문이다. 즉 고객이 기꺼이 찾아오는 식당이 되기 어렵다.

고객이 스스로 찾아오려면 명확한 메시지를 고객의 뇌리에 팍 꽂아야 한다. 고객들에게 "이 식당의 OO 메뉴는 정말 맛있어"라는 인식을 심어줘야 하고, 고객이 해당 메뉴를 생각했을 때 바로 떠오르는 식당이 되어야 성공한다. 또한 식당을 운영하는 측면에서도 필요하다. 아무래도 재료를 준비해야 하는 식당 입장에서는 메뉴가 적을수록 원가나 재료 준비에서 높은 효율을 얻을 수 있기 때문이다.

일반 유통사도 마찬가지다. 콘셉트에 의해 수많은 품목을 전개하는 경우를 제외하고는 같은 원칙이 적용된다. 고객의 뇌는 지쳐 있다. 수많은 매장과 상품들이 고객들을 흔들어대고 있기 때문이다. 그럴수록 단순화하려는 경향이 있다. 고객을 지치지 않게 하려면 보이는 상품의 수를 줄여야 한다. 그 안에서 명확한 콘셉트로 고객과 소통해야 고객의 반응을 이끌어낼 수 있다.

세 번째로 상권에 맞는 메뉴와 가격을 정하는 것이다. 대학가 상권과 오피스 상권은 엄연히 다르다. 사람들의 이동이 많은 중심 상권과 이동이 적은 상권 역시 다른 전략을 세워야 한다. 즉 처한 상황에 따라 고객을 바라보는 시각을 바꿔야 한다. 대학 상권은 주머니 사정이 여의치 않은 학생들 위주이므로 저렴한 가격대와 젊은 감각에 맞춘 참신한 아이디어 메뉴가 경쟁력이 있다. 중심 상권에서 벗어난 지역은 이동 동선을 바꿔서라도 어떻게든 고객을 끌어들일 수 있는 독특하고 차별화된 운영 전략이 필요하며, 타깃을 좁히고 그들의 욕구를 충족시켜야 한다. 그렇지 않으면 살아남기 어렵다.

한편 상권이 중요한 상점의 경우 철저히 경쟁 관점에서 바라봐야 한다. 반드시 가성비를 추구해야 하는 것은 아니다. 다른 점포들이 가성비에 집중해 있을 때, 고급화 전략을 추구해도 좋다. 남들과 다른 길을 걸어야 한다. 물론 음식의 맛은 기본이란 걸 잊지 말아야 한다. 제품의 기본은 품질이다.

상품기획 MD 업무에 있어서 가장 어렵고 중요한 것이 가격 결정이다. 가격에는 많은 의사 결정이 숨겨져 있다. 고객에게 구매 영향력을 미치는 가장 큰 요인이며, 회사의 마진과 밀접하게 연관되어 있고, 영업 전략에서도 중요한 역할을 하기 때문이다. 따라서 가격 결정을 할 때는 많은 내·외부의 환경적 변수를 고려하여 책정해야 한다. 그만큼 신중을 기해야 한다. 결코 대충 책정해서는 안 된다.

네 번째로 자신만의 레시피가 있어야 한다는 것이다. 유명하고 인기 있는 음식점을 보면 알 수 있다. "이 식당은 뭔가 맛이 달라"라는 평이 나온다. 바로 그거다. 다른 식당과 차별화된 맛과 분위기, 거기에 성공의 핵심이 있다. 물론 쉽지 않다. 쉽다면 누구나 다 성공하지 않겠는가. 고객이 인정하는 차별화된 레시피를 개발하기 어렵기 때문에 노력이 필요하고, 노력만으로 되는 게 아니기 때문에 열정과 끊임없는 도전 정신으로 헤쳐나가야 하는 것이다.

나아가 경쟁자를 면밀히 파악해야 나만의 레시피가 나온다. 백종원 대표는 어떤 메뉴를 개발하기 전에 기존에 잘하는 식당에서 맛을 보고 오라고 한다. 그 맛을 보고 분석해서 자신만의 레시피를 만들라는 것이다. 맛있으면 다 아닌가? 상품도 좋으면 그만 아닌가? 여기서 우리는 '나음'과 '다름'을 이해해야 한다. 기존보다 '나은 맛, 더 좋은 맛'은 고객을 끄덕이게 만든다. 하지만 기존과 '다른 맛, 없었던 맛'은 놀라움을 안겨준다. 관심이 증폭하고 스토리를 궁금하게 만든다. 주변에 공유하고픈 마음을 일게 한다. 그때부터 확산이 된다. 여기서 명심할 것은 자신만의 레시피, 즉 차별화는 긍정적인 것이어야 한다는 사실이다.

다섯 번째로는 변화에 순응해야 한다. 백종원 대표는 "요즘 소비자는 먼저 식당을 고르고 메뉴를 선택하는 방식에서, 메뉴를 먼저 선택하고 식당을 고르는 추세로 바뀌었다"고 말한다. 단순하지만 아주 큰 변화라고 생각한다. 과거에는 깨끗하고 맛있기로 소문난 식당에 들어가 자기가 먹고 싶은 메뉴를 선택했지만, 지금은 내가 먹고 싶은 메뉴라면 아무리 멀고, 구석진 곳에 있다 하더라도 찾아가서 먹는 시대다.

고객이 갖고 있는 정보의 질도 예전과는 확연하게 다르다. 인터넷의 세계에서는 얻지 못하는 정보가 거의 없다. 어제 방송에 나온 맛집은 다음 날이면 체험기와 함께 자세한 설명을 인터넷에서 찾아볼 수 있다. 맛과 서비스에 대한 평가도 다양하게 소개되어 있다. 고객은 자기에게 맞는 집을 선택하면 된다. 식당 선택의 주도권이 고객으로 넘어온 것이다. 그래서 식당은 철저히 고객 위주로 바뀌어야 한다.

기업도 마찬가지다. 기업이 생각하는 시장 변화의 속도보다도 고객들의 변화 속도가 더 빠르다. 그것을 아는 것이 시작이다. 기존에 해왔던 방식이 최선이라고 고집하지 말고, 고객의 변화를 예의주시해서 앞서 나가려는 노력을 해야 한다. 고객을 쫓아가지 말고 고객이 가려고 하는 곳에 미리 가 있으면 되는 것이다. 그러므로 고객과 시장을 끊임없이 관찰해야 한다.

하지만 대부분의 사장이나 상품기획자들은 대부분 '자기 안'에 갇혀 있다. 자기 시야에서 고객을 바라본다. '아마 고객은 이럴 것이야'라고 판단한다. 하지만 정말 그럴까? 중요한 것은 고객의 눈높이에서 바라봐야 한다는 점이다. 그렇게만 하면 많은 문제를 해결할 수 있다.

신흥 시장을 공략하여 시장 기회를 창출하다

나는 오랜 상품기획 경력과 다양한 유통 채널에 대한 정보를 갖고 있었기에 아이웨어 분야에서 새로운 지평을 열겠다는 각오로 자신만만하게 창업에 도전했다. 하지만 그 과정이 순탄치만은 않았다. 자본력과 인프라의 부족은 시장에서 차가운 결과로 돌아왔고, 준비가 부족한 상황에서 생산한 상품들은 결국 과다재고로 남고 말았다. 내 경력에 대한 오만과 '선글라스는 상품만 좋으면 온라인에서 잘될 것'이라는 편견이 회사를 위기로 내몰았다.

결국 온라인 시장에서 성공하려면 소비자가 반응할 만한 새로운 콘셉트가 필요하다는 사실을 깨닫고, 내부 토의를 거쳐 한 가지 아이템을 검토하기로 하였다. 바로 '블루라이트 차단 안경'이었다. '블루라이트'는 가시광선 영역 내의 단파장의 푸른빛으로, 스마트폰이나 컴퓨터 모니터에서 화면을 보다 선명하게 만들 때 발생하는 유해한 광선이다. 블루라이트 차단 안경은 이를 차단해주는 기능성 안경이다. 생소하기는 하지만 이미 일본에서는 큰 시장을 형성하고 있었고 국내에는 조금씩 알려지기 시작한 아이템이었다.

먼저 시장성을 판단하는 것이 급선무였다. 비록 일본에서는 큰 성공을 거두었다 해도 국내 실정과 맞는지 판단해야 했다. 먼저 소비자 조사를 했다. 온라인 설문지를 작성하여 지인들에게 모니터를 부탁하고, 정량조사를 실시했다. 국내에서 해당 아이템을 전개하는 업체들과 상품을 분석하고, 시장에 어떻게 유통되고 있는지 조사했다.

다방면으로 시장조사를 하여 가능성이 있다는 결론을 내렸다. 큰 시장은 아니어도 시장에 독보적인 기업이 자리 잡지 않았고, 아직 많은 소비자와 소매유통에서 인지를 못하고 있어 노력하는 만큼 성과를 거둘 수 있으리라는 확신이 있었다. 무엇보다도 아이템의 가치가 라이프스타일형 상품이라는 점이 강하게 와닿았다. 우리 일상생활이 스마트폰이나 컴퓨터를 떠나서는 한시도 살 수 없는 시대가 아닌가.

대한민국 스마트폰 보유율이 95%를 점유하고 있으며, 스마트폰 중독이라는 말이 익숙할 정도로 스마트폰은 우리 일상생활에 깊숙이 들어와 있다. 지하철을 타면 열 명 중 절반 이상은 스마트폰에 눈을 고정하고 있는 걸 어렵지 않게 볼 수 있다. 그리고 업무 환경에서도 컴퓨터 작업을 빼놓을 수 없다. 사무직 근로자들은 하루 열 시간 이상을 모니터와 씨름하는 경우도 있다. 이로 인해 각종 안구 질환과 수면 부족으로 인한 피로도 증가가 우리 삶에 악영향을 미치고 있다. 한마디로 많은 사람들의 니즈를 충분히 이끌어낼 수 있는 아이템이라 생각했다.

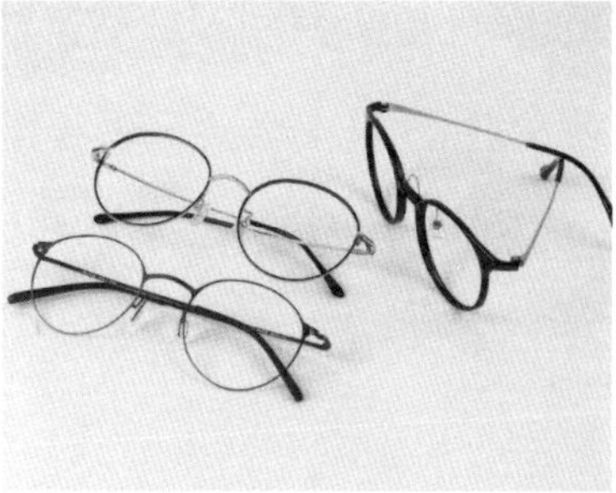
그림 4-10 블루라이트 차단 안경 '헐리'

어느 정도 시장성을 판단한 뒤에 시장 진입 전략을 수립했다. 온라인상에서는 도수가 있는 안경을 판매하기에 어려움이 따랐으므로 무도수 안경을 취급할 수밖에 없었다. 그래서 대상은 안경을 쓰지 않는 사람과 라식·라섹 시술을 한 사람으로 좁혔고, 시력보호용 기능성 안경으로 콘셉트를 잡았다.

하지만 이것으로는 너무 약했다. 차별점이 없었다. 마침 앞서 일반인을 대상으로 한 사전 설문조사 내용 가운데 '안경 구매 시 렌즈에 대한 신뢰성을 높이 고려한다'는 내용이 떠올랐다. 거기에 착안해서 소비자들에게 어필할 만한 키워드가 무엇인지 조사하기 시작했다.

그러던 중 우연히 국내 의료기기 회사에서 생산하는 기능성 렌즈를 알게 되었다. 해당 회사는 미국 수출 위주로 운영했는데, 미국 식품의약국(FDA) 인증 절차까지 거쳐 신뢰성을 확보하고 있었다. 게다가 기존의 블루라이트 차단 렌즈가 약간 노란색을 띠는 데 반해, 이 렌즈는 투명해서 일상생활에서도 부담 없이 사용할 수 있는 장점이 있었다. 또한 방탄렌즈라 불릴 정도로 충격에 강한 소재였다. 국내에서는 희소성이 있는 상품이었다. 그러다 보니 렌즈 단가가 고가여서 안경 상품 원가가 높아질 우려가 있었다. 하지만 눈 건강을 위한 상품이었기에 품질을 포기할 수는 없었다. 가격 경쟁력을 고려하면 중국산 저가 렌즈를 사용할 수도 있었으나 결국 가격보다는 소비자의 안전을 우선 생각하기로 했다.

마켓 테스트를 위한 초도 물량이 완성되어 유통 타깃을 설정하였다. '블루라이트 차단 안경' 아이템은 소비자들에게 생소하기 때문에 널리 알리는 게 관건이었다. 소비자에게 인지만 된다면 구매력이 높을 것으로 판단했다. 그래서 각종 온라인 MD들과 오프라인 유통을 공략하기 시작했다. 온라인 쇼핑몰 중 아이디어가 반짝이는 상품 위주로 유명한 펀샵(FUNSHOP)과 미팅한 결과 2016년 8월 첫 론칭을 했다.

기대 이상의 반응이 돌아왔다. 오픈 2주 만에 1,600만 원을 판매하였다. 어찌 보면 작은 매출이지만, 국내 시장에서 블루라이트 차단 안경 아이템의 시장성이 낮고, 창업한 지 1년도 안 된 신생회사 입장에서는 굉장히 놀라운 매출이었다.

펀샵에서의 성공적인 판매 반응과 고객들의 긍정적인 후기를 발판으로 영업을 확대하였다. 대형 오픈마켓이나 백화점 등의 종합 몰에도 입점이 순조롭게 진행되었으며, 오프라인 쪽도 공략하기 시작했다.

하지만 입점이 확대되어도 매출이 크게 오르지 않았다. 고객들이 아직 '블루라이트'에 대한 인식이 부족했고, 안경 미착용자가 안경을 쓰는 것에 대한 부담감이 있었던 것이다. 매출이 오르지 않은 상황이 지속되었지만, 포기하지 않고 신상품을 계속 출시하면서 널리 알리는 데 온 힘을 다했다.

자본이 넉넉하지 않았기에 비싼 광고비를 들여 홍보하기보다 내 역량에서 부지런히 발품을 팔았다. 처음에는 모델과 전문 사진작가를 고용하여 제품을 촬영했으나, 곧 비용 부족으로 내가 직접 사진촬영 기법을 배우고 사무실에 간이 스튜디오를 만들어 직접 촬영과 온라인 상품 페이지를 제작했다. 그리고 유명 안과병원에도 찾아가서 홍보하고, 게임협회에 연락해 게이머들의 눈 건강을 모토로 제품을 소개하기도 했으며, 일반 안경원도 찾아다녔다. 온라인 강의로 유명한 학원 대표님도 만나서 설명할 기회를 가졌고, 대형할인점에서 테스트 판매도 해보았다.

얼마 지나지 않아 노력한 결과가 서서히 나타나기 시작했다. 그다지 알려지지 않은 작은 회사 제품을 대기업 아동 교육회사에서 관심을 보여왔다. 국내 1등 드러그스토어에서 상품을 취급하고 싶다는 연락도 받았다. 그리고 차별화된 가치를 추구하는 전문 온라인 쇼핑몰에서 입점 제안도 받았다. 아직은 진입 시장이라 매출 규모는 미약했지만, 언젠가는 성공할 수 있다는 자신감이 생겼다.

온라인에는 수만 가지 상품이 넘쳐난다. 그 가운데 소비자가 관심 가질 만한 상품은 몇 안 되는 것이 사실이다. 소비자가 관심 갖게 만들기 위해서는 차별화된 상품을 개발하고 마케팅하는 데 총력을 기울여야 한다. 소비자가 관심 갖게 만드는 것이 첫 번째요, 구매를 결심하게 하는 것이 두 번째고, 마지막으로 사용 후 만족도에 대한 입소문이 널리 퍼지는 것이 일반적인 상품화 성공의 원칙이다.

나는 제품 콘셉트를 '디지털 라이프로부터 스마트하게 눈을 지켜주고, 스마트 룩을 완성시켜주는 안경'으로 정했다. 새롭고 긍정적인 이 콘셉트는 많은 바이어(MD)와 소비자들로 하여금 관심 갖게 하였으며, 만족스러운 품질은 사용 후 개선 효과를 보았다는 피드백으로 이어져 주위에 널리 소개되는 등 소비자가 늘어나는 결과를 낳았다.

창업을 하고 인터넷 판매를 시작한 이유는 나 나름대로 이루고 싶은 목표가 있었기 때문이다. 그 목표를 달성하기 위해서는 인터넷 비즈니스 경험이 필요했다. '블루라이트 차단 안경' 아이템은 접근하기 쉬운 아이템이 아니다. 그렇기 때문에 노력 대비 얻은 매출이 크지 않았다. 하지만 이 상품 덕에 나는 인터넷 유통에 대해 많은 정보와 경험을 얻었고, 새로운 시장 기회도 찾았다. 온라인 시장의 영역을 넓히는 데 중요한 발돋움이 된 것이다. 즉 매출 이상의 효과를 얻은 것이다. 이러한 노하우를 통해 다른 아이템에 응용하여 매출을 늘려갈 수 있으리란 자신감을 얻은 것이 가장 큰 수확이 아닐까 생각한다.

부도 직전의 회사를 살리다

나는 창업 2년 차에 새로운 도전을 시작했다. 오랜 지인이 운영하던 회사가 부도 위기에 몰려 회사를 살리는 일을 맡았다. 양말을 제조하는 회사였는데, 해외 유명 브랜드에 20년간 안정적으로 납품을 해왔다. 그러던 중 매출의 80%를 점유하던 브랜드와 한순간에 거래가 끊기게 되었다. 안정적인 생산력과 우수한 품질, 그리고 각종 특허를 보유한 개발력이 있었지만 경쟁에서 밀리고 만 것이다.

이유는 많겠지만 결론적으로 이 회사와 거래를 안 하면 안 될 이유가 절대적이지 않았다. 즉 안정적 거래를 확보할 무기가 없었다. 더욱이 오랜 기간 안정적인 거래 구조에 마음을 놓은 나머지 새로운 시장 변화에 대응할 준비를 미처 하지 못했다. 결국 회사는 생사의 갈림길에 놓이게 되었다.

회사 대표와 며칠 동안 논의를 하였다. 그래도 회사는 살려야 했으므로 제조만 진행하던 기존 운영 방식에서 탈피하여 제조의 노하우를 기반으로 유통회사로 변모하기로 합의했다. 기획과 영업은 내가 맡기로 했다. 이렇게 결정한 요인은 오랜 경험으로 쌓은 정보력 덕분이었다. 회사 생존의 필요성만 가지고 일을 추진할 수는 없었다. 나는 유통업을 하면서 터득한 정보에 양말이라는 아이템을 적용해서 가능성을 타진해나가기로 했다.

1. 시장을 살펴보다

먼저 양말 시장을 세밀히 분석하였다. 브랜드 OEM 시장은 10년 전과 비교해서 규모가 많이 위축되어 있었고, 그나마 특정 업체들이 본사와의 관계성에 기반을 두고 자리 잡고 있어 접근 자체가 쉽지 않았다. 게다가 양말은 관여도가 낮은 품목이기 때문에 구매 시 가격이 중요했고, 대형마트나 창고형 할인점에서 전개하는 콘셉트에도 부합해야 했다.

다음으로 양말은 소비 트렌드의 핵심 채널인 온라인 거래가 상당히 활발하게 이루어지고 있었다. 온라인 시장은 콘셉트를 앞세운 전문 브랜드 시장과 초저가로 판매하는 저가 시장으로 양분되어 있었는데, 진입 장벽은 낮은 반면 차별화하지 않으면 성공하기 쉽지 않은 구조였다. 재래시장도 있었지만 이 시장은 정보가 부족하여 아예 제외하고 가능한 시장 공략에 주력하기로 했다.

그런데 주요 시장을 분석하다 보니 모든 거래가 그렇듯이 나만의 무엇, 즉 차별화 요소가 없으면 경쟁에서 이길 수 없음을 다시 한 번 깨닫게 되었다. 과거에는 인맥을 동원한 영업이 대부분으로, 대형 유통에 납품을 하거나 브랜드에 협력업체로 등록되어 거래를 성사시키는 경우가 많았으나 지금은 그렇지 않다. 실력이 있어야 한다. 매출이라는 결과는 소비자의 판단에 의해 이루어지고 소비자가 원하는 상품을 개발할 능력이 있어야 거래가 이루어지기 때문이다. 남들처럼 잘하는 게 아니라 남들보다 월등히 잘해야 거래를 성사시킬 수 있다. 결코 쉽지 않다.

2. 무기를 개발하다

첫 출발은 바이어와 소비자의 관심을 확 끌 만한 신선한 아이디어 상품 개발이었다. 관심은 중요도가 높은 상품군에서 더욱 크게 발휘되기 마련이다. 구색 품목보다는 주력 품목이, 정체된 품목보다는 성장하는 품목에 더 많은 관심을 가질 수밖에 없다. 그래서 양말 카테고리 내에서 매출 비중이 높으면서 성장하고 있는 품목을 찾아보았다. 바로 덧신(페이크삭스)이었다. 덧신 양말은 스니커즈 슈즈의 시장 확대, 다리가 길어 보이는 롤업 스타일의 유행 트렌드와 여름이 길어진 기후적 요인이 맞물려 폭발적인 성장세를 보이고 있었다.

품목을 선정한 다음에는 콘셉트를 설정하기 위해 키워드를 찾기 시작했다. 덧신이 여름의 대표적 상품이고, 여름이라는 요인을 고려하여 관련 키워드를 집중적으로 살펴보았다. 휴가, 수영, 다이어트, 쿨, 래쉬가드 등 다양한 키워드들이 나왔다. 브랜드 시장을 살펴보니 시원함을 강조하는 냉감 티셔츠를 집중적으로 광고하여 고객을 모으고 있었다. 아이디어를 확대하기 위해 일본으로 시장조사를 갔는데, 냉감 헤어밴드와 냉감 내의 등이 다양하게 출시되어 있는 걸 보고 '시원한 양말'을 만들기로 콘셉트를 정했다.

그러던 중 우연히 언더웨어와 팔토시에 적용된 접촉 냉감 상품을 발견했다. 접촉 냉감이라 함은 신체에 접촉 시 높은 열전도율로 인해 열이 섬유로 이동함으로써 시원함을 느끼게 해주는 기능이다. 만지면 놀랄 정도로 시원함을 주는 상품이다. 그리고 그 원사를 취급하는 곳이 유니클로의 에어리즘 원단을 생산하는 일본 대기업이라는 것을 확인하고, 국내 지사와 미팅하여 샘플 개발을 진행하였다. 국내에서는 최초 시도였다. 의류나 토시, 침장류에는 사용되었지만 양말은 아직 상품화된 적이 없었다.

개발을 시도하면서 두 가지 어려움에 봉착했다. 일단 원사 가격이 너무 고가라 원가가 높아진다는 것이 문제였다. 다음으로 워낙 민감한 소재라 고온 가공의 한계가 있었다. 그래서 가격 문제는 대체 가능한 국내 소재업체를 발굴하였고, 가공 문제는 수차례의 시도 끝에 상품화가 가능한 수준까지 도달할 수 있었다. 개발을 시작한 이래 6개월이 걸렸다.

3. 유통을 시작하다

2018년 6월에 접촉 냉감 양말로 대형마트에 입점과 동시에 첫 납품을 했다. 사전 내부 품평도 좋았으며, 테스트 판매 결과도 양호했다. 더욱이 이 상품이 널리 알려지면서 다른 기회도 얻었다. 유명 장갑 회사에서 제품 개발을 요청해온 것이다. 장갑에 냉감 기능이 필요하던 차에 우리 상품을 보고 아이디어를 얻었다고 했다. 그리고 유명 스포츠 브랜드에서도 납품 요청이 들어왔다.

그 밖에 온라인 비즈니스도 전개하기로 했다. 인터넷 쇼핑몰 MD에게서 상품에 대한 의견을 받았는데, 진행하면 판매가 좋을 것이라는 답변이 왔다. 그뿐만이 아니라 드러그스토어나 편의점, 패션 액세서리 전문점 등 공략 가능한 유통들이 많았다. 유통 채널별로 상품 전략을 세워 접근하면 충분히 가능할 것이다.

이 상품은 철저히 절실함에서 나왔다고도 해도 과언이 아니다.

만일 회사가 안정적인 매출을 유지하고 있었으면 시도하지 못했을 것이다. 그만큼 어려움이 많았고 새로운 시도였다. 개선되어야 할 부분이 많기 때문에 아직도 완성도를 높이기 위해 연구 중이다. 접촉 냉감 양말이 성공할 수 있었던 요인은 기존에 없는 새로움과 트렌드를 반영하여 상품에 녹여낸 콘셉트가 소비자(혹은 바이어)에게 관심을 얻은 덕분이다. 그 관심은 시장 진입이라는 성과로 이어졌고, 앞으로는 시장 확산을 위해 후속 작업도 진행해야 한다.

내가 개발한 접촉 냉감 덧신 양말은 아직 상품적으로 보완해야 할 요인이 많기 때문에 큰 매출을 기대하기는 어려운 상황이다. 하지만 단순하게 상품 자체의 매출만으로 평가해서는 안 된다. 이 양말은 대형마트 입점을 위한 무기가 되었고, 회사의 개발력을 인정받을 수 있는 단초가 되었으며, 무엇보다도 부도 위기에서 회사의 생존을 위해 새로운 시장으로 전환하게끔 해준 원동력이 되어주었다. 이를 계기로 앞으로 계속 새로운 차별화 상품을 추가해나간다면 이 회사는 다른 양말 회사와 다른 기업으로 인식될 것이다. 그러면 시장에서 경쟁력 우위가 확보될 것이며, 매출 기회는 더욱 높아질 것이라 확신한다.

핵심 포인트 이것만은 기억하자!

• 변하지 않는 성공 방정식은 상품에 가치를 담아 소비자들이 놀랄 만큼 파격적인 가격을 제시하는 것이며, 이는 소비자의 비용을 줄여주면서 이익을 제공함과 동시에 정서적 만족을 주는 콘셉트로 진행되어야 한다. 또한 가격 파괴는 생산력 향상에 따른 원가 파괴를 통해 실현 가능하며, 소비자가 관심을 가질 만한 카테고리여야 효과가 높다.

• 시장은 넓고 할 것은 많다. 우리가 알고 있는 현상에만 집중하지 말고 시야를 넓혀 다양한 관점에서 시장을 바라봐야 한다. 그래야 사고의 폭이 확장되고 남들보다 먼저 기회를 잡을 수 있다. 그리고 시장의 흐름을 읽는 혜안을 가져야 한다. 트렌드를 읽되 따라가지 말고 앞서가라. 따라가면 선두에 설 수 없다. 그 흐름을 미리 읽고 앞서가라. 가장 좋은 것은 트렌드를 창조해내는 것이다.

• 성공의 실마리는 히트 상품에 있다. 히트 상품은 소비자의 뇌리에 착 달라붙는 메시지 전달이 중요하다. 네이밍에서부터 드러나는 이미지까지 소비자와 쉽게 커뮤니케이션할 수 있고 전파될 수 있도록 전략적으로 구상해야 한다. 가격으로 놀라게 하고, 품질로 만족시키며, 콘셉트를 담아 전파해라.

• 항상 새로운 것만이 각광받는 것은 아니다. 기존의 것을 다른 시각으로 재정의하면 이 또한 새로운 것이 된다. 고객이 원하는 속성으로 아이템을 재정의하고, 가치 부여와 차별화가 더해지면 또 다른 시장이 형성될 것이다.

• 기업이나 자영업자가 성공하기 위해서는 가장 먼저 기본을 갖추어야 하며, 선택과 집중의 논리로 단순화하고, 시장에 맞는 운영 전략을 수립해야 하며, 차별적 우위를 확보하고, 변화에 순응하는 자세가 중요하다.

5장

히트 상품을 개발하기 위한 5가지 원칙과 마케팅

성공하는 상품을 개발하기 위해 두 가지 관점, 즉 고객의 '관심'을 끌고, '만족'시키는 방법에 대해 5가지 요인으로 나누어 정리하였다. 성공하는 상품은 소비자에게 새로움을 느끼게 하여-관심을 유발하고-욕구를 자극하여 구매로 연결시키며-경험의 만족이라는 과정을 거치게 되면-주위에 입소문을 내어 확산시키는 경로를 거친다.

제품 구매에 있어 소비자가 구매를 결정하기까지 발생하는 의식의 흐름을 나타내는 이론, 이른바 경제학자 롤랜드 홀(Rolland Hall)이 주장한 소비자구매행동의 5단계인 주의(Attention)-관심(Interest)-욕구(Desire)-기억(Memory)-행동(Action)의 원칙을 기준으로, 인터넷의 발달로 쌍방향 커뮤니케이션이 활성화된 현 시대의 특성을 반영하여 열 배 더 팔리는 상품을 개발하기 위해 필요한 원칙으로 재구성하였다.

이 장에서 거론한 5가지 원칙은 대부분의 히트 상품에서 나타나는 공통의 현상이며, 마케팅적 사고를 기반으로 머천다이저가 고려해야 할 상품화적 요소를 함께 설명하고 있으므로, 저마다 각자의 영역에서 응용한다면 더욱 발전된 결과가 나올 수 있으리라 확신한다.

원칙 1. 새로움을 전달하라

지금 온라인 쇼핑 화면을 한번 보시라. 스크롤하기에 버거울 정도로 엄청나게 많은 상품들이 자기를 봐달라고 아우성치고 있다. 주말에 백화점이나 쇼핑몰에 가보면 빼곡히 들어선 매장마다 상품들이 한가득 진열되어 있다. 갖가지 상품이 쓰나미처럼 시야에 들어온다. 길거리에는 음식점들이 차고 넘친다. 핫플레이스라고 소문난 곳에 가보면 비슷비슷한 가게들이 우후죽순 들어서 있어 어디를 들어가야 좋을지 판단이 잘 안 선다. 결국 소문난 집을 검색해서 찾아 헤맨다.

이러한 현상들을 보면서 여러분은 어떠한 생각이 드는가? 고객 입장이라면 '이 많은 상품들 가운데 어떤 상품을 사야 하나? 어느 음식점을 들어가야 실패하지 않을까?'라는 생각을 할 것이다. 반면 제조-판매자 입장이라면 '어떻게 하면 내 상품이 소비자들의 눈에 띄게 할 수 있을까? 내 가게로 찾아와주면 좋겠는데' 하는 고민을 할 것이다. 그런데 아이러니하게도 소비자 입장에서는 다 비슷비슷해 보이고, 제조-판매자 입장에서 자사 상품이나 서비스는 확실히 다르다고 느낀다. 누가 옳은 것일까?

초경쟁 산업사회에서 고객들은 항상 새롭고 다른 무언가를 찾는다. 왜냐하면 구별하기 어려울 만큼 많은 상품들로 넘쳐나기에 판단의 뇌가 마비 상태가 되어 더욱 신선한 자극을 원하기 때문이다.

그렇다. 이제는 다르지 않으면 외면당하는 시대다. 기존 제품과 유사하다면 고객은 애써 다른 장점을 찾아내려고 애쓰지 않는다. 제조-판매자 측에서 아무리 노력을 해도 고객이 판단할 때 새롭지 않으면 선택받기 어렵다. 고객에게 확실한 새로움을 제안해야 내 상품, 내 매장을 찾는다.

열 배 더 팔리는 상품을 개발하기 위해서는 무엇보다 고객이 눈길을 돌리게 만드는 새로움이 있어야 한다. 묻혀 있는 보석은 가치가 없다. 일단 고객 눈에 띄어야 상품을 제대로 보여줄 수 있지 않겠는가. 이제부터 새로움에 대해 구체적으로 알아보자.

여러분은 무엇을 새롭다고 느끼는가? 포장 용기가 바뀌었을 때, 기능이 추가되었을 때, 이제껏 보지 못한 상품이 나왔을 때, 애초 개발 의도와 다른 용도로 고객에게 어필될 때 등 다양한 형태의 새로운 감정이 생겨난다.

우리의 일상생활에서 없어서는 안 될 품목인 스마트폰도 최초는 IBM의 사이먼이라는 모델이었지만 금방 자취를 감추어버리고, 그 뒤에 아이폰이 개발됨에 따라 본격적인 스마트폰 시장이 열렸다. 혁신의 아이콘과도 같은 아이폰이 문을 연 스마트폰 시장은 우리의 라이프스타일을 완전히 바꾸어놓았다. 새로운 상품이 만든 가치가 새로운 시장을 연 것이다.

우리는 항상 새로운 상품이나 서비스를 접하고 산다. 열 배 더 팔리는 상품을 개발하려면 강력한 새로움으로 무장해야 한다. 그렇다면 사람들은 어떨 때 강력한 새로움을 느낄까? 바로 예측하지 못했을 때다. 예측하지 못했을 때 놀라움을 느낀다. 놀라울 정도로 큰 새로움을 던져야 고객이 반응한다. 그 놀라움은 우리가 아는 규칙이 파괴되었을 때 발생하고, 그것을 이해하면 만족을 느끼게 된다.

중요한 것은 그 놀라움이 긍정적이면서도 고객이 얻을 수 있는 가치가 함께 있어야 한다는 것이다. 이는 곧 사람들의 관심과 흥미를 불러일으키는 작용을 한다. 에어프라이어는 '튀김 요리는 기름에 한다'는 규칙을 파괴했으며, 기름 없이 튀길 수 있다는 것도 놀라운데 간편하고 맛도 훌륭하며 기름에 튀기는 것보다 덜 해롭다는 인식을 심어주었다. 그렇기 때문에 고객이 열광한 것이다.

그렇다면 어떤 경우에 고객은 예측하지 못할까? 바로 지식의 공백이 생겼을 경우다. 지식, 즉 정보가 없으면 당연히 예측할 수가 없다. 소비자는 공기로 튀김 요리를 할 수 있으리라고는 생각지 못했을 것이다. 동력으로 움직이는 이동 수단이 나왔을 때 마차를 타던 사람들은 놀랄 수밖에 없었다. 갑자기 '훅' 하고 들어온 놀라운 감정은 우리의 추측 기제가 실패했음을 인정하고, 새로움을 학습하기 위해 관심을 집중한다. 이러한 지식의 공백을 찾아야 한다.

지식의 공백을 파고드는 놀라움은 기술의 발전과 연관된 경우가 많다. 단, 명심해야 할 사실이 있다. 예측하지 못하는 상황에서는 놀라움을 느끼지만(물론 긍정적인), 그 예측하지 못하는 상황 또한 예측 가능하다는 것이다. 그 이유는 모든 상품은 히스토리를 갖고 있으며, 그 히스토리는 사람의 욕구 충족을 기반으로 하기 때문이다. TV(television, 어원은 그리스어로 '멀리'를 뜻하는 'tele'와 라틴어로 '본다'를 뜻하는 'vision'이 합쳐진 단어)의 역사를 보면, 1897년 브라운관이 개발된 이래 계속 발전해오다가 평면 디스플레이가 나오고, 현재는 둘둘 말리는 TV까지 나왔다.

사람들은 끊임없이 사용하기 편리하고 실용적인 것을 추구한다. 그 욕구를 충족시키기 위해 아이디어와 기술력이 힘을 합쳐 새로움을 만들어낸다. 만일 정글에 오랫동안 살던 사람에게 지금의 TV를 보여준다면 놀라움이 아니라 생소한 감정이 들 것이다. 사람들은 히스토리를 알고 있기에 더욱 놀라움을 느끼고, 우리는 그것을 예측할 수 있어야 한다. 그래야 히트 상품이 된다.

그림 5-1 새로움을 준 상품들: 꼬꼬면, 자이글, 에어프라이어, 아이폰

다른 측면에서 새로움을 살펴보자. 카를 마르크스(Karl Marx)는 상품의 가치를 인간의 필요나 욕구를 충족시키는 재화의 유용성을 나타내는 사용 가치(use value)와 상이한 가치를 지닌 상품들 간의 교환 비율을 나타내는 교환 가치(exchange value)라는 두 가지 형식으로 설명했다. 하지만 이제는 수많은 상품과 서비스 가운데 상호 비교하여 특별한 것을 선택하게 만드는 선호 가치(preference value)가 중요하다. 즉 고객에게 선택받기 위해서는 선호 가치를 만들어내는 차별화를 도출해야 한다.

서로 유사한 상품들은 아주 작은 차이를 고객에게 '어떻게 인식시키느냐'를 통해 차별화가 결정된다. 기술의 발전 속도와 정보의 공유 확대는 시장에 참여하고 있는 모든 경쟁자들 간에 근본적인 차이를 만들기 어렵게 한다. 완전히 새로운 것을 찾기보다는 작은 차이를 제대로 발견해내 고객의 마음을 흔들고, 그 파장이 시장의 판도를 바꿀 수 있도록 만드는 것이 차별화의 핵심 원리다.

상품기획과 마케팅은 엄연히 다르다. 상품기획은 잘 팔릴 수 있는 제품을 기획하는 것이고, 마케팅은 고객의 구매 욕구를 불러일으켜 지갑에서 돈을 이끌어내는 역할을 한다. 마케팅을 한마디로 설명한다면 고객의 선택(choice)을 끌어내는 작업이라 말할 수 있다. 상품을 기획할 때 마케팅 차원까지 고려한다면, 고객이 차별화를 인식할 수 있을 정도로 작은 차이를 상품 요소에 심어주어야 상품을 성공시키는 열쇠가 될 수 있다.

차별화는 고객에게 각인시키는 노력이 필요하다. 눈에 보이는 실제적인 차이에 집중하기보다는, 인식의 차이를 어떻게 만들어내느냐가 더욱 중요하다는 것을 이해해야 한다. 경쟁자들이 쉽게 따라오지 못하게 하려면 인식의 차이를 만들어내야 한다.

차별화의 시작은 기존의 틀에서 벗어나 다르게 생각하는 것에서부터 시작한다. 상품을 재정의하여 경쟁을 다른 관점에서 보는 것이다. 일본 시계 브랜드 '놋또'는 시계라는 아이템에 대해 시간을 보는 기능적 시각에서 패션으로 관점을 바꾸어 커스터마이징 시스템을 발전시켰으며, '레드불'은 자양강장제 시장에서 에너지드링크라는 영역을 구축하여 성공하였다.

"경쟁하지 말고 차별화하여 독보적인 1인자가 돼라"는 말이 있다. 레드오션에서 벗어나 블루오션을 개척하라는 말이다. 나 혼자 가는 길을 만들어 맨 앞에서 가는 것이다. 경쟁이 치열한 시장에서 우위를 확보하는 데 많은 노력과 비용이 든다면 관점을 바꾸어 새로운 영역을 개척하는 전략으로 방향을 전환해야 한다.

관점의 변화를 고려할 때 가장 먼저 기업이나 상품이 아닌, 고객이 원하는 가치의 기준을 생각해보자. 고객이 전동드릴을 구입할 때는 기업이나 상품의 기능 자체만을 보고 구입하지 않는다. 고객은 필요한 상황을 고려하여 구매를 결정한다. 예를 들면 전동드릴은 공사 현장에서 사용될 수도 있지만, 딸 방에 예쁜 커튼을 달기 위해 구입할 수도 있다. 홈데코 시장을 겨냥하기로 목표를 세운다면 제품 콘셉트 자체를 바꾸어야 한다. 이렇듯 고객이 요구하는 '상품'이 먼저가 아니라 고객이 요구하는 '가치'를 우선적으로 생각하는 것이 필요하다.

그다음으로 상품이 고객에게 전달하고자 하는 핵심 가치를 구체화해야 한다. 고객이 원하는 가치를 알았다고 해도 상품의 핵심 가치, 즉 콘셉트를 정하는 것은 쉬운 일이 아니다. 많은 시장조사와 면밀한 분석을 통해 핵심을 잡아야 하며, 사전 검증도 거쳐야 한다. 이런 과정을 통해 도출된 콘셉트는 명확한 차별화의 원동력이 된다.

영국의 경제학자 조지프 슘페터(Joseph Schumpeter)는 "혁신은 세상에 없던 것을 만드는 것이 아니라, 기존에 존재하는 것들의 새로운 조합으로 가치를 높이는 생각 전환의 활동이다"라고 말했다. 제4차 산업혁명 시대에 기업이 생존하기 위해 필요한 것은 관점의 변화를 이끌어낼 수 있는 다양한 생각과 자세다. 구성원들이 저마다 생각하는 힘을 기르고 혁신을 받아들이는 자세를 갖추어야 창의적 혁신이 가능해진다.

원칙 2. 관심을 갖게 하라

'관심'은 사전적 의미로 '어떤 것에 마음이 끌려 주의를 기울인다'는 뜻이다. 상품이나 서비스 혹은 매장을 본 순간 어떠한 특징적 요인에 의해 마음이 끌리는 상태이며, 주의해서 관찰하는 행동을 유발하는 것이 '관심'의 단계다. 이는 지향성(志向性)을 나타내는 말로, 의식이 어떤 대상으로 향하는 작용을 의미한다.

영어로는 'interest'라고 하는데, 이 단어는 이익이라는 의미도 함께 가지고 있다. 의식이 향하는 대상으로서의 관심에서 파생한 뜻이다. 즉, 어떠한 현상에 관심을 갖는다는 것은 이익을 추구하는 특성이 반영되어 있는 것이라고도 해석할 수 있다. 이러한 관심을 상품기획 측면에서 알아보자.

환경오염, 반려동물, 고독사, 부동산, 증권, 한반도 비핵화, 한류 등 수많은 화젯거리들이 최근 '관심'을 끌게 하는 키워드들이다. 얼마나 많은 사람들이 '관심'에 집중하고 있으면 '관심 종자'라는 말까지 나왔을까 하는 생각이 든다. 현재 모든 미디어는 어떻게, 얼마나 관심을 끄느냐에 집중되어 있다. SNS는 타인과의 공유를 통해 '관심'을 끌기 위한 목적을 가지고 있고, 모든 기업들은 집중적으로 SNS에 광고를 쏟아붓고 있다. TV 프로그램 역시 시청자들에게 보다 자극적이고 새로운 관심거리를 찾아 프로그램을 기획하고 있다. 마찬가지로 광고나 카피 문구도 모두 고객의 관심을 끌기 위한 노력이다.

'관심'이 단순히 '관심'에만 그친다면 무의미하다. 앞서 말한 대로 관심은 주의를 필요로 하며, 사람들은 관심이 생겨야 주의해서 살펴본다. 그러면 어떻게 해야 하는가? 바로 이익을 담아야 한다.

여러분은 거리에서 접하는 수많은 광고물들을 보면 어떤 것이 기억에 남는가? 나에게 효용적 가치가 있는 광고만이 남을 것이다. 고3 수험생을 둔 학부모는 성적을 올려준다는 광고가 눈에 띌 것이며, 다이어트에 관심이 있는 20대 여성은 체형 관리 광고가 기억에 남을 것이다. 관심은 고객이 스쳐 지나가지 않고 주의를 집중하게 만든다. 호기심과 관심이 다른 이유다.

호기심은 몰랐던 사실을 아는 것에 그친다. 나에게 돌아오는 이익이 없다. 하지만 나에게 어떠한 이익이 된다면 관심으로 발전한다. 여기서 사람들이 중요하게 생각하는 것은 무엇일까? 바로 자기 자신이다.

사람들의 마음을 끄는 가장 확실한 방법은 그들에게 이익을 보여주는 것이다. 다시 말해서 이익이 담긴 관심을 갖게 하는 것이 중요하다.

관심을 갖게 하는 것 = 이익이 담긴 관심을 이끌어내는 것

그렇다면 어떻게 '이익이 담긴 관심'을 갖게 할 것인가. 첫 번째로 소비자의 니즈가 반영되어야 한다. 결국 좋은 상품기획은 고객의 니즈를 충족시키는 일련의 과정이다. 고객의 니즈를 파악하는 방법은 크게 두 가지다. 먼저 고객이 현재 갖고 있는 불만이나 부족하다고 느끼는 점을 집중적으로 파악하는 방법이 있고, 현재 느끼고 있는 이익에 더하여 추가로 제공할 이익을 찾아내는 방법이 있다. 자이글은 냄새가 나는 불편함을 없애주었으며, 아이폰은 MP3 기능을 갖고 있던 아이팟에 무선인터넷과 휴대전화 그리고 카메라의 기능을 더해 스마트폰으로 탄생하였다.

단, 신상품 개발에 있어 목표 시장에서의 소비자 니즈는 반드시 미충족 상태여야 한다. 이미 소비자 니즈가 충족된 상품이 나왔다면 후발 주자가 되는 것이다. 그러므로 시장조사를 철저히 해서 미충족 니즈를 찾아내야 한다. 또한 미충족 니즈는 해당 카테고리에서 중요도가 높은 니즈에 집중해야 한다. 예컨대 등산화를 개발하는 데 있어 착화감, 안전성, 편리함 등의 여러 가지 니즈가 있다고 하자. 착용했을 때 편안함을 주는 구조적 설계와 충격 흡수를 위한 아웃솔(밑창)은 시중에도 많이 개발되어 있다. 신발 끈의 불편함을 해결하기 위해 조그 다이얼 방식을 개발하여 편리성을 크게 개선했다면 중요도가 높은 니즈라고 할 수 있다.

두 번째로 트렌드가 더해져야 한다. 트렌드는 최신 유행 또는 많은 사람들이 따르는 경향이나 추세를 이르는 말이다. 그만큼 많은 사람이 관심을 가질 수 있는 요인이기 때문에 상품이나 서비스 개발에 적극 반영해야 한다. 1인 가구의 증가 트렌드는 간편식 시장을 증폭시켰고, 폭염과 길어지는 여름철 기후 변화는 의류 브랜드에 냉감 관련 상품을 대거 출시하는 발판을 마련했으며, 소소하지만 확실한 행복을 추구하는 '소확행' 트렌드는 편의점의 프리미엄 디저트와 저렴하고 알차게 즐길 수 있는 여행상품처럼 매순간을 행복으로 채우려는 사람들의 가치를 충족시켜주는 상품 출시로 이어졌다. 이렇듯 트렌드 키워드는 사람들에게 높은 관심을 갖게 한다.

트렌드를 활용하여 소비자의 관심을 이끌어내는 가장 간단한 방법은 소비자들이 각별하게 여기고 있는 것에 트렌드를 입히는 것이다. 먹거리 하나에도 건강이라는 개념을 담는다든가, 혼자서도 취미 생활의 기쁨을 누릴 수 있는 방법을 제안한다면 관심을 끌 수 있다. 관심은 중요도가 높은 카테고리에서 더욱 폭발한다. 거기에 남들과 비슷한 생각을 하고 있다는 인식을 심어주면 된다.

소비자는 모험을 좋아하지 않는다. 남들이 많이 하면 옳다고 인정하는 경향이 있다. 그래서 온라인 사이트에서 고객들이 많이 구매하는 리스트를 보여줬을 때, 인기 상품이 꾸준히 잘 팔리는 것이다. 많은 사람들이 관심 있어 하는 트렌드를 찾아내어 활용할 때 성공적인 신상품 개발로 이어질 확률이 높다.

세 번째는 물리적·심리적·사회적 이익을 제공해야 한다. 유니클로의 '플리스 재킷'은 한 장에 1,900엔이라는 놀라운 가격으로 판매하여 경이로운 판매 실적을 올렸다. 소비자는 기존보다 절반 이하의 가격으로 구매할 수 있는 이익을 경험했다. 롯데마트 '통큰 치킨'은 사각 포장 박스가 아닌 커다란 통에 치킨을 풍성하게 담아주고도 가격은 시중가의 절반 수준이었다. 어찌 관심을 갖지 않겠는가! 미세먼지가 극성을 부리는 시기에 안전성이 우수한 공기 정화 상품은 많은 소비자들이 관심을 갖고 주의 깊게 살펴보게 만든다. 구매로 연결될 가능성이 높아지는 것이다.

또한 공익성에 대한 요인도 커다란 움직임을 만들 수 있다. 리사이클링(recycling)이나 업사이클링(upcycling)* 상품들은 환경적 이슈에 힘입어 소비자들에게 큰 관심을 얻고 있다. 폐방수천을 재활용하여

* 리사이클링은 사전적 의미로 '재활용'이란 뜻이며, 커피 찌꺼기를 방향제로 활용하는 것처럼 사용을 다한 물건을 본래 모습 그대로 다시 활용하는 것을 말한다. 반면 업사이클링은 '업그레이드(upgrade)+리사이클링(recycling)'의 합성어로, 단순한 '재사용'을 넘어 디자인이나 활용도를 더해 '전혀 다른 제품'으로 탄생시켜 사용하는 것이다. 버려진 군용 텐트를 활용하여 가방이나 옷을 만드는 것 등을 말한다. 두 개념 모두 자원의 낭비를 막아 환경을 보호한다는 사회적 의미를 내포하고 있다.

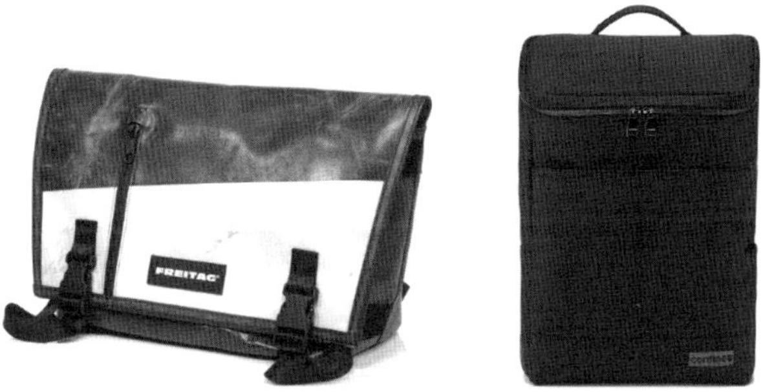

그림 5-2 프라이탁 메신저백과 컨티뉴 가방

가방으로 만들어 세계적 이슈를 몰고 온 '프라이탁(FREITAG)'과 폐자동차의 가죽 시트와 안전벨트를 업사이클링하여 지갑이나 가방을 만든 '컨티뉴(CONTINEW)' 등은 사회적 이익을 강조함으로써 소비자들에게 높은 관심을 이끌어낼 수 있었다. 소비자 역시 그 제품을 구매하면서 공공의 이익에 동참하고 있다는 자긍심을 갖는 것이다.

한마디로 정리하면 소비자는 자신을 가장 소중히 여긴다. 그러므로 소비자가 얻게 될 이익을 강조해야 한다. 그리하면 소비자가 관심을 보이고 구매로 연결될 가능성이 높아진다.

원칙 3. 욕구를 자극하라

늦은 저녁 TV 채널을 돌리다가 잠시 멈춘 홈쇼핑에 시선을 빼앗긴다. 서울 외곽에 위치한 집으로 이사 오고 나서 여유가 되면 소파를 사야겠다고 맘먹고 있던 차에 내가 갖고 싶었던 사양의 소파가 방송되고 있다. 나는 일반 가죽 소파가 아니라 자연의 색감을 표현한 북유럽 감성의 디자인을 찾고 있었다. 언젠가 꾸미고 싶었던 인테리어인데, 때마침 내 마음에 쏙 드는 상품을 판매하고 있는 것이다. 엄청난 구매 욕구를 느낀다. 흔하지 않은 디자인과 감성이 나를 흔들고 있다. 아, 사고 싶다.

이것은 나의 실제 경험이다. 여러분도 홈쇼핑이나 인터넷, 쇼핑센터 등에서 구매 욕구를 자주 느꼈을 것이다. 구매 욕구는 사고 싶고, 갖고 싶은 심리적 상태를 말한다. 욕구라 함은 개인이 어떤 것의 부족함을 느끼고 있을 때 그것을 충족하기 위해 무언가를 필요로 하거나, 원하는 상태나 상황을 의미한다.

이러한 욕구는 행동에 대한 동기를 유발시킨다. 그 행동은 관심 대상에 대해 서칭(탐색)하거나 구매하는 형태로 나타난다. 다시 말해 욕구를 불러일으킨다는 것은 소비자가 구매의 단계로 넘어가겠다는 과정의 동기로 작용된 것이고, 이는 상품에 있어서는 아주 중요한 요소다. 상품기획자는 소비자의 욕구를 자극할 만한 상품화적 요소에 대해 고민하고, 이를 적극적으로 반영해야 한다.

욕구 = 구매를 불러일으키는 동기

마케터는 사람들의 욕구를 자극하기 위해 마케팅 활동을 펼치면서 구매로 연결시키는 작업을 한다. 그러면 상품기획자는 어떻게 해야 하는가? 가장 이상적인 프로세스는 상품기획자와 마케터가 상품기획 콘셉트 설정 단계에서부터 협의하여 하나의 콘셉트로 상품 개발과 프로모션을 진행하는 것이다.

최근 마케팅의 역할이 많이 강조되고 있지만, 소비자가 최종적으로 판단하는 근거는 역시 상품에 대한 '감정'이다. 물론 뛰어난 마케팅이 상품을 좀 더 극적으로 포장할 수는 있다. 하지만 구매에 대한 만족감과 확산을 이끌어내기 위해서는 상품 본연의 가치가 높아야 한다.

나는 마케팅의 역할은 상위 단계의 욕구를 터치하는 것이고, 상품은 하위의 욕구가 반영되어야 한다고 생각한다. 예를 들어 유니클로의 '플리스 재킷'을 살펴보자. 유니클로의 플리스 재킷은 높은 가성비를 무기로 기온에 따라 아우터 혹은 이너재킷으로 편리하게 활용할 수 있는 장점을 어필하여 플리스의 새로운 영역을 개척했다. 하지만 광고는 심플하면서도 세련되고 스마트한 이미지를 심어주어 고객에게 저가 이미지라는 느낌이 전혀 들지 않도록 마케팅 계획을 세웠다.

유니클로의 플리스 재킷 마케팅은, 비록 낮은 가격이지만 사회적으로 지위가 높은 사람들도 입는다는 인식을 심어주어 싸구려 이미지를 탈피하고, 상품은 품질과 가격에 대한 만족도를 높여 '잘 샀다' 혹은 '현명한 소비를 했다'는 심리적 욕구를 충족시켜주는 내용을 담고 있다. 상품은 기능에 대한 욕구를, 마케팅은 정서에 대한 욕구를 지향하고 있다는 것을 알 수 있다. 이때 아무리 마케팅으로 잘 포장되었다 하더라도 상품에 대해 불만족한 피드백을 받는다면 결국 무용지물이

그림 5-3 상품과 마케팅의 이익 지향

된다. 그러므로 상품과 마케팅은 밸런스를 잘 맞춰야 한다.

이 부분이 바로 상품기획자 혹은 MD가 주목해야 할 내용이다. 최신 하이테크 기술이 반영된 스마트폰이나 TV 같은 가전제품, 첨단 자동차, 의약품 등은 기술력이 상품력으로 이어진 것이다. 그러나 일상생활에서 구매가 이루어지고 있는 생필품, 생활용품, 패션 잡화에 대한 상품기획은 인간의 기능적 욕구를 충족시키는 데 집중하면서, 마케팅으로 활용할 포인트를 반영해야 한다. 즉 상품은 기능적 이익 제공에 중심을 두면서 정서적 이익으로 연결시킬 수 있는 가치 창출에 중점을 두어 개발해야 한다.

기능적 이익은 산업 분야에서 더 이상 차별화 요인으로 작용하기 어렵게 되었다. 전반적으로 기술의 상향 평준화와 아웃소싱을 통해 공유 가능한 인프라 확대는 기술 격차를 좁혀놓았다. 그리고 마케터와 상품기획자는 목표는 같지만 사용하는 도구는 다르다. 상품기획자는 상품으로, 마케터는 의사소통 방법으로 소비자에게 다가간다. 기능적 이익이 차별화가 어렵다고 해서 가치가 없는 것은 아니다. 그 기능적 효용을 가치 있게 포장하는 것이 마케터의 일이고, 상품기획자는 철저히 마케팅으로 활용 가능한 기능적 이익을 상품에 담아야 한다.

몇 가지 사례를 살펴보자. 가습기 살균제로 인한 인명 피해 사건이 발생한 이후 안전에 대한 욕구가 높게 형성되어 생활용품 시장에는 인체에 무해한 성분과 안전성을 강화한 기능이 상품에 적극 반영되었고, 친환경과 안전한 라이프를 보장한다는 이미지를 심어주는 상품들이 대거 출시되고 있다. 농산물에서부터 세정제 그리고 자동차까지 친환경을 내세운 상품들이 소비자의 관심을 끌고 있다.

또한 얇은 지갑 사정으로 고가의 시계를 갖고 싶지만 현실적으로 어려운 샐러리맨의 욕구를 간파한 '놋또' 시계는 사람들의 패션 기호에 맞게 설계한 커스터마이징 시스템과 명품급 품질의 시계를 1만 엔대에 공급해 많은 사람들을 열광하게 만들었다. 편리하고 저렴한 시계에 만족하지 않고, 최고급 부품을 사용하여 명품 부럽지 않은 품질과 자긍심을 소비자에게 고취시킴으로써 그들의 구매 욕구에 불을 지핀 것이다.

상품의 기본은 기능적 이익을 주는 데 있다. 여기에 욕구의 정서적 이익을 중요하게 여기는 트렌드를 반영해야 한다. 하지만 소비자의 내면적 욕구는 파악하기가 쉽지 않다. 심리적인 부분이라 잘 드러나지도 않을뿐더러, 정확히 표현되지도 않기 때문이다. 정서적 이익의 핵심은 가치를 찾는 것이다. 소비자는 작은 소비에도 의미를 부여한다. 대표적인 트렌드 키워드인 '소확행'이나 '가심비' 등도 소비자가 어떠한 의미를 갖고 가치 소비를 하느냐에 그 중요성이 있다고 하겠다.

이제는 상품이 꼭 필요치 않은 사람에게도 얼마든지 상품을 팔 수 있다. 술을 자주 안 마시는 사람이 와인 문화가 주는 가치를 동경하여 와인셀러를 사거나, 일 년에 몇 번 입지 않아도 근사한 맞춤 정장 수트를 구입하는 경우가 이를 반증해준다.

사업을 시작하면서 자주 찾는 사이트가 있다. 바로 미국의 이미지 공유 플랫폼인 핀터레스트(Pinterest)다. 핀터레스트는 페이스북, 인스타그램, 트위터, 스냅챗과 더불어 미국 5대 소셜미디어로 불리지만, 약간 다른 행보를 걷고 있다. 경쟁사들이 이용자 수와 수익성 광고에 경쟁을 올리는 데 반해, 핀터레스트는 차분히 사용자 중심적 인터페이스를 고수하면서 안전하고 행복한 공간을 만들기 위해 노력한다. 2019년 6월에 뉴욕 증시에 상장할 것으로 알려져 있으며, 기업 가치는 최소 100억 달러(11조 3800억 원)로 평가받는다.

핀터레스트가 다른 소셜미디어보다 각광받는 이유는 무엇인가? 그것은 바로 업(業)의 본질을 지키고자 노력하기 때문이다. 핀터레스트가 생각하는 업의 본질은 이미지, 욕구 그리고 발견이다. 사용자들

그림 5-4 핀터레스트 화면

이 갖고 싶은 것, 하고 싶은 일, 살고 싶은 곳, 가고 싶은 곳에 대한 자신의 욕구를 이미지를 통해 발견하게 만든다는 것이다. 단순한 검색이 아니라 '욕구의 발견'에 핵심 콘셉트가 있다. 사용자의 잠재된 욕구를 충족시켜줌으로써 핀터레스트는 가장 각광받는 소셜미디어 서비스로 자리 잡았다.

프랑스의 시인이자 비평가인 폴 발레리(Paul Valéry)는 "새로운 것이 사랑을 받으려면 인간의 욕구에 응하는 것이어야 한다"고 했다. 새로운 것이 중요한 것이 아니라 그 새로움이 인간의 내재된 욕구를 건드려야 성공할 수 있다는 말이다. 히트 상품을 개발하고 싶다면, 이제부터 여러분의 산업 카테고리에서 소비자가 원하는 기능적 이익과 정서적 이익이 무엇인지 자세히 알아봐야 한다. 그러면 분명 고객들은 당신의 상품이나 서비스, 매장에 열광할 것이다.

원칙 4. 만족시켜라

고객 만족, 고객 감동이라는 말을 자주 들어봤을 것이다. 책이나 강연, 사내 경영 지침 등에서도 "고객을 영원한 내 편으로 만들기 위해 반드시 필요하다"고 역설한다. 하지만 여러분은 얼마나 가슴에 새기고 있는가? 물론 CS(고객 만족) 담당 부서나 A/S와 관련된 일을 하는 사람들은 이 말을 아주 중요하게 생각하고 있을 것이다. 여기서는 상품과 서비스 개발에 국한하여 그 중요성을 대입하여 살펴보기로 한다.

아주 간단한 논리를 적용해보자. 여러분은 상품을 구매한 후 어떠한 경우에 그 상품을 다시 구매하는가? 해당 카테고리에 그 상품이 유일하여 선택권이 없는 경우, 다른 상품과 비교하기 귀찮아서 그냥 습관적으로 구매하는 경우, 사용해보니 너무 좋아서 다시 구매하는 경우 등 이유는 다양할 것이다. 이 가운데 상품기획자로서 가장 중요하게 여겨야 할 부분이 '사용해보니 만족해서' 재구매가 이루어지는 경우다.

경험 후에 얻는 만족감으로 재구매가 이루어지는 경우는 지속적인 매출을 올리는 데 있어서 다른 요인보다 훨씬 강력한 영향력을 발휘한다. 왜냐하면 사용 가치를 통해 느끼는 만족은 재구매와 더불어 바이럴(확산, 입소문)을 이끌어내기 때문이다. 즉 만족은 사용해본 경험을 전달하는 촉매제와 같다.

반면에 만족감이 떨어지는 상품은 지속성이 떨어진다. 여러분이 치아 미백제 광고를 보고 구매해 사용해봤는데, 별 효과가 없다면 그 제품을 다시 사겠는가? 호기심에 의한 구매는 일어날지 모르지만 재구매를 통한 매출 확대는 기대하기 어렵다. 신상품 혹은 신규 사업으로 기획한 상품이 아무리 새롭고 소비자의 니즈를 충족시킨다 해도 실제 사용 고객에게 만족감을 주지 못한다면 투자 대비 효용 가치가 떨어질 위험성이 있다.

나아가 열 배 이상 팔리는 상품을 개발하고자 한다면 단순한 만족이 아니라 '기대 이상의 만족'을 주어야 한다. 그냥 만족하는 수준이 아닌 놀라움을 주는 만족이 되어야 강력한 전파력이 생긴다.

일본 시계 브랜드 '놋또'는 고객이 원하는 시계를 선택해서 구매할 수 있게 하여 패션으로써 사용 가치를 담고, 여기에 명품에 들어가는 고품질 부품을 사용하면서도 시중가의 3분의 1에 해당하는 가격으로 소비자를 놀라게 했다. 15,000가지나 넘는 조합으로 고객 맞춤형 서비스를 기획한 것도 놀라운데, 'All made in Japan'으로 최고급 무브먼트와 장인의 손길이 깃든 가죽으로 만든 손목시계를 1만 엔대에 구입할 수 있게 한 것은 소비자도 상상하지 못했을 것이다.

(기대를 뛰어넘는) 만족 = 경험의 전달

그렇다면 어떻게 고객을 만족시킬 것인가. 우리가 흔히 만족감을 느낄 때는 비교 기준이 있어야 한다. '생각했던 것보다~', '과거에 사용했던 것보다~', '다른 것보다~' 더욱더 만족할 때 진정한 만족이 이

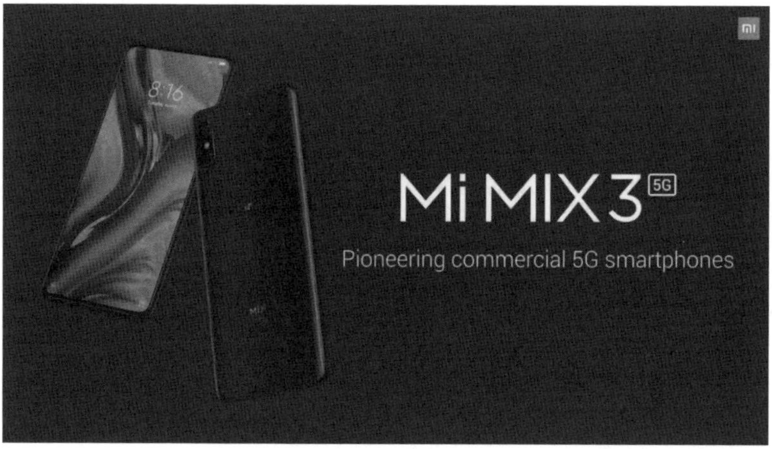

그림 5-5 '가성비 끝판왕' 샤오미의 미믹스3 5G

루어진다.

우리는 지금 '가성비' 홍수 시대에 살고 있다. 소비자는 성능이 비슷한 상품들 가운데 기왕이면 저렴한 제품을 구매하려고 한다. 그 때문에 '가성비 끝판왕~', '가성비 최강~' 등의 수식어가 붙은 상품들이 소비자에게 어필되고 있다. 샤오미로 대표되는 가성비 상품은 여러 분야에 다양하게 활용되어 음식점, 보험, 여행상품 등 사회 전반에서 소비자의 지급 비용 대비 얻게 되는 이익이 높다는 점을 부각한다.

불황일수록 소비자는 가격에 더욱 관심을 가질 수밖에 없다. 사람들은 누구나 하이엔드급 고품질 상품을 갖고 싶은 열망이 있다. 명품을 선호하고, 고가 청소기인 다이슨을 사용하고 싶고, 백만 원이 훌쩍 넘는 고급 유모차를 사고 싶어 한다. 고가 상품을 부담 없이 구매할 수 있는 구매력을 가진 사람들은 그다지 문제가 되지 않지만, 자신의 소비 능력을 넘어서 자기만족을 위해 구매하려는 소비자층은 가성비를 따지지 않을 수 없다. 그렇기 때문에 '차이슨'이라 불리며 다이슨을 모방한 중국산 무선청소기가 인기를 끌고, 각종 SNS에서는 성능을 비교하면서까지 가성비를 칭찬하며 고객들이 자발적으로 홍보를 하는 것이다.

하지만 기능이 좋고 가격이 싸다고만 해서 전부는 아니다. 물론 가성비는 구매력을 자극하는 중요한 상품 전략 중 하나지만, 그 트렌드는 점차 식상해지고 있다. 소비자가 가장 중요하게 느끼는 부분은 기능적·물리적 편리함을 뛰어넘는 '심리적 만족'에 있다. 이제는 '가격 대비 객관적 품질과 심리적 만족'을 모두 충족시켜주는 상품이 시장에서 인정받는 시대다. 즉 '가성비'에 더하여 '가심비'까지 갖춘 상품이 대세인 것이다.

2018년 편의점 히트 상품 중 하나는 '프리미엄 디저트'였다. 편의점에서 판매된다고 해서 값싼 디저트가 아니라 치즈케이크, 쇼콜라, 브라우니, 티라미수 등 유명 백화점 식품 매장에서나 볼 수 있는 근사한 디저트 메뉴였다. 도시락 같은 간편식이 주류를 이루는 편의점이란 공간에서 호텔에서나 즐길 수 있는 고급 디저트를 손쉽게 접할 수 있다는 전략은 가격에 비해 품질이 좋다는 것에서 그치지 않고 소비자의 마음까지 만족시킨 것이다.

이제 가격은 싸다, 비싸다의 개념이 아니다. 고객에게 '기꺼이 지불할 만한 가치(willing to pay)'를 갖고 있느냐, 없느냐의 문제다. 소비자들은 자신에게 가치 있다고 생각하면 가격은 두 번째 문제다.

가성비에 가심비를 얹어라!

어떻게 하면 가격 말고도 심리적인 만족을 줄 수 있을까? 앞에서도 말했듯이 인간의 내면적 욕구를 파고들어야 한다. 매슬로우(Maslow)의 인간 욕구단계 이론을 보면, '생리적 욕구–안전의 욕구–애정과 소속의 욕구–존경의 욕구–자아실현의 욕구' 다섯 단계로 구성되는데, 한 단계의 욕구가 충족되면 상위 단계에 대한 욕구가 나타난다. 가습기 살균제 사건으로 인해 사망 사고가 발생하고, 유명 침대 회사의 매트리스에서 방사능 물질인 라돈이 대량 방출된 사건은 국내 소비자에게 안전이라는 욕구를 불러일으켜 소비 시장을 흔들어놓았다. 제품에 대한 불안감이 커지면서 안심하고 사용할 수 있는 상품이라면 비용을 아끼지 않는, 이른바 가심비 효과가 구매에 중요한 요인으로 작용한 것이다.

내가 운영하는 회사에서 독일산 고급 소재인 '와그너 스틸'을 사용한 안경을 시중가의 3분의 1에 해당되는 가격으로 온라인에 판매한 적이 있다. 소비자들은 성능과 가격에 만족하였으며, 고급 브랜드에서 사용하는 최고급 소재라고 홍보하였더니 반응이 더욱 좋았다. 가격과 기능이 훌륭하다고 느낀 데서 나아가 고가품에 쓰인 소재라는 점이 가치를 올려준 것이다. 이렇듯 상품에 사용한 부품이나 소재에 대해 가치를 적극적으로 드러내면 소비자의 심리적인 만족도는 더욱 높아진다.

자영업자가 운영하는 오프라인 매장에서도 같은 논리가 적용된다. 내 공간에 들어온 고객에게 쇼핑의 편리함과 상품의 매력도를 잘 어필해야 한다. 그리고 만족할 만한 서비스를 얹어야 한다. 고객은 단순히 상품을 잘 샀다는 데서 머물지 않는다. 좋은 상품이나 맛있는 음식을 정당한 대가로 지불하고 얻었다는 만족에서 나아가, 머무르고 구매하는 과정에서도 특별한 가치를 담아줘야 한다.

예컨대 가성비가 좋은 스테이크 하우스라도 유명 레스토랑에서 먹었다는 느낌을 주는 인테리어나 서비스가 더해진다면 심리적인 만족은 더할 것이며, 플레이팅 하나에도 예술의 혼을 담아 만든 샌드위치는 "먹기 아까울 정도로 감동이다"라는 평을 받을 수 있다.

유통 매장은 충성도가 높은 고객 관리가 중요하다. 왜냐하면 새로운 고객을 만드는 것보다 기존 고객을 만족시키는 것이 훨씬 쉽기 때문이다. 상품은 만족스럽지 못할 수도 있다. 하지만 서비스에 불만을 품고 돌아선 고객의 마음은 되돌리기 어렵다. 상품에도 품질이 있듯이 매장에서 제공되는 서비스에도 격차가 있다. "영원한 단골은 없다"는 말을 명심해야 한다. 고객은 언제든지 떠날 준비가 되어 있다. 상품과 서비스가 만족스럽지 못하다면 말이다. 상품과 서비스는 하나의 개념이다. 서비스도 곧 상품인 것이다.

그렇다면 만족과 감동에서 느끼는 감정, 즉 고객의 마음을 잡는 핵심은 무엇일까? 바로 '기쁨'이다. 몇 십만 원을 줘야 하는 유명 브랜드에 비해 30% 수준의 가격이지만 스타일이나 품질 면에서 손색이 없는 롱패딩을 구입하고 주위에서 잘 샀다는 평을 들었을 때의 기쁨을 공유한 지인, 명품 선글라스를 구입하면서 고급 스포츠글라스를 사은품으로 받고 기뻐하는 40대 여성 고객, 생일을 맞아 레스토랑에서 식사하던 중 자신의 생일을 알고 커피를 서비스로 내준 주인에게 고마움을 전하며 SNS에 사연을 올린 20대 대학생 등이 느낀 감정이 바로

'기쁨'이다.

기쁨을 경험한 고객은 반드시 다시 찾아온다. 다시 그 기쁨을 누리고 싶고 주위에 알리고 싶어 한다. 고객에게 기쁨을 줄 수 있는 요인을 상품이나 서비스에 담아야 한다. 고객이 기대하는 상품의 가치나 서비스보다 열 배 이상 제공해야 한다. 남들도 할 수 있는 수준, 경쟁회사가 하는 수준으로는 절대로 고객을 감동시킬 수 없다. 이 점을 기억하자.

원칙 5. 확산시켜라

열 배 더 팔리는 상품을 개발하기 위해 가장 중요한 원칙은 바로 '확산시키는 것'이다. 고도로 발달된 정보화 시대에 사는 우리는, 이제 제품을 사기 위해 정보를 탐색하는 데 시간을 많이 할애하지 않는다. 예전에는 오프라인에서 직접 상품을 보고 기능과 가격을 요모조모 살펴본 후 다른 상품과 비교하며 똑부러지는 소비를 하기 위해 탐색하는 과정을 거쳤다. 하지만 지금은 온라인 판매가 대세가 되고 있다. 대기업 유통사에서도 온라인 비즈니스를 거스를 수 없는 트렌드라 판단하고, 이에 대응하기 위해 전사적으로 총력을 기울이고 있다.

먼저 온라인 유통의 주요 특징을 살펴보자. 첫 번째로 일단 판매원이 없다. 대면 판매(판매원이 고객 얼굴을 직접 보며 판매하는 방법)가 아닌 비대면 판매 방식이다. 상세페이지가 판매원 역할을 대신한다. 소비자는 자신이 보고 싶은 내용만 빠르게 스캔하듯이 본다. 그나마 스크롤(화면을 위아래로 내리고 올리는 행위)이 길어지면 잘 보지도 않는다. 상품 소개에 대한 주도권이 판매자에게는 없다. 소비자가 선택적으로 볼 뿐이다.

두 번째로 온라인에는 무수히 많은 상품들이 올라와 있다. 오프라인 매장처럼 공간적인 제약이 없으므로 무궁무진하게 상품을 판매할 수 있다. 인터넷에서 '양말'이라고 검색하면 400만 가지가 넘는 상품들이 나온다. 더 이상 소비자는 상품의 바다에서 무엇이 좋은지 판단하기가 어렵다.

세 번째로는 상품에 대한 신뢰성을 파악하기 힘들다는 점이다. 무수히 많은 업체가 검증되지 않은 시스템으로 상품을 판매하는 곳이 많다. 그 때문에 소비자는 거짓된 내용에 속아 잘못된 쇼핑을 하기도 하고, 애프터서비스를 아예 못 받는 경우도 있다. 그래서 온라인 쇼핑을 하는 소비자는 전문가의 평이나 다른 사람의 구매 경험을 바탕으로 의사 결정을 하는 경우가 많다. 파워블로거나 전문가의 상품 체험기라든가 상세페이지의 고객평에서 나오는 긍정적·부정적 내용이 곧바로 판매에 영향을 미치기 때문에 판매자들은 좋은 평이 나오도록 많은 신경을 쓴다.

하지만 히트 상품이 되려면 단순히 상품평만으로는 전파력이 부족하다. 그것은 해당 상품을 사려는 고객에게만 영향을 준다. 핵심은 그 상품을 모르고 있는 사람들에게까지 전파해야 한다.

오프라인이든 온라인이든 상품이나 서비스에 기대 이상으로 만족하고 감동을 받은 고객은 SNS나 입소문을 통해 긍정적인 이미지를 확산시켜준다. 매장이나 온라인 쇼핑몰에 들른 고객은 1차 고객이지만, 불특정 다수에게 공개되는 긍정적인 메시지는 아주 커다란 잠재 고객이 되어 돌아온다. 그것도 판매자의 홍보 방식이 아닌, 긍정적인 경험을 가진 소비자가 전달하는 메시지는 신뢰도가 높아 구매를 늘리는 데 중요한 역할을 한다. 이를테면 페이스북에서 욕실 세제 광고를 보았을 때, 판매자의 홍보 영상보다는 지인이 사용해보니 정말 좋았다는 내용이 훨씬 높은 신뢰도와 구매욕을 자극하는 것이 바로 그런 경우다.

광고도 매출에 영향력이 크지만 자주 만나는 사람들과의 소통에서 전파된 내용은 광고보다 열 배 이상의 힘을 발휘한다. 내 상품이나 서비스에 깊이 만족하고 감동한 고객은 한마디로 충실하고 믿음직한 영업사원이 된 거나 마찬가지다. 수십 명, 아니 수백 명이 될 수도 있다. 그리고 무려 공짜다. 매력적이지 않는가?

구매자 개인의 전파력이 전통적인 광고보다 효과적인 이유는 첫째, 강한 신뢰성 때문이다. 광고는 좋은 점만 강조하지만 지인이 알려주는 정보는 사실에 근거한 팩트(fact)를 알려준다. 둘째, 알려주는 대상이 명확하다는 것이다. 본인의 경험이 필요한 사람에게만 전달된다. 즉 유용하고 관심이 있을 것 같은 사람에게만 전달된다. 그렇기 때문에 그러한 정보를 접한 사람들은 규모가 커지고 구매력이 높아지는 것이다. 상품기획자는 이 점을 중요하게 봐야 한다.

그렇다면 어떻게 해야 확산시킬 수 있을까? 무엇으로 확신시킬 수 있을까? 열 배 더 팔리는 상품은 결국 소비자가 얼마나 확산시켜주느냐에 달려 있다. '허니버터칩'은 출시 한 달 만에 인스타그램을 중심으로 2만 건에 달하는 글이 올라왔고, 유명 연예인들이 언급하면서 SNS 채널에는 허니버터칩에 대한 글들로 도배됐다. 그 후 품귀 현상이 벌어지면서 허니버터칩을 산 사람은 '득템했다'는 글을 SNS에 올리는 현상까지 나타났다. 사람들은 '대체 허니버터칩이 무슨 과자이기에 이 난리일까' 하는 호기심이 발동하여 시장 확산이 더욱 커졌다. 결국 이러한 반응은 국민 스낵인 새우깡을 제치고 스낵류 매출 1위를 달성하는 기록까지 세웠다. 소비자의 자발적 확산이 명실상부 히트 상품의 대표적 사례가 된 것이다.

확산은 고객이 알아서 스스로 전파하는 기점과 내용이 중요하다. 그렇다면 언제, 어떤 내용으로 확산이 이루어지는 게 좋을까? 먼저 전파하려는 동기, 공유하려는 심리가 무엇인지부터 생각해보자.

여러분은 아주 새롭고 신묘한 상품을 보았을 때 혼자만 알고 싶은가, 아니면 다른 사람에게도 알리고 싶은가? 대부분의 사람들은 주위에 알려주고 싶어 한다. 인간은 사회적 동물이다. 사회 속에서 자신의 존재 가치를 인정받고자 하는 심리가 있다. 우둔한 이미지보다는 지적으로 보이고 싶어 하고, 아웃사이더이기보다는 인사이더로 보이길 원한다. 그렇기 때문에 남들이 모르는 새로운 정보를 공유함으로써 자신이 사회적으로 가치가 높아지길 기대한다. 다시 말해서 사람들은 주목을 끌 수 있는 상품이나 서비스를 접했을 때 기본적으로 공유하고 싶어 한다. 그러므로 상품기획자는 사람들이 자랑 삼아 공유할 화젯거리를 메시지의 형식으로 제공해줘야 한다.

그렇다면 어떤 메시지를 던져졌을 때 사람들은 공유하고 싶어질까? 먼저 긍정적인 독특함을 제공해야 한다. 독특하다는 것은 새롭고 신선한 느낌을 주는 자극이다. 웃음을 줄 수 있는 것도 포함된다. 상품기획자는 상품에서 독특함을 주는 요인이 무엇인지 찾아내야 한다. 커피머신처럼 간단한 조작으로 개인이 집에서 간편하게 숙성된 맥주를 만들 수 있다거나, 중력을 느끼지 못할 정도로 편안함을 느낄 수 있는 의자 등은 사람들로 하여금 관심을 불러일으킬 수 있다.

다음으로 '인싸'라는 의식을 심어주는 것이다. '인싸'는 인사이더의 줄임말로 집단행동에 적극적으로 참여하며, 사람들과 잘 어울리는 사람을 말한다. 유행에 민감한 세대라면 트렌드 세터들이나 알 것 같은 정보를 얻었을 때 우쭐한 마음으로 공유할 것이다. 전지현 선글라스로 유명한 '젠틀몬스터'의 플래그십 스토어를 방문한 고객은 너나 할 것 없이 개인 SNS에 공유하기 바쁘다. 즉 현재 유행하고 있는 트렌드에 부합되는 상품이라는 메시지를 담아야 한다.

마지막으로 실용적 가치를 담아야 한다. 대개 사람들은 수용자 입장에서 도움이 되는 정보는 공유하려고 든다. 시간을 절약할 수 있고, 미용에 효과가 있으며, 건강에 도움이 되고, 비용을 절감할 수 있는 아이디어 상품을 보면 함께 나누고 싶어 한다. 하지만 중요한 것은 수많은 경쟁자를 물리치고 내 상품, 내 서비스가 더욱 눈에 띄어야 한다는 것이다. 그러자면 탁월한 가치를 찾아내고 만들어서 강조해야 한다. 그리고 반드시 사람들이 기대했던 수준을 넘어서는 실용적 가치, 즉 알리지 않으면 안 된다는 책임감이 들 정도로 실용적인 가치를 제안해야 한다.

이때 단순히 확산에만 초점을 맞추고 정작 어떤 주제로 메시지를 전달할 것인가에 대해 소홀하면 안 된다. 메시지는 단순하고 강력해야 한다. 메시지는 콘셉트에서 나온다. 방향을 잘 잡은 콘셉트는 메시지를 도출하기에 용이하다. 단, 메시지는 여러 개를 전달하면 힘이 분산된다. 단순화시켜야 한다. 메시지의 '핵심'을 찾아야 한다. 오토바이 헬멧은 안전이 최우선이다. 색상이 화려하고, 핸즈프리 기능이 있고, 바람의 저항을 적게 받는 공기역학 구조로 설계되었다는 장점을 들 수도 있겠지만, 사고 발생 시 외부의 충격으로부터 머리를 안전하게 지켜준다는 것이 가장 강력한 메시지가 된다. 그것을 강력하게 전달해야 한다.

최근 스토리텔링 기법이 화제다. 어떠한 목적을 가지고 의사를 전달할 때 아무런 감동 없이 직설적인 내용만 전달해서는 사람들의 관심을 끌지 못한다. 인간의 사고는 정보 단위가 아니라 이야기 형태로 이루어지기 때문에 이야기에 정보를 담아 전달하는 게 효과적이다.

확산에 있어서도 마찬가지다. 사람들은 스토리가 있는 메시지를 좋아한다. 스토리가 있는 메시지는 전달력도 좋다. 우산을 판매하더라도 그냥 성능 좋은 우산이 아니라, 50년째 가업을 이어온 장인이 현대인의 라이프스타일을 심층 연구하여 사용자의 품위와 본질적인 기능을 동시에 고려해 '인생 우산'을 개발했다고 광고하면 소비자는 상품의 본질적 기능 외에도 심리적 만족을 함께 얻을 수 있어 더욱 열광할 것이다. 이렇듯 상품이나 서비스, 아이디어에 스토리를 넣어 소비자에게 전달하면 그 스토리는 더욱 확산력을 갖게 된다.

마지막으로 확산시키는 전략과 관련하여 상품기획자로서 예의주시해야 할 사항이 하나 더 있다. 상품기획자는 시장을 분석하고 고객을 정의하여 상품을 개발한다. 그리고 상품은 소비자와의 접점에서 여러 가지 의미를 담아 판매된다. 하지만 상품기획자는 신이 아니다. 고객들은 자신의 속을 다 보여주지 않는다. 결국 상품기획자는 예측을 통해 고객과 시장을 판단할 수밖에 없다. 상품은 의도하지 않은 방향으로 판매되는 경우가 많으며, 오로지 상품기획자만이 의도한 대로 판매될 것이라고 자신할 따름이다.

따라서 상품기획자는 판매자의 의견과 소비자가 전하는 상품이나 서비스에 대한 반응을 주의 깊게 관찰해야 한다. 애초 의도와 다른 소비 형태를 통해 신규 시장을 발견할 수도 있고, 기획자가 몰랐던 상품의 다른 가치를 찾아낼 수도 있다. 그리고 소비자가 아쉬워하거나 불만을 갖고 있는 요소도 파악할 수 있다. 이로 인해 지금보다 더욱 완성도 높은 상품을 개발할 수 있는 소스를 얻을 수 있다. 즉 소비자에게 어떠한 가치로 활용되고 있는지 항상 조사하고 분석하여 더 나은 가치를 창출할 수 있는 상품을 개발할 수 있도록 상품과 소비자가 하는 일에 주목해야 한다.

핵심 포인트 이것만은 기억하자!

• 열 배 더 팔리는 상품을 개발하기 위한 첫 번째 원칙은 고객의 눈길을 사로잡는 새로움을 전달하는 것이다. 강력한 새로움을 전달하기 위해서는 고객이 전혀 예측하지 못한 놀라움을 안겨줘야 한다.

• 두 번째 원칙은 이익이 담긴 관심을 갖게 하는 것이다. 소비자의 니즈가 반영되었을 때, 트렌드가 입혀졌을 때, 그리고 물리적·심리적·사회적 이익이 제공되었을 때 소비자는 관심을 갖고 주의 깊게 살핀다. 결국 상품에 소비자 스스로 얻게 될 이익을 강조해야 한다. 그러면 소비자가 관심을 갖는다.

• 세 번째 원칙은 구매를 불러일으키는 욕구를 자극하는 것이다. 상품은 기능적 욕구를, 마케팅은 정서적 욕구를 지향하고 있다. 그러므로 상품은 기능적 이익 제공에 중심을 두면서 정서적 이익으로 연결시킬 수 있는 가치 창출에 중점을 두어 개발해야 한다.

• 네 번째 원칙은 기대 이상의 만족을 주는 것이다. 소비자가 상품을 사용해보고 만족감을 얻어 재구매가 이루어질 경우 지속적인 매출을 올리는 데 강력한 영향력을 발휘한다. 기대를 뛰어넘는 만족으로 감동을 주게 되면 사람들은 '기쁨'이라는 감정이 생기고 주위에 입소문을 낸다.

• 이제 가격은 싸다, 비싸다의 개념이 아니다. 고객에게 '기꺼이 지불할 만한 가치(willing to pay)'를 갖고 있느냐, 없느냐의 문제다. 소비자는 자신에게 가치가 있다고 판단하면 가격은 두 번째 문제다.

• 다섯 번째 원칙은 고객이 스스로 홍보사원이 되어 제품을 주위에 알리고 확산하도록 만드는 것이다. 소비자들이 공유하도록 만들기 위해서는 스스로 긍정적인 독특함과 감동을 얻을 수 있어야 하며, 주변에 알리지 않으면 안 된다는 책임감이 들 만큼 실용적인 가치를 제품 안에 담아야 한다.

6장

히트 상품을 개발하기 위한 5가지 전략과 마케팅

상품과 마케팅은 불가분의 관계에 있다. 획기적인 기능과 디자인으로 시장에 강력한 바람을 불러일으키는 상품도 결국 마케팅이라는 도구를 통해 보다 강렬하고 광범위한 확산을 이루어낼 수 있다. 우리는 이제 마케팅적 사고 없이 상품을 기획해선 안 된다. 역동적인 시장의 흐름은 그 안에 있는 경쟁자와 소비자를 빠르게 변화시켜 예측 불가능한 상황으로 이끌고 있으므로 시장을 바라보는 통찰력이 필요하다.

초경쟁 사회에서 상품을 열 배 더 팔기 위해서는 앞 장에서 말한 5가지 원칙을 기반으로 보다 세밀하고 전략적으로 시장에 접근해야 하며, 매출의 크기보다는 어떠한 결과로 시장에서 성공하느냐가 더 중요하다.

이 장에서는 소비자 행동에 대한 이해를 근거로, 마케팅 계획을 수립하는 도구로 활용되는 STP(Segmentation, Targeting, Positioning) 전략을 이용해 차별화 상품을 기획함에 있어 전략적으로 접근해야 할 내용들을 5가지 관점으로 살펴보고자 한다.

전략 1. 카테고리를 창출하라

기업은 크고 작은 전쟁터에서 총성 없는 전쟁을 하고 있다. 철저히 약육강식의 논리가 지배하는 산업사회에서는 강자만이 살아남는다. 하지만 강자가 영원한 승자는 아니다. 얼마나 많은 유명 기업이 사라졌는가. 강하면 살아남을 확률이 높은 것은 사실이지만 결국 살아남는 자가 강한 것이다. 상투적인 말이지만 진리다.

자영업도 마찬가지다. 할인점이나 대형 슈퍼마켓과 경쟁하기도 하고, 유명 프랜차이즈와 싸우기도 한다. 힘겹지만 버티면서 살아남을 궁리를 하며 반전을 노린다. 하지만 초과잉 경쟁사회는 육탄전이나 다름없다. 힘센 기업이 절대적 우위에 있을 수밖에 없다.

그렇다면 어떻게 해야 할까? 싸우지 않고 이기는 방법은 없을까? 나 혼자 독식하고 싶은데 어떻게 하면 좋을까? 일단 싸움의 장소를 옮겨라. 치열한 시장에서 죽을힘을 다해 싸우지 말고, 그 힘을 나누어 새로운 시장을 만드는 데 투입하여 독식하라. 새로운 기회가 나타날 것이다.

1981년 론칭한 프로스펙스(PRO-SPECS)는 글로벌 브랜드 나이키와 아디다스에 맞서 국내 시장을 지키며 토종 스포츠 브랜드로서 자존심을 지켜나갔다. 하지만 1990년대 중반에 이르러 거대 자본과 글로벌 마케팅을 앞세운 해외 유명 브랜드의 공세에 밀리면서 소비자에게 외면을 당하기 시작했다. 기능과 품질을 앞세워 유지해오던 브랜드력은 더 이상 소비자들에게 구매력을 발휘하지 못했고, 뒤처진 브랜드라는 이미지는 젊은 층의 이탈을 가속화시켰다.

문제는 스포츠 브랜드임에도 불구하고 스포츠 종목 어느 하나에서도 1등의 이미지가 없다는 것이었다. '최초 상기도(top of mind)'는 소비자가 특정 카테고리에서 경쟁 브랜드들 가운데 가장 먼저 떠오르는 브랜드를 말하는 것으로, 시장 점유율을 추정할 때 많이 사용된다. 하지만 러닝-농구는 나이키, 테니스-축구는 아디다스, 마라톤은 아식스, 배드민턴은 요넥스 등 주요 종목은 벌써 외국 브랜드의 독차지였다. 안타깝게도 프로스펙스는 대표적인 카테고리를 갖고 있지 못했다.

소비자의 인식 속에 어떻게 포지셔닝되어 있느냐가 브랜드 사업의 성패를 좌우한다는 것은 두말할 나위가 없다. 스포츠 종목에서 대표적인 이미지가 있으면 기능적 어필이 가능하다. 더욱이 스포츠 브랜드가 아닌가. 소비자들 사이에서 단순히 튼튼하고 품질이 좋다는 이미지가 지배적이던 프로스펙스는 시장 점유율의 추락을 더 이상 방관할 수 없게 되자 전략적으로 새로운 카테고리에 올인하기로 했다. 바로 워킹(walking)을 테마로 한 'W라인'이었다.

프로스펙스의 주 타깃이던 40대 전후 고객층에게 러닝보다는 가볍고, 일상생활에서도 무난하게 즐길 수 있는 스포츠로 '워킹'을 테마로 정해 상품 개발과 함께 대대적인 마케팅으로 시장을 공략했다. 직원들은 워킹 전도사가 되어 적극적으로 홍보 활동을 벌였으며, 김혜

그림 6-1 프로스펙스 워킹화 W라인 김연아 광고 화면

수–김연아 등 유명 연예인을 앞세워 소비자와 적극적으로 소통하였다. 이후로 올레길, 둘레길 등 자연을 벗 삼아 워킹으로 여유 있게 운동을 즐길 수 있는 문화를 만들어냈다.

그 결과 퇴출된 백화점에서 다시 입점 요청들이 들어왔고, 브랜드에 대한 인식도 상당히 개선되어 전 연령층에서 선호도가 상승하고, 대리점 매출도 눈에 띄게 상승했다. 지금은 워킹이라는 카테고리를 다른 스포츠 브랜드에서도 전개하고 있지만 소비자는 '워킹' 하면 프로스펙스의 'W'와 김연아를 가장 먼저 떠올린다.

W라인 론칭 당시만 해도 프로스펙스는 날개 없는 추락을 하고 있었다. 도무지 해답이 보이지 않았다. 하지만 프로스펙스는 글로벌 유명 브랜드의 각축장에서 대한민국의 토종 브랜드로서 틈새시장을 찾아내어 그들과 당당히 겨루었다. 운이 아닌 실력으로 말이다.

워킹 라인은 아주 작지만 예리한 칼이었다. 만약에 프로스펙스가 볼륨 시장인 러닝화 시장에 사운을 걸고 도전장을 내밀었다면 어떻게 되었을까? 쉽게 단정하기 어렵지만, 무척 어려웠을 것이다. 싸움을 걸지 않고 강자가 관심 두지 않은 카테고리를 차지한 전략은 그 당시 회사를 위기에서 건져 올린 위대한 묘책이었다.

사업이 정체되어 있거나 하향곡선을 그리고 있다면, 터닝포인트를 만들어낼 전략을 찾아야 한다. 경쟁에서 밀리고 있다는 의미이므로 새롭게 사업을 재정비해서 다시 방향을 설정해야 한다.

먼저 고객과 사업을 재정의해야 한다. 우리가 생각하는 것보다 고객은 더 빨리 변하고 있다. 여러분의 사업은 어떠한가? 고객의 변화 속도에 발맞추어 가고 있는지 되짚어봐야 한다. 지금 잘되고 있다고 하더라도 한 번쯤 살펴볼 필요가 있다.

재정의를 통해 카테고리를 새로이 만들어낸다는 것은 사람들이 생각하지 못한 점을 끄집어내고 확대함으로써 '판단의 기준'을 바꾸게 하는 것이다.

패스트패션의 대표 주자 '자라'는 상품기획에서 생산까지 2주 만에 완성되는 시스템으로, 제품을 한 시즌 내내 진열·판매하는 방식에서 벗어나 최신 유행을 수시로 반영하여 고객에게 최신 유행을 입히겠다는 전략으로 시장을 개척했다. 시계 브랜드 '놋또'는 손목시계에 대한 '용도의 재정의'를 통해 기능보다는 패션에 초점을 두어 고객의 취향에 따라 구매 가능하도록 설계된 커스텀 오더 방식을 제시하였고, 업사이클링 브랜드인 '프라이탁'은 버려진 방수포 원단을 재활용하여 세상에서 단 하나뿐이라는 희소가치 메리트와 프라이탁만의 감성을 어필하며 기존 가방과는 다른 새로운 영역을 개척하여 구매 가치를 높였다.

불황에는 가격이 구매에 가장 큰 영향을 미친다. 가격 경쟁은 피할 수 없다. 하지만 무분별한 가격 경쟁에 휘둘리지 않으려면 브랜드력을 높여야 한다. 작든 크든 간에 특정 카테고리에서 1등 브랜드가 되어야 한다. 소비자는 1등만 기억하기 때문이다. 유통 소매점이나 온라인 카테고리에서 소비자가 가장 먼저 찾는 브랜드가 되려면, 먼저 그 카테고리에서 최초가 되어야 한다.

파스퇴르 우유는 강자들이 우글거리는 우유 시장에 '저온살균'이라는 새로운 공법을 들고 나타나 소비자로 하여금 고온살균 방법의 영양 손실에 대해 다시 생각하게 만들어 '저온살균' 우유라는 새로운 카테고리로 소비자의 마음을 사로잡았다. 기능성 제품으로 우유 시장을 다양화시킨 것이다.

요즘은 청량음료가 다양하게 출시되고 있지만, 한때는 콜라, 사이다, 환타와 같이 청량감과 단맛에 치중된 음료가 전부였던 시기가 있었다. 그때 '이온음료'라는 새로운 개념의 음료수가 등장했다. 바로 스포츠 음료 '게토레이'다. 이후 포카리스웨트가 출시되면서 이온음료 시장은 폭발적으로 성장하였다.

그렇다고 기존 제품을 완전히 버리고 처음부터 다시 시작하라는 말은 아니다. 여러분이 갖고 있는 제품군에서 '최초'라고 말할 수 있는 카테고리를 만들라는 것이다. 프로스펙스가 워킹화의 선도적인 존재가 되었듯이 말이다.

차별화의 가장 핵심적인 논리는 시장 창출을 통한 최초 진입이다. 즉 선점 전략인 것이다. 경쟁자가 가지 않은 시장에 먼저 가서 자리를 잡는 것이다. 어느 분야든 가장 먼저 시장에 진입하는 브랜드는 '오리

지널'이라는 프리미엄이 붙는다. 원조가 되는 것이다. 어차피 선두 그룹이 아니라면, 기존 시장의 강자가 관심 갖지 않는 카테고리에서 선두가 되면 된다. '호랑이 없는 굴에 토끼가 왕'이라는 말처럼 호랑이 없는 굴을 찾는 것이다.

전략 2. 특정 타깃에 집중하라

머천다이징 프로세스라는 과목으로 패션 전문기관에서 강의를 할 때, 타깃팅에 대해 질의응답이 오간 적이 있었다. 한 수강생으로부터 많은 고객을 상대로 상품을 개발해야 매출이 좋은 게 아니냐는 질문을 받았다. 이른바 확장성을 두고 하는 말이었다. 애초 20대 젊은 사람들을 대상으로 개발한 제품이라고 해도 10대도 살 수 있고, 40~50대도 사면 좋은 게 아니냐는 질문이었다. 맞다. 틀린 말은 아니다.

타깃을 좁히라는 말을 많이 하는데, 이 말이 잘못 인식되어 오해를 불러일으킬 수도 있다. 마케팅이나 상품기획 부서 이외의 사람들은 언뜻 이해하지 못하는 경우가 많다. 또한 중소기업 대표들과 제품에 대해 이야기를 나눌 때도 마찬가지 반응들이었다. 남자든 여자든, 연령대가 낮든 높든 간에 누구나 살 수 있는 그런 상품을 개발해야 좋은 게 아니냐는 의견이었다. 그들은 고객층에 상관없이 될 수 있으면 많은 사람들에게 판매하는 것이 당연하다고 생각했다.

'타깃을 좁힌다'는 것은 그 상품을 구입하는 핵심 타깃을 명확히 한다는 것이지, 그 이외의 고객들에게 팔지 않겠다는 의미가 아니다. 핵심 타깃을 집중적으로 공략함으로써 다른 고객층도 유입한다는 말이다. 그들은 이 사실을 이해하지 못하고 있었다.

모든 고객층에게 팔려고 하면 이른바 '색깔'이 없어진다. 많은 고객층에게 팔기 위해 특정 타깃에 집중하여 색깔을 만들어내야 한다. 그런데 여기서 생각해볼 문제가 있다. '타깃팅은 과연 마케터의 전유물이어야 하는가' 하는 것이다.

우리는 흔히 타깃에 대해 이야기할 때 마케팅적 관점에서 거론한다. 브랜드 혹은 상품을 어느 타깃에, 어떠한 이미지로 포지셔닝할지에 대해 전략적으로 접근하는 이들은 대부분 마케터다. 실제로 광고나 홍보로 대변되는 마케팅에서 타깃팅은 아주 중요하다. 같은 상품을 관점을 바꿔 다르게 보이게 만드는 능력, 그것이 마케팅의 힘이기 때문이다. 하지만 고객에게 전달할 메시지를 만드는 원천은 상품이다. 그렇기 때문에 머천다이저는 마케팅적 사고를 갖고 있어야 한다. 시장 전체를 고객으로 삼기보다는 내 상품을 강력히 원하는 고객에 집중하여 주된 수요층에게 구체적이고 명확한 메시지를 전달해야 시장을 합리적으로 공략할 수 있다.

상품은 기술적 영역에 속한다. 타깃이 원하는 욕구를 만족시키기 위해 보다 편리하고 아름답고 실용적 가치를 상품에 반영한다. 반면 마케팅은 인문학적 영역이다. 마케팅은 상품을 고객의 '심리'를 이용하여 구매로 연결시키는 역할을 한다. 상품의 기능적 장점을 심리적 가치로 변환하여 구매로 이어지도록 고객들의 신경세포를 자극하는 것이다. 동일한 화장품을 어떻게 표현하느냐에 따라 주 타깃이 20대 초반이 되기도 하지만, 볼륨 구매층은 20대 초반을 그리워하는 30대 여성일 수도 있다.

비즈니스에서 불특정 다수의 고객을 공략하기보다 하나의 타깃을 선정하여 집중적으로 공략하면 오히려 시장이 더 커지는 효과를 거둘 수 있다. 다수의 고객을 만족시키려면 제품에 다양한 이야기를 담아야 하므로 힘이 분산되지만, 한 고객을 집중적으로 공략하면 메시지가 강력해지고, 그 메시지에 호감을 갖는 다른 고객들까지 저절로 모이게 된다. 이는 경쟁 우위 확보를 위한 최선의 방법이다.

몇 년 전에 방영된 tvN 드라마 〈응답하라 1988〉을 기억하는가. '응답하라 시리즈'의 세 번째 작품으로, 1988년 서울 도봉구 쌍문동 봉황당 골목을 배경으로 온 가족이 함께 볼 수 있는 따뜻한 가족 이야기를 그렸다. 방영 당시 40대 중반이 된 1971년생과 1988년을 살아온

그림 6-2 tvN 드라마 〈응답하라 1988〉

사람들에게 추억과 향수를 불러일으켰지만, 2000년대에 태어난 10대들에게도 크게 어필되었다. 건국 이래 최고의 행사인 '88 서울올림픽'이 열렸고, 이웃 간 정을 나눌 수 있는 골목 문화에 향수 짙은 테마 음악까지, 그 시대를 살지 않은 세대에게는 익숙지 않은 풍경이었음에도 많은 이들을 열광하게 만들었다. '응답하라 시리즈'의 타깃은 명확했으며, 그들의 이야기를 충실히 만들어나갔다.

나는 이 드라마의 대표적 감성을 '청춘'이라 생각한다. 그 시절 청춘을 보낸, 그리고 지금의 청춘들에게 보내는 메시지를 담으면서 모든 세대들과 함께 그 시절로 여행을 떠나게 해주었다. 이처럼 타깃이 명확할수록 전달되는 메시지는 강력해진다.

'자신감을 입자! 66사이즈 대표 쇼핑몰'이라는 문구가 눈에 확 띄는 쇼핑몰이 있다. 여성의 평균 치수보다 큰 '66사이즈' 옷을 전문적으로 만들어 판매해 2018년 매출액 720억 원을 기록한 회사다. 대표적 레드오션 시장인 여성복 시장에서, 66사이즈를 간판으로 내세워 건강하고 활력 넘치는 데일리 룩을 제안하는 '육육걸즈'는, 론칭 당시 44~55사이즈에 주력하는 대부분의 여성 의류 브랜드와 달리 철저히 '고객 눈높이에서 바라보기'로 출발했다. 모델이 입어서 어울리는 옷이 아닌 보통 체형의 평범한 여성을 위한 옷을 지향하고, 허황되고 과장된 광고보다는 진심어린 서비스로 응대했으며, 고객의 소비 패턴을 분석해 특정 카테고리를 전문화하여 좋은 반응을 이끌어냈다.

2015년 프리미엄 청바지 브랜드인 '몬스터진(MONSTER JEAN)'을 시작으로, 경쾌하고 활동적인 감각의 '씨씨룩(CC LOOK)'과 베이직 아이템 브랜드 '6B(66 BASIC)'를 통해 육육걸즈만의 디자인 의류를 선보였다. 여기에 주얼리 '담다(damda)'와 같은 특정 카테고리에 집중한 브랜드도 론칭했다.[17)]

그림 6-3 '자신감을 입자! 66사이즈 대표 쇼핑몰' 문구가 인상적인 육육걸즈 홈페이지

육육걸즈 박예나 대표는 중학교 시절 블로그로 시작해 곧 1000억의 매출을 바라보는 회사로 성장시켰으며, 최근에는 K-스타일에 관심이 많은 일본과 중국 고객들도 늘어나 해외에서도 유명세를 타고 있다. 차별화된 타깃으로 틈새시장을 공략해 시장의 반응을 이끌어냈고, 그들에게 집중하고 콘셉트를 유지함으로써 큰 성공을 거두었다.

스타트업으로 시작해 창업 9년 만에 기업 가치 3조 원 규모의 유니콘 기업으로 성장한 '우아한형제들'의 배달 앱 '배달의민족(배민)'은 타깃 고객을 '회사의 막내'로 설정하였다. 대체로 직장에서 음식을 시키는 사람은 막내가 담당하기 때문이다. 이들 대부분은 사회 초년생이고, 홍대 문화나 B급 문화에 익숙하며, 예능 프로그램 〈무한도전〉을 즐겨보는 세대들이다.

'배민'은 〈무한도전〉을 보면서 그들이 좋아하고 관심 가질 만한 문화를 찾아냈다. 〈무한도전〉은 '어딘가 부족함이 보이는 사람들이 모여서 별 의미 없어 보이는 일에 도전하는 것'을 콘셉트로 한 예능 프로그램이다. 배민의 김봉진 대표는 B급 문화를 찾아 자신들의 문화를 이러한 콘셉트에 맞추어 만들어나갔다.[18] 시장을 공략할 때 먼저 구체적인 타깃을 설정하고, 그 타깃을 기점으로 콘셉트를 명확히 하며, 그에 따른 기업 문화를 만들어감으로써 점차 타깃의 범위를 넓혀나간 사례를 잘 보여주고 있다.

수많은 매스미디어와 개인의 삶을 지배하고 있는 SNS 채널로 인해 소비자의 뇌는 쉴 틈이 없다. 갈수록 자극적이고 폭포수처럼 쏟아지는 정보는 감각을 무디게 만든다. 이제는 특징이 없으면 보이지도 않고 관심조차 끌 수가 없다. 더욱이 '대중'보다는 '개인 한 사람'에 초점을 맞추고 있어 시장은 더욱 세분화되고 있다. 그 때문에 시장을 움직이는 소수의 '누군가'를 타깃으로 포커스를 맞춰야 한다. 그 소수들이 뭉치면 새로운 시장이 생기고 승자가 될 수 있다. 혼밥족 시장이 그러했고, 여행·숙박·배달 앱이 궤를 같이한다.

아무리 두꺼운 통나무도 예리한 도끼날에는 쪼개진다. 큰 얼음을 깰 때는 망치가 아닌 송곳을 사용해야 한다. 마찬가지로 시장에서 승기를 잡으려면 작은 틈을 파고들어 차별화해야 한다. 대중이라는 표면 밑에 있는 '잠재적 소수'를 공략해야 한다. 잠재되어 있는 소수를 움직일 수만 있다면 그 파급력은 결코 작지 않을 것이다.

전략 3. 콘셉트와 스토리를 차별화하라

사람들은 왜 스토리에 열광하고 맥락을 중요하게 여기는가? 머천다이저에게 상품과 스토리의 상관관계는 어떤 의미를 가져다주는가? 과거에는 무엇을 어디서 사느냐가 중요했다. 노트북을 사더라도 백화점이나 하이마트와 같은 가전 양판점, 인터넷 등 채널마다 제공하는 가격과 서비스, 신뢰도, 쇼핑의 편리성 등에 차이가 많았으므로 어디서 살 것인지가 중요했다. 또한 구매 결정 요인으로 작용하는 브랜드와 디자인, 품질 수준 그리고 가격 등도 중요한 변수로 작용하였다.

하지만 지금 우리는 인터넷과 모바일이 이루어낸 완전 정보시대에 살고 있다. 소비자들이 언제 어디서든 제품에 대해 거의 완벽한 정보를 얻을 수 있으며, 타인의 의견과 경험을 통해 나만의 소비를 결정한다. 나아가 물질적 풍요로 인해 반드시 필요해서 사야 하는 수준에서 벗어나 소비 과정에서 오는 즐거움이나 의미를 찾는 사람들이 많아졌다. 조금 더 비싸더라도 나의 마음을 흔드는 상품을 구매한다.

이제는 '왜 사느냐'가 더 중요해지고 있다. 목이 말라서 물을 사는 것은 단순히 목적을 달성하기 위한 소비에 해당한다. 하지만 물 하나를 사더라도 건강을 생각하는 마음에서 FDA 기준에 적합하고 미네랄이 풍부한 해양 심층수로 만든 생수 브랜드를 선택할 수도 있다. 왜 스타벅스에 열광하는가? 음료 가격도 싸고 좌석도 항상 여유 있는 다른 커피 전문점도 많은데 말이다. 소비자에게 즐거움과 의미를 줄 수 있는 스토리를 제안해야 소비자는 반응한다. 머천다이저는 상품에 스토리를 구성할 수 있는 키워드를 심어줘야 한다.

개도국 아이들이 책을 읽을 수 있도록 전기가 없어도 켤 수 있는 전등을 개발한 루미르(LUMIR)라는 기업이 있다. 루미르 박제환 대표는 대학 시절 인도와 필리핀의 빈민가를 경험하고, 낮에는 일하고 밤에는 양초 하나로 공부하는 아이들을 보며 그들에게 지속 가능한 빛을 공급하기 위해 소셜벤처(social venture)*의 길로 들어섰다.[19]

* 사회 문제를 해결하기 위해 사회적 기업가가 설립한 기업이나 조직을 말한다. 이익보다는 사회적 혜택을 우선시한다는 점에서 일반 벤처기업과 다르다.

그림 6-4 루미르

공학도였던 그는 양초가 탈 때 발생하는 열에너지를 전기에너지로 전환하는 원리로 전기나 배터리 없이 반영구적으로 사용 가능한 에너지 램프 '루미르C'를 개발했다. 이후 미국 크라우드 펀딩인 킥스타터 펀딩을 통해 1억 6천만 원을 후원받았고, 개도국 주민들이 지속적으로 사용할 수 있도록 에너지 램프 개발에 박차를 가하여 누구나 흔히 구할 수 있는 식용유를 원료로 개발한 '루미르K'를 세상에 선보였다.

'루미르K'는 기존 등유 램프 대비 최대 80% 가까이 연료를 절감하면서 배터리를 사용하지 않아도 되어 반영구적으로 사용이 가능하다. 또한 어디서나 쉽게 구할 수 있는 식용유를 원료로 하기에 유지비도 적게 든다. 개도국 국민들이 낮은 비용으로 전등을 사용할 수 있고, 밤에도 경제 활동을 할 수 있도록 생활에 많은 도움을 주었다.

기술로 사회적 문제를 해결하려는 노력을 보인 루미르만의 스토리와 가치는 여러 기관과 투자자에게 지원을 받아 국내와 해외에서 그 영역을 넓혀가고 있다. 선진국형 모델에서는 이윤을 추구하고 그 비용으로 개도국에 지원도 하는, 이른바 투트랩으로 전개되는 루미르의 사회적 가치야말로 선진국 소비자들에게 의미 있는 소비를 제안하기에 충분했다.

여기서 잠깐 유통에 대해 살펴보자. 롯데마트, 이마트, 홈플러스와 같은 대형마트들은 아주 치열한 경쟁을 벌인다. 식품에서부터 생활 전반에 필요한 품목을 취급하다 보니 매출의 규모가 상당하다. 유통 특성상 제조사에 의해 만들어진 브랜드 상품을 진열·판매하기에 상호 간 차별성이 부족하고, 낮은 이익 구조를 피할 수 없으며, 더욱이 고객을 유입하기 위해 가장 손쉽게 할 수 있는 가격 할인 경쟁을 앞다투어 시행하는 탓에 수익과 매출에 있어 상황이 나아지기가 어렵다.

업계 선두 기업인 이마트는 이러한 구조를 탈피하고자 직접 브랜드 제조사가 되어 상품을 유통하기 시작했다. 자체 PB 브랜드를 운영하면서 노하우가 쌓이자 가성비를 제대로 보여주겠다고 만든 브랜드가 바로 '노브랜드(No Brand)'다.

"브랜드가 아니다. 소비자다", "당신이 스마트 컨슈머가 되는 길" 등이 '노브랜드'의 캐치프레이즈며, '노브랜드'는 다른 브랜드보다 소비자에 집중하겠다는 의지를 분명히 보여주고 있다. 노브랜드는 가격이 싸지만 제품력은 그저 그런, 싸니까 산다는 당시의 PB 상품과는 달리 가격 대비 수준 높은 품질을 지향하는 상품들로 인기를 끌고 있으며,

그림 6-5 이마트 '노브랜드'

홍보를 위해 과도한 마케팅 비용을 쓰기보다 상품 경쟁력에 온 힘을 쏟고 있다.

때론 품질을 의도적으로 낮추면서 가격대를 종전 PB 상품보다 훨씬 저렴하게 하여 최저 가격대를 형성하는 전략을 사용하기도 한다. 최근 노브랜드는 이마트의 PB 브랜드가 아닌 별도 브랜드가 되어 전용 매장까지 생겨날 정도로 급성장하고 있다.

이마트의 노브랜드 전략은 브랜드의 거품을 빼고 가성비를 높이고 있기 때문에 소비자에게 '브랜드가 아니다'라고 외친다. "소비자에게 현명한 소비를 하게 한다"는 콘셉트는 합리적이고 자기에게 맞는 제품이면 브랜드에 상관없이 구매하겠다는 소비자의 패턴을 정확히 읽고 파고들었다.

소비자는 이제 노브랜드를 브랜드로 인식하고 있다. 비록 그들은 브랜드가 아니라고 외치지만 말이다. 가성비의 대명사로 인식되는 '다이소'와 같이 다양한 상품을 품질 대비 저렴한 가격에 살 수 있다는 브랜드로 인식하며, 온라인에서는 꼭 사야 할 필수 아이템 목록이 소비자들 사이에 공유되고 있다. 게다가 한 번 구매한 고객들은 대부분 만족감을 느끼고 다시 찾도록 만들었다. 상품력과 브랜드 콘셉트가 잘 어우러져 향후 그 행보가 더욱 기대된다.

나는 최근 나이키 광고에서 개그우먼 박나래 씨가 모델로 등장하는 것을 보고 놀라지 않을 수 없었다. 나이키는 세계 패션 브랜드 가치 평판 1위의 글로벌 브랜드이며, 세계적으로 내로라하는 해외 유명 스타들이 광고 모델로 기용되는, 가히 최고의 브랜드다. 스포츠와는 거리가 있어 보이는 박나래 씨가 어떻게 모든 스타들이 선망하는 나이키의 광고 모델이 될 수 있었을까? 바로 대중적이면서도 독특한, 그리고 긍정적인 그녀의 인생 스토리가 사람들에게 분명한 메시지를 주고 있기 때문이 아닌가 생각한다.

그렇다. 박나래 씨가 나이키 2019 우먼스 저스트 두잇(Women's Just Do It) 캠페인 모델로 발탁된 데는 새로운 시도와 도전으로 본인의 한계를 뛰어넘는 대한민국 대표 여성 엔터테이너로서 대중의 사랑을 받고 있기 때문이다. 꾸미지 않은 솔직한 매력, 작은 체구에서 뿜어 나오는 열정과 소녀적인 이미지, 때론 과한 패션과 스타일링으로 강력한 인상을 주는 데 초점을 맞추어 그녀만의 독특한 이미지를 구축하였고, 언제나 열정적으로 활동하는 모습은 대중들에게 긍정적인 이미지로 각인되었다. 그녀의 스토리와 나이키 광고에 투영된 이미지는 대중에게 신선한 충격을 주었으며, 대중은 그런 그녀를 힘껏 응원하고 있다.

다시 돌아가서, 왜 사람들은 스토리에 반응하는 것일까? 그 이유는 '의미 있는 소비', '정서적 만족'을 추구하는 경향이 커지고 있기 때문이다. 흔히 말하는 가치 소비란, 자기만족도가 높거나 스스로 가치를 부여한 상품은 과감히 소비하고, 가격이나 품질 등은 꼼꼼히 따져 합리적으로 소비하는 경향을 말하는데, 그 가치를 논할 때 스토리가 적지 않은 영향을 미친다. 상품이 주는 긍정적인 스토리는 소비자의 가치 소비에 있어 구매를 당기는 방아쇠와 같은 역할을 하는 것이다.

또한 최근 한국은 세계적인 테스트베드(test bed)* 국가로 주목받고 있다. 자기과시와 경쟁 심리가 강한 한국인 특유의 성향과 IT의 발달이 결합하여, 외국에서는 신제품 출시 이후 몇 년에 걸쳐 나타나는 피드백이 우리나라에서는 몇 개월 안에 나타나므로 한국을 세계 진출의 교두보로 삼으려는 글로벌 기업들이 늘어나고 있는 것이다. 이처럼 빠르게 반응하고 변화하고 행동하는 한국인에게 지속적인 구매를 연결시키기 위해서는 명확한 콘셉트와 이유 있는 스토리가 뒷받침되어야 한다.

* 새로운 기술이나 서비스, 콘텐츠 등을 출시할 때 특정 국가의 시장에서 테스트를 함으로써 시장 반응(소비자 만족도)을 측정하여 다른 나라에서 성공 가능성을 판단하는 것이다.

시장에는 수많은 경쟁자가 싸우고 있다. 신상품은 하루하루 봇물 터지듯이 출시되고 있으며, 제품수명주기는 갈수록 짧아지고 있어 기업들은 개발 효율의 저하와 개발력 한계에 직면해 있다. 이때 히트 상품은 광범위하고 긴 시간 동안 소비자의 구매를 이끌어내는 역할을 한다. 그 힘은 차별화된 콘셉트와 스토리에서 나온다. 연애할 때 남녀가 서로의 속마음을 잘 읽어내야 하는 것처럼 기업이나 브랜드도 마찬가지다. 자기 마음을 잘 알아주는 상품을 만났을 때, 소비자는 그 브랜드의 이야기에 공감하고 신뢰를 보이며 애정을 느끼게 된다. 그렇게만 된다면 성공한 것 아닐까?

전략 4. 커뮤니케이션을 활성화하라

커뮤니케이션은 마케팅 역량의 범주에 속한다고 할 수 있다. 하지만 상품기획자는 항상 마음속에 마케팅적 사고를 지니고 있어야 한다. 잘 만드는 것보다 잘 팔리는 게 더 중요하기 때문이다. 소비자가 알아주지 않는 상품은 존재 의미가 없다.

어떻게 하면 소비자가 알아줄까? 앞에서 '최초인지도(Top of mind)'에 대해 잠깐 언급했는데, 여러분도 머릿속에 한번 떠올려보길 바란다. 시계, 자동차, 가구, 스포츠, 커피, 자전거 등 여러분이 관심 갖고 있는 카테고리에 대해 어떤 브랜드가 떠오르는지 말이다.

최초인지도는 시장 점유율을 파악하는 도구로 많이 활용되는데, 예전에는 시장 장악력을 가진 브랜드가 카테고리에 상관없이 전방위적으로 높은 점유율을 보였으나, 지금은 다르다. 소비자의 취향과 욕구가 다양해지면서 자신에게 맞는 브랜드를 카테고리별로 선택적으로 선호하는 경향이 커지고 있다.

과거에는 '스포츠' 하면 나이키가 독보적이었다. 러닝, 농구, 골프, 축구 등 카테고리를 불문하고 나이키 하면 우선 인정하는 분위기였다. 지금도 나이키는 여전히 강자지만, 카테고리별로 들어가보면 얘기가 달라진다. 기능성 티셔츠는 언더아모, 요가는 룰루레몬, 배드민턴은 요넥스, 워킹은 프로스펙스, 축구화는 아디다스 등 카테고리별로 강자 브랜드가 존재하며, 그들만의 방식으로 소비자들과 적극적으로 소통하고 있다.

이제 소비자는 가격과 기능만을 보고 구매하지 않는다. 남들이 좋다고 해서 무조건 따르지 않는다. 저마다 자기 취향에 맞는 브랜드를 선호하며, 중요한 것은 TPO(Time, Place, Occasion), 이른바 시간, 장소, 상황에 따라 다른 선택을 한다. 과거에는 하나의 트레이닝복으로 실내 운동도 하고, 아침에 산책도 하며, 등산복이나 외출복으로도 입고, 하물며 스키 탈 때도 입었다(스키 탈 때는 일명 '땀복'이라 불리는 방수 소재로 된 트레이닝복을 입었다). 한마디로 다목적으로 활용했다. 하지만 지금은 다르지 않는가(물론 아직도 하나로 멀티플레이를 즐기는 소비자가 적지 않지만 말이다).

우리는 이제 소비자의 머릿속에 '왜 우리 브랜드를 사야 하는가'

에 대한 거절하기 힘든 명분과 타당한 이유를 심어줘야 한다. 즉 '커뮤니케이션'을 해줘야 한다. 소비자와의 커뮤니케이션은 이미지를 심어주는 것이다. 고급 시계의 대명사 롤렉스(ROLEX), 감성과 가성비를 파는 가구 전문 회사 이케아(IKEA), 혁신의 아이콘인 애플사의 아이폰(iPhone) 등 사람들의 마음속에 1등으로 자리 잡은 브랜드들은 소비자에게 전달하는 특별한 이미지를 통해 커뮤니케이션하고 있다.

상품이 아무리 좋다 해도 마케팅과 결합하여 이미지를 인식시키지 못하면 제대로 된 가치를 인정받기 어렵다. 반대로, 좋은 상품을 개발하려면 소비자와 커뮤니케이션하기 위한 이미지를 만들 수 있는 요소를 상품에 담아내야 한다. 예컨대 '굴비' 하면 '영광굴비'가 가장 먼저 떠오르듯이 말이다. 동네 시장에 있는 건어물 가게에서 파는 영광굴비를 봤을 때, 다른 굴비에 비해 몇 배나 비싼 가격임에도 우리는 당연하게 여긴다. 이미 소비자의 마음속에 영광굴비는 고급 생선의 대표 이미지로 떠오르기 때문이다.

굴비는 조기를 소금에 절여서 말린 것인데, 한국 연안에서 잡히는 조기류는 5속 12종에 달한다고 한다. 영광굴비는 그중에서도 신선한 참조기로만 가공한다. 1년 이상 보관하여 간수가 빠진 국산 천일염으로 간을 한 후 최적의 기온과 해풍으로 건조 조건이 우수한 법성포의 지리적 이점이 반영되어 영광굴비가 탄생하는 것이다. 단백질과 비타민 등 영양분이 풍부하고 쫀득한 육질과 담백한 맛으로, 예로부터 임금님 수랏상에 오르는 으뜸가는 음식으로 인식되어 있다. 그렇다면 다른 굴비는 왜 그런 대접을 받지 못할까?

바로 인식의 차별화가 안 되어 있기 때문이다. 밥도둑인 굴비, 그 중에서도 최고인 영광굴비는 특히 염장법에서 차별화되어 있다. 다른 지역이 소금물로 간을 하는 데 반해, 영광굴비는 천일염으로 간을 한다. 다른 지역에서 잡은 참조기를 영광에서 가공해도 영광굴비라 부를 수 있는 이유다. 물론 영광 지역의 지리적 조건도 한몫한다.

소비자에게 심어주는 인식을 차별화한다는 말은 경쟁자와 구별되는 나만의 이미지를 만들어낸다는 것이며, 내가 갖고 있는 특징 중에서 어떤 것을 '다른 것과 구별되는 포인트'로 인식시키느냐에 따라 방향이 달라진다. 무엇을 인식시키느냐도 중요하지만 어떻게 커뮤니케이션하느냐가 가장 중요하다.

평창 롱패딩과 온라인 의류 브랜드 롱패딩을 비교했을 때, 품질은 의류 브랜드 롱패딩이 우수할지 모른다. 하지만 소비자들은 평창 롱패딩에 열광했다. 평창올림픽 공식 후원사인 롯데백화점이 SPA 업체에 주문해서 제작한 롱패딩은 가성비가 뛰어난 제품이었다. 하지만 가성비가 뛰어난 제품은 온라인에도 많다. 평창올림픽이라는 이슈와 롱패딩 트렌드, 거기에 롯데백화점에서 판매한다는 신뢰성과 한정판이라는 심리적 요인까지 가세해 소비자들에게 꼭 사고 싶은 '명분'과 '이유'를 제공하며 열광하게 만든 것이다.

인터넷 전문 의류 브랜드에서 생산한 롱패딩도 가격이나 품질 면에서 보면 평창 롱패딩과 큰 차이가 없다. 결국 성패를 좌우하는 것은 제품보다도 인식의 차이다. 그 인식을 차별화시키는 일은 어렵지만, 일단 소비자의 마음속에 심어놓기만 하면 성공의 방정식을 갖게 되는 것이다.

인터넷 쇼핑을 하다 보면 참신하고 새로운 상품을 전문적으로 취급하는 온라인 사이트를 자주 접할 수 있다. 소개된 상품들을 보면 참으로 기발하고 한 번쯤 사보고 싶은 것들이 아주 많다. 즉 상품이 차별화되어 있다. 다른 상품과 다르게 느껴진 것만으로도 벌써 차별화의 영역에 들어선 것이다.

하지만 그 상품들 가운데 계속 인기를 끌면서 판매되는 상품이 과연 몇이나 될까? 얼마 되지 않는다. 한번 호기심으로 머물고 사라지는 상품들이 대부분이다. 왜 그럴까? 대다수의 경우는 소비자에게 정확히 커뮤니케이션을 하지 못했기 때문이다. 상품의 차별화는 성공했을지 몰라도, 차별화된 인식을 심어주지는 못했기 때문이다. 여기서 차별화된 인식은 소비자에게 이익이 되는 요인을 경쟁자와 비교했을 때 우위에 있음을 각인시키는 것이다.

이미지를 각인시킬 때 주의해야 할 사항이 있다. 각고의 노력 끝에 개발해낸 상품은 애정이 듬뿍 담겨 있게 마련이다. 소비자에게 자랑하고 싶은 내용이 한두 가지가 아닐 것이다. 미팅에 나온 상대방이 외모와 학벌, 성격, 재력 모두 평균 이상이라고 하자. 상대방에게 어필할 때 모든 면에서 다 좋다고 하면 과연 이상적으로 받아들여질까? 상대방이 물론 좋아할 수도 있지만, 결국 선택하는 것은 상대방이 더 호감을 느끼는 특성, 예를 들면 성격이 너무 좋아 같이 있을 때 편안함을 느끼는 사람이라든가, 재력이 출중하여 외모는 상관없다든가 하는 명확한 특징이 어필되는 경우가 성공 확률이 더 높다. 다만, 다른 조건은 평균 이상은 되어야 한다는 조건이 붙는다. 기본은 충족되어야 장점이 어필된다. 결론은 브랜드 혹은 기업이 만들고자 하는 인식에 부합되는 가장 큰 강점을 지속적으로 전달해야 소비자에게 꽂힌다는 사실이다. 여러 가지를 전달하려 하지 말고 한 가지에 집중하자.

나는 안경 아이템으로 창업하여 먼저 온라인 시장에 대한 경험을 쌓기 위해 '블루라이트 차단 안경'이라는 기능성 상품을 개발했다. 아직 시장에서는 널리 알려진 아이템이 아니라서 소비자의 인식이 낮기 때문에 되도록 많은 장점을 소비자에게 어필하고자 온라인 상세페이지나 제품 패키지에 소비자가 얻을 수 있는 이익에 대해 많은 내용을 담았다.

하지만 소비자에게서 오는 피드백은 정해져 있었다. 기존의 블루라이트 차단 안경은 렌즈가 노란색이어서 일상생활에서 불편함을 느꼈는데, 투명한 렌즈 타입이라 사용하기 편하다는 내용이었다. FDA 심사를 통과한 사실이라든가, 잘 깨지지 않아 안전하다든가, 가성비가 높다는 등의 이점보다도 고객들은 컴퓨터 모니터나 스마트폰을 볼 때

원래의 색 그대로 볼 수 있다는 점이 가장 메리트가 있다고 평했다. 앞으로도 나는 이 점을 반영하여 다시 소비자와 커뮤니케이션할 생각이다.

커뮤니케이션이라 함은 소통한다는 의미다. 소통은 일방통행이 아니라 쌍방통행이다. 내가 던지는 메시지에 대해 소비자는 달리 반응할 수도 있다. 의도한 대로 이끌 수도 있지만, 안 될 경우 소비자의 반응을 보고 전략을 수정해야 한다. 소비자와의 커뮤니케이션은 유연성을 갖춰야 한다. 내 뜻대로 안 되는 것이 소비자의 마음이다. 소비자를 끌어당기려고 하지 말고 자연스럽게 오게 만들어야 한다. 내가 만드는 문화를 이해시키고 길들여야 한다.

이케아의 가구는 소비자가 직접 조립해야 한다. 불편할 수도 있다. 하지만 그럼으로써 경제적인 가격으로 구입할 수 있고, 나아가 내가 직접 조립한 상품은 더욱 애착심을 갖게 만든다. 이케아는 소비자를 그들의 문화에 자연스럽게 동화되게 만들었다.

온라인 비즈니스가 대세를 이루고 있다. 향후 전망도 오프라인의 역할은 한정적으로 축소되고 온라인이 광범위하게 확대될 것이라는 게 지배적이다. 온라인은 오프라인보다 소비자의 반응이 즉각적이고 활발하다. 오프라인은 대면 판매라는 부담 요소가 있지만, 온라인에서는 자유롭게 댓글을 달 수도 있고, 게시판에 의견을 올려 생각을 공유하기도 용이하다. 소통이 편하고 자유롭게 이루어진다. 그렇기 때문에 아주 조심스럽고 위험한 공간이지만, 잘 활용하면 중소기업이나 경쟁 열위 기업도 대박을 터뜨릴 수 있다.

소비자와 어떻게 커뮤니케이션 하느냐가 중요하다. 어떻게 하면 차별화된 인식을 심어주느냐를 고민해야 한다. 상품기획자나 MD는 마케터의 머리에 씨앗을 심어주어야 한다. 커뮤니케이션의 씨앗, 차별화된 인식의 씨앗 말이다.

전략 5. 조직 역량을 강화하라

대한민국 국민이 생각하는 2018년 평창 동계올림픽의 최대 히트 상품은 무엇일까? 수많은 선수들의 땀과 열정, 희로애락이 함께했던 평창올림픽은 우리에게 감동과 희열을 선사했는데, 그중에서도 뜻하지 않은 종목에서 온 국민들을 열광하게 만든 선수들이 있었다. 바로 컬링 국가대표인 '팀킴'이다.

인구 5만의 작은 도시 의성에서 '놀 게 없어서' 방과 후 취미 활동으로 운동을 시작한 동네 친구들은 세계 최고의 스포츠 무대인 올림픽에서 세계 정상과 어깨를 나란히 하며 전 세계를 깜짝 놀라게 했다. 컬링이라는 낯선 스포츠 종목은 인기 스포츠에 비해 척박한 환경이었고, 제대로 된 지원도 받지 못했지만, 그 힘든 상황에서도 '팀킴'은 10

년간 호흡을 맞춰왔다. 각자 맡은 역할을 완벽히 수행하면서 은메달이라는 쾌거를 이루어냈다. 완벽한 팀워크로 '원 팀(ONE TEAM)'을 완성하였으며, 우리나라에서 개최된 동계올림픽, 즉 주최국의 신데렐라가 된 것이다.

당시 일본을 꺾고 아시아 최초로 결승에 진출했을 때, 중계를 맡은 최승돈 아나운서는 이렇게 말했다. "여러분, 어느 종목도 각광받을 수 있습니다. 어느 지역에, 어떤 사람도 그 꿈을 이룰 수 있습니다. 성취할 수 있습니다. 그것을 우리 선수들이 이번 올림픽에서 온몸으로 보여줬습니다. 듣지도 보지도, 그래서 알지도 못했던 종목이 2018 평창 동계올림픽의 주인공이 되었습니다. 그리고 더욱더 멋진 모습을 기약하고 있습니다."

'팀킴'은 강호들과의 경기를 통해 얻은 자신감과 어린 시절부터 함께해온 끈끈한 팀워크, 그리고 냉철한 판단력과 정확한 샷 등의 실력을 갖추며 세계 최강팀으로 거듭났다. "영미~ 영미~"를 외치면서 스위핑(sweeping)의 방향과 속도를 지휘하는 리더와, 좌우에서 감각적으로 리더의 지시를 훌륭히 수행해낸 팀원들의 호흡은 시너지 효과를 내며 기대 이상의 결과를 가져온 원동력이 되었다.

나는 대기업과 중견기업에서 오랫동안 근무한 경험이 있고, 수많은 협력업체와 거래해오면서 직간접적으로 다양한 기업들의 조직 문화 및 운영 시스템을 경험했다. 이를 통해 분명하게 알게 된 사실은,

잘되고 있는 기업과 쇠퇴의 길을 걷는 기업은 전혀 다른 조직 문화를 갖고 있다는 것이었다. 막강한 자본을 갖고 있음에도 실패하는 대기업이 있는가 하면, 부족한 자원으로 최대의 시너지 효과를 거두면서 회사를 키워나가는 기업들도 있었다.

여러분이 생각하기에 대기업은 무언가 효율적이고 체계적일 것 같지 않은가? 틀리진 않다. 거대 조직을 움직이려면 관리 시스템이 잘 갖춰져 있어야 한다. 발생하는 많은 업무와 상황에 대해 시스템으로 관리하지 않으면 통제 및 리스크 관리가 어렵기 때문이다. 중소기업에서는 일인당 매출액이 억 단위일 수도 있지만, 대기업은 수백억 내지 수천억에 이르기 때문에 모든 일을 매뉴얼과 관리 시스템으로 진행해야 한다.

하지만 조직이 방대할수록 많은 문제점을 갖고 있다. 만연한 부서 이기주의나 시스템이라는 명목하에 부적합한 의사 결정도 꽤 이루어지고 있다. 또한 일을 진행하는 데 있어 결과에 대한 방향이 회사의 이익을 쫓기보다 개인 혹은 팀의 안위를 먼저 생각하는 경우가 의외로 많다. 오로지 회사만 위할 수는 없겠지만, 그렇지 않은 조직 문화를 갖고 있는 기업들은 어려움을 겪을 수밖에 없는 것 또한 현실이다.

반면 중소기업은 상황이 반대다. 심각한 양질의 인적자원 부재에 시달리고 있다. 중소기업 특성상 적은 인원이 다방면의 일을 해야 하는 상황이기 때문이다. 그렇기 때문에 스페셜리스트보다는 제너럴리스트가 요구되며, 전문화보다는 다양성에 초점이 맞춰져 있다. 또한 직원들의 의식구조도 대기업과 결이 달르다. 회사에 대한 로열티가 약하다. 그 이유에 대해서는 모두들 너무나 잘 알고 있을 것이다.

그렇기 때문에 창의적인 사고가 필요하거나 혁신적인 상품을 개발할 때 시작부터 난관에 처하는 경우가 많다. 경영자가 의지가 있어도 일을 진행할 조직이 준비가 안 되어 있기 때문에 포기하는 사례가 적지 않다. 많은 중소기업 사장들이 "우리는 그건 거 아예 생각도 못합니다"라고 자조적인 이야기를 한다.

그렇다면 어떻게 조직 역량을 강화할 수 있을까? 수많은 대안이 있겠지만, 여기서는 세 가지만 얘기하고자 한다. 가장 좋은 방법은 조직 구성원들이 '자영업 마인드'를 갖게 하는 것이다. 자기 일이라고 생각하고 업무에 임한다면 조직 문화가 상당히 달라질 수 있다.

나도 20여 년간 직장생활을 한 뒤 창업을 하여 3년간 내 회사를 꾸려왔다. 나름대로 직장생활을 열심히 했다고 자부하지만, 회사를 직접 운영하는 것과는 비교가 안 된다. 어떤 일도 허투루 하지 않고, 잘못된 의사 결정을 하지 않기 위해 작은 일에도 많은 고민을 한다. 비용을 집행할 때도 최대한 아끼고 효율적인 방향으로 선택하기 위해 노력한다. 사장뿐 아니라 모든 직원이 이렇게 일한다면, 회사는 절대 망하지 않을 것이다.

그러기 위해서 대표 경영자의 마인드가 중요하다. 조직 문화 풍토는 예전과 많이 달라졌다. 주 52시간 근무제 시행, 워라밸을 추구하는 직장인들의 확대 등 일과 삶의 균형을 중요하게 여기는 사회 풍토는 직장에 대한 개념을 바꾸어놓았다. 평생직장보다는 평생 업(業)을 지향하고 있으며, 본업 외에도 자기계발을 통한 부업의 개발로 새로운 돌파구를 찾으려는 직장인들이 늘고 있다. 이런 마인드는 지금 다니고 있는 회사가 절대적 가치에서 선택적 가치로 바뀌고 있다는 것이다.

불황으로 인한 구조조정 및 관리직 연령의 하향화가 가속화되고 있어 고용에 대한 불안감이 커지고 있고, 제4차 산업혁명으로 대두되는 산업기술의 발달로 미래 직업의 불안정성은 현 직장인들을 스스로 대비하게 만들고 있다. 즉 노후에 대한 불안감이 가중되고 있는 것이다. 이러한 현상들을 간파하여 조직 구성원들이 불안감을 떨쳐버리고 업무에 집중할 수 있도록 만들어줘야 한다. 그렇기 때문에 누구보다 많이 공부하고 고민해야 하는 사람이 대표 경영자여야 한다. '나를 따르라'가 아니라 '나를 믿고 한번 해보자'라는 분위기를 만들어야 한다.

다음으로 핵심 역량을 강화해야 한다. 대부분의 산업에서 기업이 생존하기 위해서는 매출이 중요한데, 이 매출을 견인해주는 부서가 바로 영업과 개발 조직(혹은 R&D)이다. 이 책에서는 매출의 시작인 상품을 기획하는 개발 조직에 대해 중점을 두고 설명하고자 한다.

경기가 안 좋으면 제일 먼저 손대는 곳이 관리 조직이다. 비용을 줄이기 위해서다. 그런데 경우에 따라 개발 조직도 관리 업무로 보는 기업들이 있다. 아니, 대부분의 경영자들이 그렇다.

전쟁에 한번 비유해보자. 과거 군사기술이 발달하지 않았던 시절에는 막강한 전투 병력을 얼마나 보유하고 있느냐에 따라 승패가 나뉘었다. 6·25 전쟁 때 중공군의 인해전술에 밀린 연합군을 보라. 하지만 지금은 그렇지 않다. 보유하고 있는 무기 체계가 전쟁을 하기도 전에 승부를 결정짓는다. 북한이라는 작은 나라가 핵실험을 통해 강대국을 긴장시키는 것도 결국 핵이라는 강력한 무기를 갖고 있기 때문이다. 즉 무기를 개발하는 것은 개발부서, 상품기획의 일이다. 현명한 경영자라면 경기가 회복기로 진입할 때 진보된 기술력이나 시장의 변화에 능동적으로 대응할 R&D 역량을 주저 없이 펼칠 수 있어야 한다. 이것이 경기가 어려울수록 개발력을 강화해야 하는 이유다.

히트 상품을 발굴한 기업들에서 공통적으로 발견할 수 있는 특징이 자사의 핵심 역량을 십분 발휘했다는 것이다. 상품기획-마케팅-생산-영업 등 조직 전체가 하나가 되어 응집력을 발휘했을 때 히트 상품이 나오고, 기업은 도약할 수 있는 기회를 얻게 된다. 특히 급변하는 시장과 소비자의 트렌드를 따라잡기 위해서는 자사의 핵심 역량 강화에 투자를 아끼지 말아야 한다.

마지막으로 리더십이다. 기업 현장에서 리더의 중요성에 대해서는 오래전부터 강조돼왔다. 배에는 선장이 있고, 조직에는 리더가 있다. 이순신 장군은 명량해전에서 단 13척으로 열 배가 넘는 왜적의 선단을 물리쳤다. 지리적 특성을 파악하고 군사들을 하나의 힘으로 단합

시킨 리더십으로 이룬 성과였다.

기업 내 조직은 내·외부환경과 싸워야 한다. 경쟁자, 소비자 그리고 기업 내부적인 여건을 이겨내고 기업이 목표로 하는 결과를 이끌어내야 한다. 그 중심에는 리더가 있고, 조직이 크든 작든 리더로서 갖추어야 할 덕목이 있다. 그중에서도 상품기획과 관련한 프로젝트를 수행하는 데 있어 다음과 같은 자질이 필요하다.

1) 목표에 대한 명확한 그림을 그려주어야 한다

얻고자 하는 결과가 무엇인지를 명확히 설명해주어야 한다. 막연한 목표나 불분명한 정의는 팀원들의 일을 어렵게 만든다. 구체적이고 명확한 업무 지시와 함께 팀원이 목표를 향해 나아가고 달성할 수 있도록 격려해줘야 한다.

2) 팀원들의 역량에 맞춰 관리해야 한다

팀원의 수준은 저마다 다르다. 잘하는 팀원이 있는가 하면 부족한 팀원도 있다. 그렇다고 잘하는 팀원에게만 일을 맡길 수는 없다. 팀원의 역량 수준과 업무 처리 능력에 따라 적절한 관리가 뒷받침되어야 전체 팀워크가 유지될 수 있다. 이 경우 관리의 도구는 권한을 위임하는 것이다. 권한 위임은 생산성 향상과 팀원 육성에 절대적으로 중요하므로 적절히 활용해야 한다. 전체적으로 팀원들의 역량을 상승시키기 위한 방법과 업무 영역별 최상의 앙상블을 유지할 수 있도록 관리하는 전략이 중요하다.

3) 원칙을 갖고 일관성을 유지해야 한다

팀원과의 갈등은 상사의 반응을 예측하지 못할 때 발생한다. 같은 일을 하더라도 다르게 평가되거나 기대하지 않은 반응이 나오면 팀원들의 성취감은 저하된다. 리더는 일관된 행동을 취해야 하며, 행동에 일정한 원칙을 갖고 있어야 한다. 특히 상품기획 부서는 개별 팀원의 역량이 뛰어난 조직이므로 리더의 일관성이 더욱 중요하다.

4) 비전을 갖게 하라

상품기획은 다가올 미래에 상품을 출시하는 일을 하는 것이다. 따라서 모든 일에 미래 지향적 사고를 갖고 있어야 한다. 업무에 있어서도 마찬가지다. 리더를 통해 미래의 가치를 얻을 수 있다는 사실을 항상 주지시켜라. 지위가 주는 압력보다 팀원 스스로 가치를 느껴 일하는 것은 완전히 다른 얘기다.

5) 실력으로 이끌어라

리더는 일도 하지만 정치적 결정도 많이 하는 자리다. 팀과 회사를 위해 일을 하지만, 다른 팀과 외부와의 소통, 그리고 팀원들이 보지 못하는 관리적인 업무도 해야 한다. 그만큼 책임감도 높다. 그래서 누구보다 많이 알아야 하며, 실력을 갖추어야 한다. 그러기 위해서는 팀원보다 두 배는 더 열심히 일할 각오를 해야 한다. 팀원들이 실제로 인정하고 존경하는 리더는 실력으로 입증해야 한다.

6) 편안한 환경을 만들어라

창의적인 일을 하는 상품기획 조직은 자유로운 근무 분위기 조성이 중요하다. 팀원들이 보다 편안한 마음으로 자유롭게 의견을 제시하고, 실패를 두려워하지 않는 마인드를 갖게 해주는 것이 좋다. 리더도 사람이기 때문에 때론 실수할 수도 있다. 그럴 경우 언제든지 잘못을 수용하고 바꿀 수 있는 마음 자세가 필요하다.

결국 일은 사람이 모여서 만들어가는 것이다. 한 명의 천재가 조직을 이끌 수는 있어도 모든 일을 다 할 수는 없다. 머리를 쫓아가는 손과 발의 호흡이 맞아야 한다. 아니면 적어도 손과 발의 힘이라도 모아야 어디라도 갈 수 있고, 무엇이라도 만들 수 있다. 함께해야 멀리 갈 수 있고, 제대로 갈 수 있다는 걸 명심하자.

핵심 포인트 이것만은 기억하자!

• 열 배 더 팔리는 상품을 개발하기 위한 첫 번째 전략은 카테고리를 창출하는 것이다. 치열한 전쟁터에서 경쟁자와 싸우지 않고 나 혼자 독식하려면 싸움의 장소를 옮겨라. 치열한 시장에서 죽을힘을 다해 싸우지 말고, 그 힘을 나누어 새로운 시장을 만드는 데 투입해라. 이는 차별화를 바탕으로 한 시장 창출이며, 선점 전략이다. 그 시장에서 선두가 아니라면 기존 강자가 관심을 갖지 않는 카테고리에서 선두가 되자.

• 두 번째 전략은 특정 타깃에 집중하는 것이다. 시장을 공략할 때 구체적인 타깃을 설정하고 타깃을 기점으로 콘셉트를 명확히 하며, 그에 따른 기업 문화를 만들어감으로써 타깃의 범위를 넓혀가는 것이다. 엣지 있게 공략하여 '잠재적 소수'를 움직이게 만들어야 한다.

• 세 번째 전략은 콘셉트와 스토리를 차별화하는 것이다. 지금 우리는 인터넷과 모바일이 이루어낸 완전 정보시대에 살고 있다. 소비자는 정보의 힘을 갖고 있으며, 물질적 풍요로 인해 소비 자체보다는 그 과정에서 오는 즐거움이나 의미를 찾는 경향이 커졌다. 결국 소비자의 구매를 이끌어내기 위해서는 명확한 콘셉트와 이유 있는 스토리의 뒷받침을 통해 구매의 즐거움과 의미를 심어주어야 한다.

• 네 번째 전략은 커뮤니케이션을 활성화하는 것이다. 소비자에게 차별화된 인식을 심어주기 위해서는 경쟁자와 구별되는 나만의 이미지를 만들어 어떻게 커뮤니케이션하느냐가 핵심이다. 여기서 차별화된 인식은 소비자에게 이익이 되는 요인을 경쟁자와 비교하여 우위에 있음을 각인시키는 것이다. 상품기획자나 MD가 마케터의 머리에 커뮤니케이션의 씨앗, 차별화된 인식의 씨앗을 심어주어야 한다. 그들이 잘 발화시켜 소비자에게 전달해줄 수 있도록 말이다.

• 다섯 번째 전략은 조직 역량을 강화하는 것이다. 히트 상품은 절대 혼자서 만들어낼 수 없다. 조직의 힘이 잘 어우러져야 이루어낼 수 있다. 조직 역량을 강화하기 위해서는 조직 구성원들에게 '자영업 마인드'를 갖게 하여 기업의 핵심 역량을 강화해야 한다. 그러자면 리더가 조직원을 하나로 만들어 일사분란하게 움직일 수 있는 리더십을 갖추어 조직을 이끌어나가야 한다.

7장

경쟁 우위를 위한 기획 실전노트

20여 년 동안 머천다이저 업무와 사업을 해오면서 얻은 경험을 바탕으로, 상품 개발에 실질적으로 도움이 될 수 있는 나만의 실전 노하우를 공개한다.

패션 MD가 갖고 있는 상품 지식과 기획 프로세스에 더하여 리테일 분야의 다양성을 아울러서, 상품기획에서부터 판매에 이르기까지의 모든 과정을 통찰하여 머천다이저로서 자질 향상과 생존력을 키워주는 노하우를 담았다.

전문적인 머천다이저 및 기획자들에게는 당연한 내용일 수 있겠지만, 기획자마다 환경에 차이가 있고 저마다 바라보는 관점이 다르다는 점을 이해했으면 한다. 이 장이 사고의 다양성이라는 측면에서 생각해볼 수 있는 내용이 되었으면 하며, 기획을 이제 시작하는 사람들에게는 보다 심도 있게 접근하는 기회가 되기를 바란다.

바이어를 만족시키는 5가지 요인

상품을 제조·유통하는 기업 측면에서 보면 바이어 역시 또 하나의 고객이다. 아니, 아주 중요한 고객이다. 상품 판로에 대한 의사 결정의 키를 쥐고 있기 때문이다. 온라인 MD, 대형 소매업체 MD가 그들에 속한다. 그들의 주 업무는 소비자를 상대로 하여 매출을 올릴 수 있는 상품을 개발하고 매입하는 것이다. 결국 소비자가 원하는 것은 바이어가 원하는 것이기도 하다. 같은 맥락이다.

다양한 분야에서 MD 업무를 담당하면서 느낀 점과 전·현직 바이어들에게 자문을 구하여 상품 측면에서 그들이 중요하게 생각하는 내용을 5가지로 정리해보았다. 실전 경험에서 나온 내용이므로 바이어를 고객으로 생각하고 그들의 생각을 읽는다면 영업에 많은 도움이 되리라 믿는다.

1. 매출이 일어날 수 있는 상품인가?

대형 유통 소매기업에 상품을 납품하려는 신규업체 혹은 이미 거래 중인 업체 중에서도 열위에 속한 기업은 새로운 상품을 제안함으로써 입점이나 경쟁업체와의 시장 점유율을 뒤집어보려고 노력하게 마련이다. 기존 거래 구조의 틀을 깨려면 이러한 제안 활동을 끊임없이 해야 한다. 대형 유통 소매기업은 매출 계획안에서 운영되는 매입 구조이고, 한정된 영업 환경(예를 들면 백화점·할인점의 점포, 홈쇼핑의 시간대, 온라인의 판매 화면 등)에서 기존과 차별화가 부족한 상품으로는 그 틀을 바꿀 수가 없기 때문이다. '상품=매출'이라는 공식을 항상 염두에 두어야 한다.

기발하기만 하거나 너무 아이디어만 내세워서는 안 된다. 상품적 가치가 있어야 한다. 그 상품적 가치의 최우선은 팔릴 만한 상품이냐, 아니냐의 문제다. 즉 소비자의 구매력이 수반된 가치가 포함되어 있어야 한다.

인터넷에서 치킨 손가락집게라는 아이디어 상품을 본 적이 있다. 치킨 먹을 때 손에 묻지 않게 하기 위해 손가락에 끼워 집게 형태로 제작한 아이디어 상품이다. 기발하다. 치킨 먹을 때 누구나 한 번쯤 생각해볼 만하다. 하지만 대중적 가치는 약하다는 생각이 들었다.

스포츠 브랜드 상품기획 MD로 재직하고 있을 때, 고배율의 휴대가 편리한 초소형 망원경이 개발되어 아웃도어 소비자에게 소구하기 최적의 상품이라며 상담을 요청해온 사장님이 있었다. 기술적 우수성에 대해 장시간 얘기를 들었지만, 문제는 판매가가 30만 원을 넘는 수준이어서 스포츠 매장에서 팔기에는 부담이 컸다. 아마도 광학기기 전문 판매회사로 갔으면 판로가 열렸을지도 모른다.

개발자 입장에서는 자사가 개발한 상품이 세상에서 가장 우수한 제품이라 생각한다. 많은 업체를 상담하면서 개발품에 대한 애정이 과하여 객관적으로 판단하지 못하고, 무조건 된다는 확신으로 MD를 난처하게 만드는 경우를 많이 봤다. 혹은 상품 특성에 맞지 않는 유통을 잘못 선택하는 경우도 있었다. 명확한 타깃 설정이 안 되어서 그런 것이다.

이렇듯 바이어는 본인이 속한 환경에 기준을 두어 상품을 판단한다. 상품이 잘못된 게 아니라 바이어의 환경에 맞지 않는 상품을 제안하면, 매출과의 연동성이 떨어지기 때문에 거절할 수밖에 없는 것이다. 나는 기본적으로 개발되는 상품들 가운데 쓸모없는 상품은 없다고 생각한다. 어딘가에는 분명 그 쓰임새를 원하는 곳이 있다. 중요한 것은, 번지수를 제대로 찾아 공략하거나 타깃 바이어의 환경에서 매출이 일어날 수 있는 상품을 제안하는 것이다.

2. 독점적 권리를 줄 수 있는가?

많은 바이어들은 독점하기를 원한다. 왜 그럴까? 생각해보라. 국내에서 유일하게 당신이 애플 아이폰 공급권을 갖고 있다면, 혹은 나이키 에어조던 시리즈의 독점 판매권을 갖고 있다면 생각만 해도 즐거운 일 아니겠는가.

이유는 간단하다. 초경쟁 시장에서 다른 경쟁사에 없는 상품을 판매할 수 있다면 소비자의 관심을 단번에 끌 수 있다. 해당 바이어로서 남들은 못 팔고 나만 팔 수 있는 상품이라면 당연히 좋아할 수밖에 없다. 물론 상품성을 갖추었다는 전제하에 가능한 일이며, 이러한 상품은 광고하기도 좋고, 프로모션하기도 수월하다.

하지만 대중적 가치를 가진 상품은 대부분 독점 형태로 제안하기가 어렵다. 채널을 넓혀서 많은 매출을 이끌어내야 하기 때문이다. 그렇기 때문에 희소성이 있거나 국내 론칭 초기 제품군에서 이러한 전략을 사용하면 효과가 크다.

3. 차별적인(유니크한) 가치가 있는가?

제안한 상품이 시중에 나와 있지 않은 새로운 콘셉트의 상품이라면 일단 관심은 끌 수 있지만, 그 밑바탕에는 긍정적이면서 유니크한

속성이 담겨 있어야 한다. 카테고리 내 최초 상품이라던가, 다른 회사와는 완전히 차별화된 상품인 경우에는 좋은 관점에서 미팅을 할 수 있다. 왜냐하면 바이어는 주력으로 많이 팔리는 상품군 외에 소비자의 관심을 끌 만한 구색 상품도 필요하기 때문이다. 상품 구색이 다양해져서 단조로운 구성을 피할 수 있으므로 소비자가 지루해하지 않고 신선함을 느낄 수 있으므로 활력 있는 공간을 만들 수 있다. 다시 말하면, 차별화 상품은 브랜드 가치를 높이는 데 커다란 역할을 하는 아주 중요한 상품화 요인이라 할 수 있다.

또한 이러한 차별화 상품의 경우에는 고정된 가격대가 형성되어 있지 않으므로 고마진을 취하기에도 유리하다. 바이어는 매출액 목표 달성도 중요하지만, 이익률 목표도 중요하다. 주력 카테고리는 경쟁이 치열하기 때문에 지속적인 마진 향상이 어렵다. 그래서 신규 카테고리나 차별화 상품군에서 매출액은 다소 낮더라도 이익률을 높이는 역할을 하는 상품을 마다할 이유가 없는 것이다.

흔히들 유니크하다는 말과 희소성을 유사한 의미로 사용하는 경우가 많다. 여기서 주의할 점은 희소성의 상대성이다. 이 말은 동일한 상품이라도 그것이 경우나 상황에 따라 희소성이 높은 상품이 될 수도 있고 그렇지 않을 수도 있다는 뜻이다. 열대지역에서 한 대의 에어컨은 희소성이 높지만, 북극에서는 필요하지 않기 때문에 희소성이 있다고 할 수 없다. 즉 여러분이 공략하는 타깃에게 희소한지, 유니크한 가치가 있는지를 파악해야 한다.

4. 이슈 콘셉트를 갖고 있는가?

여러분은 매일 광고와 홍보 속에 묻혀 산다고 해도 과언이 아니다. 길거리에 나뒹구는 전단지, 온라인 쇼핑몰의 각종 배너 광고, 인터넷 기사 검색 하나만으로도 돌출되는 팝업 광고, 동영상을 볼 때도 어김없이 이런저런 광고가 여러분의 눈과 귀를 먼저 자극한다. 이렇듯 수많은 기업들이 소비자의 지갑을 노리고 유혹의 손짓을 한다.

광고, 홍보는 키워드가 중요하다. 즉 소비자의 관심을 끌기 위한 자극적인 키워드는 상품 매출과 연관된 프로모션에 중요한 역할을 한다. 이 키워드는 해당 시점의 사회적 이슈와 관계가 깊다. 여기서의 이슈는 많은 사람들에게 회자되고 관심의 대상이 되는 화젯거리다.

의류에 있어서 여름에는 더위를 식혀줄 냉감(COOL) 기능이, 겨울에는 보온(HEAT) 효과가 높은 제품이 소비자에게 관심을 끌 수 있으며, 미세먼지가 많은 봄, 가을에는 개인 안전을 위한 황사마스크 및 공기청정기가 이슈로 이어진다.

한편 사회적 이슈가 매출로 연결되는 상품도 있다. 남북 정상이 만나 관계가 호전되는 양상을 보이자 백두산 물로 만든 수제 맥주나 옥류관 냉면에 대한 관심이 높아졌으며, 환경오염에 대한 사회적 관심이 커지자 리사이클링, 업사이클링 상품이 각광을 받기도 했다. 이렇듯 이슈를 가진, 또는 이슈와 연관된 상품은 소비자에게 큰 관심을 유발하여 검색 키워드 상위에 노출되며 매출로 이어질 확률이 높다.

바이어는 이런 상품을 선호하게 되어 있다. 베이직한 기본 상품을 잘 관리하는 것도 중요하지만, 바이어의 역량을 표현하는 데 있어서 이러한 이슈 상품을 얼마나 잘 운영하느냐도 중요한 판단의 근거가 된다. 관리만 잘하는 바이어는 발전할 수가 없다. 안정성을 유지하는 동시에 이슈를 통해 주목받는 상품을 만들어내는 것도 바이어로서 중요한 역량이다.

5. 기존 상품을 대체할 수 있는가?

바이어는 저마다 담당 카테고리가 있다. 패션 브랜드에는 의류, 신발, 용품이 있고, 리테일에는 크게 식품과 비식품으로 나뉘며, 다시 비식품에는 일상생활 잡화, 패션 잡화, 가전 등으로 나눌 수 있다. 카테고리 내에서도 관리 형태에 따라 주력 상품과 구색 상품으로 운영을 달리한다. 그리고 교체 주기가 있다. 계절이 될 수도 있고, 연도가 될 수도 있다. 고객에게 일정 시점마다 새로운 상품을 지속적으로 보여줌으로써 고객의 이탈을 막고 로열티를 갖게 하는 것이다.

모든 상품은 제품수명주기가 있다. 탄생–성장–성숙–쇠퇴–소멸의 단계를 거치는데, 바이어는 이 관리를 잘해야 한다. 즉 신상품이 출시되어 성장–성숙 단계에서는 매출을 견인하지만, 쇠퇴기에 접어들면 미리 진행하고 있던 후속 제품이 성장 단계로 치고 올라올 수 있도록 매출 결손을 막아야 한다.

이렇듯 바이어에게는 대체 상품의 개발도 중요하다. 무조건 차별화된 상품만 필요한 것은 아니라는 말이다. 베스트셀러, 스테디셀러도 결국 시간이 지나면 소비자에게 희소가치가 떨어져 판매력이 감소하게 된다. 이러한 상황에서 기존보다 개선된 가치를 가진 상품을 바이어에게 제안한다면 좋은 결과를 이끌어낼 수 있다. 바이어가 절대적으로 원하기 때문이다.

결국 바이어도 샐러리맨에 불과하다는 사실을 명심해야 한다. 개인의 사리사욕을 위해 일하는 게 아니라 본인이 속한 회사의 이익과 목표 달성에 주력하고 있는 것이다. 개인과 회사는 엄연히 다른 존재다. 중소기업 사장들은 잘 알 것이다. 샐러리맨은 자영업 마인드를 갖기 정말로 힘들다는 사실을 말이다.

자영업자 마인드를 가진 바이어라면 분명 큰일을 해낼 수 있다. 이 말은 결국 바이어도 회사에서 존재하기 위해 일한다는 것이다. 실적을 내야 하고, 문제를 일으키지 않아야 한다. 때로는 상식적이지 않은 의사 결정을 내릴 수도 있다. 좋은 상품도 거절해야 하는 경우가 생기게 마련이고, 결과가 안 좋을 거라 예상되는 상품도 어쩔 수 없이 진행해야 하는 경우도 생긴다. 많은 역학 관계 속에서 의사 결정을 해야 하기 때문이다.

나는 이렇게 말하고 싶다. 바이어를 권리를 가진 존재로 인식하지 말고, 그 포지션에서 어떤 생각을 하고 있는지 이해했으면 한다. 권위의식을 앞세워 일명 '갑질'하는 바이어도 있지만 대부분의 바이어들이 열심히 일한다. 같은 급여를 받고도 야근이나 주말 근무를 마다하지 않는다. 그들의 목표가 무엇인가. 매출을 올리고 이익을 많이 남게 하는 것이 아닌가. 그들에게는 욕구를 충족시켜주는 상품이 필요하다. 여기서 가장 중요한 것은, 내 생각이 중요한 것이 아니라 객관적인 관점이라는 것이다. 내 관점에서 무조건 상품이 좋다고 우겨선 안 된다!

실패하지 않는 기획을 위한 5가지 디테일

성공하는 기획이 아닌, 실패하지 않는 기획이란 무엇일까? 아마도 여러분은 성공하는 기획 노하우를 알기 위해서 이 책을 읽고 있을 것이다. 그런데 왜 실패하지 않는 기획의 디테일에 대해 설명하려고 하는 걸까? 지금부터 그 이유에 대해 얘기해보고자 한다.

나는 패션 브랜드 상품기획과 유통 머천다이저 업무를 해오면서 기획 실력이 우수한 머천다이저들을 많이 만났고, 그들을 통해 배우려고 노력했다. 또한 시중에 나와 있는 성공 사례와 그 노하우를 풀어낸 책도 많이 읽어보았다. 하지만 그들의 성공 노하우와 별개로 내가 처한 환경에 따라 다르게 접근해오는 변수들 탓에 그 이치를 활용만 할 뿐이지 100% 대입이 가능했던 건 아니다. 거기에 더하여 내 능력은 성공한 기획자와는 격차가 너무나 컸다.

그렇다면 뭘 해도 소용없는 것일까? 물론 아니다. 성공의 법칙을 내 상황에 맞도록 변환하여 나만의 성공 방정식을 만들어내야 비로소 내 것이 된다. 그러자면 자꾸 부딪히고 체험해보는 과정에서 학습 효과를 통해 발전해나가야 한다. 실패와 성공의 경험들이 쌓여야만 진정한 기획자, 실력 있는 기획자로 거듭나게 된다.

여기서 중요한 논점은 실패를 어떻게 하느냐다. 실패는 누구에게나 아프다. 경험하지 않으면 않을수록 좋은 게 실패다. 그럼에도 의미 있는 실패는 한 번쯤 경험해봐도 좋다고 생각한다. 하지만 실패의 결과가 치유 불가능하거나 심각한 내상을 입을 정도라면 문제가 된다.

누구나 실패할 수는 있지만 실패하려고 일하는 기획자는 없다. 또한 성공을 목표로 두고 출발하지만 기대와 다른 상황에 직면하는 경우도 생긴다. 실패를 하더라도 그 결과가 자신에게 긍정적인 것이어야 한다. 여기서 긍정적이란 뜻은 의미가 있다는 말과 같다. 부정적인 실패는 기를 꺾이게 만들고, 자신감을 상실케 한다. 그러므로 부정적인 실패를 하지 않는 기획 디테일을 알아야 성공의 확률을 높일 수 있다. 실패하지 않는 디테일한 기획 요소를 챙긴다면, 누구나 완성도 높은 상품기획을 할 수 있다.

1. 단편적인 시장조사에 머물지 말고 종합적으로 판단하라

최근에 만나본 MD들은 정말 바빴다. 사무실을 벗어날 틈이 없어 보였다. 철저히 체계적인 프로세스에 의해 만들어진 업무 매뉴얼에 따라 쉴 틈 없이 움직였다. 업무 효율을 위한 전산 시스템이 오히려 MD의 엉덩이를 사무실 의자에 꼭 붙잡아놓고 있었다. 커뮤니케이션과 업무 릴레이가 키보드와 마우스를 조작하는 손에 의해 진행되기 때문이었다.

MD가 누구인가? 시장을 파악하고 분석하여 그 시장에서 기업의 목표 달성, 정확히 말하자면 이익 실현을 위해 상품이나 서비스를 계획하고 관리하는 이들이 아닌가. 그런데 요즘 MD들은 시장을 충분히 들여다볼 시간이 부족하다. 어제 오늘의 이야기가 아니다. 그럼 그들은 어디에서 정보를 얻는가? 어떻게 정보를 취하여 의사 결정을 내리고 있는가?

'현장에 답이 있다'는 말은 명언이 아니라 진리 그 자체다. 지금도 기업에 새로운 경영자나 관리자가 부임하면 가장 먼저 현장 라운딩을 한다. 현장에 가면 정확한 실태를 파악할 수 있기 때문이다. 많은 MD들이 시간이 부족하다는 이유로 시장조사를 철저히 하지 못하는 현실에서 올바른 기획이 나올 수 있을까? 양질의 정확한 정보를 토대로 상품을 개발해야 함에도 단편적이고 편향된 정보로 제품을 기획할 수밖에 없다. 이래서는 절대로 성공할 수가 없다.

기획자는 자신감이 있어야 한다. 개발한 제품에 대한 성공하리란 확신이 있어야 유관 부서를 이끌고 회사의 매출을 책임질 수 있다. 그러나 기획은 미래에 나올 상품을 미리 준비하여 의사 결정하는 일이므로 시장의 유동성으로 인한 불확실성을 늘 안고 있다. 이때 정보가 많으면 불안하지 않다. 기획자가 좋은 정보를 갖고 있으면 성공할 확률도 높을 뿐만 아니라 풀어가는 기획력에 자신감도 생긴다. 좋은 정보는 그냥 얻어지지 않는다. 눈으로 보고 귀로 듣고 마음으로 느껴야 얻을 수 있다. 지금 당장 사무실을 박차고 나가라!

2. PLC를 고려한 개발 시점 관리를 놓치지 마라

제품수명주기(PLC)라 함은 제품이 출시되어 성장, 성숙, 쇠퇴, 소멸의 단계를 이루는 곡선을 말한다. 제품수명주기에서 성숙기에 있을 때 가장 가치가 높고, 매출도 좋다. 하지만 그 가치가 점점 빛을 잃어가면서 시장에서 구매력을 잃게 된다.

모든 제품은 저마다 수명주기가 있다. 그래서 오프라인 매장이나 온라인 마켓에서는 성숙기에 있는 상품이 계속 연계되어 나오는 게 중요하다. 다시 말해 머천다이저는 영업 현장에서 소비자에게 구매력이 정점인 상품들을 끊기지 않게 계속 개발·공급해주어야 한다. 이것이 MD의 가장 중요한 역할이다.

팔아야 할 때 상품이 없으면 판매 실기가 된다. 뒤늦은 공급이나 아예 개발하지 못하여 공급을 못하게 되면 매출에 타격을 입는다. 잘 팔리는 상품은 매장에 재고가 떨어지기 전에 안정적으로 공급이 이루어져야 하며, 쇠퇴기에 접어들기 시작하면 공급을 멈추고 재고 소진에 주력해야 판매율(혹은 소진율)을 극대화할 수 있다.

기획 실패 이외에 가장 많이 하는 실수가 잘못된 리오더(reorder) 의사 결정이다. 기획은 시즌보다 빨리 진행하기 때문에 예측에 실패할 수도 있다. 하지만 리오더는 제품 출시 이후에 판매 추이를 관찰하여 전년도 판매 자료나 업계 트렌드 정보 등을 반영하여 보다 적중률 높은 의사 결정을 할 수 있다. 이때 제품 판매 추이상의 변곡점, 즉 성숙기에서 쇠퇴기로 접어드는 시점을 잘 파악해서 리오더의 시기와 물량을 결정하는데, 잘못된 판단으로 물량을 과하게 책정할 경우 뜻하지 않는 재고가 발생할 수도 있다. 또한 기획 상품이 너무 일찍 출시되면 경쟁사의 카피캣(Copycat)* 전략에 의해 실패를 경험할 수도 있다. 그래서 머천다이저에게는 시점 관리가 무엇보다도 중요하다.

시점 관리는 매출과 이익을 순증시키는 역할도 한다. 누구나 적시적기(適時適期)라는 말을 들어봤을 것이다. 적시적기는 딱 알맞은 때를 일컫는 말로, 보통 '적시적기 공급'이란 표현을 할 때 사용한다. 재고를 많이 갖지 않고도 필요한 적기에 제품을 공급함으로써 재고 비용과

* 시중에서 판매가 잘 되거나 인기를 끌고 있는 제품을 그대로 모방하여 만든 제품을 말한다.

낭비를 제거하여 이익을 증가시킨다. 미세먼지가 증가하기 전에 황사 마스크를 공급하고, 찬바람이 불기 전에 가을-겨울 의류가 매장에 입고되어 있어야 한다. 판매 시기를 놓쳐 입고된 상품은 매출 효율이 떨어진다. 완성도가 높은 상품이 늦게 출시되는 것보다 비록 완성도가 떨어지더라도 제때에 판매하는 것이 더 낫다.

3. 기획의 관점은 내가 아닌 고객이다

많은 개발자, 기획자들이 종종 범하는 실수 중 하나가 자기 스스로를 만족시키는 상품을 출시한다는 것이다. 개발에 관여하는 디자이너, 머천다이저, 전문 기술자들은 저마다 풍부한 경험을 통해 객관적 사고를 반영하여 제품을 개발하지만, 그렇지 않은 경우가 의외로 많다.

기획자는 어느 순간 타깃 고객과 자신을 동일시하는 경향이 있다. 다시 말해서 자신이 판단하는 고객들에 대한 생각이 곧 그들의 생각과 같다는 착각을 한다. 이는 판매 동향과 모니터, 시장조사 등을 통해 축적된 기획자만의 노하우지만, 바로 이때 오판하는 경우가 발생한다. 하지만 고객들은 기획자들이 생각하는 것보다 더 빨리 변하고, 행동하고, 앞서간다.

기업 입장에서는 고객을 만족시키는 상품이 개발되어야 그것이 구매로 이어진다. 그리고 상품화 과정에서는 품평이라는 의사 결정을 반드시 거쳐야 한다. 샘플이 제작되거나 이미지로 형상화된 견본을 놓고 시장에 내놓기 전에 상품적 가치와 판매성을 내·외부 패널을 동원하여 모니터하는 것이다. 1인 기업이든 대기업이든 이 과정은 필수적이다. 이때 의견을 제시하거나 결과에 영향력을 주는 사람들의 견해가 반영된다.

특히 품평에 영향력이 높은 임원, 사장들이 던지는 한마디는 실로 막강한 위력을 발휘한다. 몇 달 동안 공들여 준비한 상품이 물거품되는 경우도 있으며, 애초에 기획된 콘셉트를 무산시키는 경우도 종종 있다. 하지만 관리자들은 현업에 있는 개발자보다 시장에 대해 더 잘 알기가 어렵다. 예컨대 30~40대가 입는 의류를 만드는 회사에서 60대인 사장이 자기가 입지 못하는 사이즈라고 문제 있다고 지적한다면 어찌할 것인가?

이때 디자이너, 개발자, 기획자가 자신의 콘셉트와 기획력을 초지일관 밀고 나가기 위해선 논리적 근거가 명확해야 한다. 그러려면 유용한 정보를 많이 갖고 있어야 하는데, 이는 질적으로 높은 시장조사와 정보 수집력을 토대로 이루어진다. 이 중심에는 고객 지향적인 관점이 확보되어야 한다. 고객을 아는 데 집중하고, 그들의 변화를 빨리 캐치하여 그들이 가려고 하는 곳에 미리 가 있는 기획을 해야 한다.

고객의 관점을 약간 바꾸어 생각해보자. 사무실에서 개발하는 기획자는 구매 고객 또는 실사용 고객(end-user)을 대상으로 기획한다.

그런데 가만히 살펴보면 이 둘 사이에 누군가가 끼어 있다. 바로 판매원이다. 패션에서는 패션어드바이저(Fashion Advisor, FA) 사원들이 고객과 대면하여 상품을 판매하고, 온라인에서는 웹디자이너가 상품에 대한 정확한 정보와 메리트 있는 장점을 어필하여 고객의 구매 심리를 자극하는 일을 한다.

본사에서 아무리 기획자가 훌륭한 콘셉트와 높은 상품적 가치를 담아 상품을 개발한다 해도 고객에게 직접 전달되기 어려운 것이 현실이다. 상품 설명서나 POP 등 여러 가지 방법을 동원하지만 그것을 활용하는 현장에서는 하나의 도구에 불과하다. 따라서 판매 사원들이 이해하기 쉽고 팔기 쉽도록 만들어야 한다. 수많은 셀링 포인트(selling point)보다는 대상 고객에게 전달할 간결하고 명확한 메시지를 담아내야 한다.

기획자나 개발자는 많은 시간 동안 공을 들여 개발하지만, 경험 있는 판매 사원들은 상품만 봐도 잘 팔릴지, 아닐지를 감각으로 안다. 또한 판매 사원들은 그들 나름대로 영업 기법을 가지고 고객을 상대한다. 판매 사원 스스로 상품에 자신이 있으면 세일즈는 더욱 쉽게 전개된다. 자신이 없으면 팔기도 쉽지 않다. 그렇기 때문에 기획자나 개발자는 판매 현장에서 고객과 직접 대면하는 사람, 즉 상품과 고객 사이에서 매개체 역할을 하는 사람을 만족시켜야 한다. 전쟁에서 제아무리 무기가 좋아도 이를 활용하는 사람이 가치를 못 느끼면 제 역할을 못하는 이치와 같다.

4. 출시 후에 전략을 수정하지 말고 출시 전에 검토하라

내가 대형마트에 입사하고 얼마 뒤, 가치혁신 상품 개발의 일환으로 중년층에서 선호도가 높은 기능성 신발을 직매입한 적이 있다. 해당 브랜드는 마트 유통 최초로 이루어진 직매입이었고, 기존 가격 대비 절반가 이하로 판매할 수 있었던 덕분에 대표이사를 위시하여 임원들의 격려가 잇따랐다. 하지만 결국 실패라는 쓰디쓴 결과를 맛보아야 했다.

할인점에서는 판매하기 쉽지 않은 높은 가격대(10만 원 전후)의 상품을 무인 판매로 진행하는 데 어려움이 있었으나, 기존에 시도된 적 없는 시장에 대한 가능성을 보고 일단 진행하기로 했다. 하지만 고객들로부터 철저히 외면당했다. 브랜드 상품기획 일만 하다가 새롭게 접한 유통 시스템은 경험 미숙과 디테일한 운영 부족이 원인이 되어, 첫 직매입을 기획의 부진 사례로 남게 만들었다.

문제는 검토 단계에서 충분히 실패 가능성이 파악되었다는 사실이다. 할인점에서 팔기에는 너무 고가이고, 무인 판매라는 핸디캡이 있다는 점도 인지되었다. 입고 전에 해당 브랜드의 상황을 알게 되어 직매입 중단을 검토하려 했으나, 사실상 되돌리기엔 어려운 시점이었다. 나에겐 디테일한 기획의 중요성을 일깨워준 사건이었다.

기획자는 신이 아니다. 모든 것을 완벽하게 할 수 없다. 하지만 우리에게는 검증 시스템이라는 리스크를 줄일 수 있는 방법이 있다. 당시 상황 때문에 어쩔 수 없이 기존 기획대로 진행할 경우 기업이나 개인 모두에게 마이너스 영향을 미칠 수 있다. 고(go)를 하느냐 스톱(stop)을 하느냐에 있어 과감하게 중단하는 결단력도 필요하다.

아직 일어나지 않은 미래의 결과는 알 수 없기에 일단 출시하고 나서 전략을 수정하는 것도 방법이다. 하지만 그전에 충분히 사전 검토가 병행된다면 더 큰 실패를 막을 수 있다. 업무 프로세스상에서 우리는 많은 정보를 접한다. 시장은 어떠한 식으로든 사인(신호)을 보낸다. 그 제품이 잘 될지 안 될지에 대해서 말이다. 그걸 캐치할 수 있어야 하며, 때에 따라선 과감히 포기하는 의사 결정력도 필요하다.

5. 시장의 피드백을 무시하지 마라

우리는 신제품을 개발하기에 앞서 다양한 분석을 한다. 지난 시즌의 판매 결과를 분석하기도 하고, 연관 상품의 성공·실패 사례를 분석하기도 한다. 나는 개인적으로 기획자에게 있어 영감이나 아이디어 창출력 그리고 업무 추진력보다도 분석력을 가장 중요하게 생각한다. 과다 경쟁과 예측하기 어려운 시장 트렌드는 우리에게 보다 과학적이고, 논리적인 기획을 요구한다.

분석은 기획적 사고의 출발이자 전부라 해도 과언이 아니다. 흩어져 있거나 숨겨진 정보들을 내가 필요로 하는 상황에 맞게 체계적으로 분류하여 수집한 후 그 안에서 올바른 의사 결정을 할 수 있도록 논리적 근거를 찾아내야 한다. 이를 위해 정량적·정성적 분석을 행하는데, 이 모두가 어떠한 작용에 대한 결과물이자 현상을 나타낸다. 곧 시장의 피드백을 분석하는 게 중요하다.

분석 업무가 축소되고 있고 시장조사할 시간이 줄어드는 요즘, 기획자들은 얼마나 명확하고 정확한 분석을 하고 있을까? 우리는 예견된 위기, 예견된 결말이라는 말을 자주 듣는다. 한때 휴대폰 제조회사의 대명사로 시장을 리드하던 모토로라(MOTOROLA)는 아날로그 방식의 휴대폰에 안주한 결과, CDMA 디지털 방식의 휴대폰 제조사에 뒤처지면서 지금은 명맥만 유지하는 신세가 되었다. 또한 백여 년 동안 필름과 카메라 시장의 선두 자리를 지켜왔던 코닥(KODAK)은 디지털이라는 새로운 시대의 변화를 제때 간파하지 못해 끝내 파산 신청을 하고 말았다.

시장은 살아 있는 유기체와도 같다. 어떠한 자극이 주어지면 반응하게 마련이다. 그 반응을 무시해서는 안 된다. 우리가 운동을 게을리하고 편식을 하면 몸에서 이상 신호를 보낸다. 그 신호를 무시하다간 큰 병을 얻게 된다. 시장도 마찬가지다. 기업 활동에 있어 역학적으로 연결된 모든 구성요소가 얽히고설켜 서로에게 영향을 주고, 외부적 환경 변화가 혼재되어 반응을 보인다. 그 신호를 캐치하고 대처하기 위해 우리는 분석을 하는 것이다. 리스크를 줄이는 가장 현명하고 중요한 일이다.

시중에는 분석 프레임에 관한 책과 정보가 많이 나와 있으며, 각 기업에서도 고유의 분석 툴(tool)을 갖고 있다. 형식에 그치지 말고 위기를 사전에 방지하는 차원이라 생각하며 면밀히 들여다보길 바란다. 그러면 올바른 의사 결정의 해법을 터득하는 것은 물론이고, 자신감은 저절로 얻게 될 것이다.

뛰어난 기획자가 되기 위한 5가지 관점

전략기획, 상품기획, 마케팅기획, 디자인 기획 등 우리는 '기획'이라는 타이틀이 붙은 직업을 자주 접한다. 으레 '기획자'라고 하면 은연중에 선도적이고 체계적인 일을 하는 사람이라는 인상을 받는다. 세상에는 많은 직업이 있고, 각기 다른 분야의 기획자가 존재하지만, 분야를 막론하고 기획의 본질은 변하지 않는다고 생각한다.

기획은 모든 일의 출발점이자 결과를 향해 이루어나가는 과정이다. 그렇기 때문에 출발과 방향 설정이 무엇보다도 중요하며, 목표한 결과를 이루기 위해서는 과정에서 발생할 수 있는 문제점을 파악하고 그에 대한 해답도 함께 가지고 있어야 한다. 기획자는 기업의 중심에서서 일을 한다. 자영업자도, 중소기업이나 대기업의 기획자도 마찬가지다. 상품을 기획하고, 판매 계획을 수립하며, 시장 경쟁 우위 확보를 위한 전략을 수립하는 모든 행위가 기획자의 일이다. 그만큼 기획자는 책임감과 사명감을 갖고 있어야 한다.

우리는 모두 뛰어난 기획자가 되길 원한다. 그러자면 경험과 학습이 반복적으로 훈련되어 있어야 한다. 다음에서 열거하는 '뛰어난 기획자가 되기 위한 관점'을 가슴에 새기고 업무에 적용해나가다 보면 보다 나은 결과를 만들 수 있을 것이다.

1. 기획자는 설계도를 그리는 사람이다

기획자는 새로움을 창조하는 일을 하며, 타깃 고객의 마음에 창을 내는 사람이다. 고객은 소비자가 될 수도 있고, 바이어가 될 수도 있으며, 유관 부서가 될 수도 있다. 그 창을 통해 고객의 마음을 들여다보는 것이다. 따라서 좋은 기획자는 좋은 관찰자여야 한다. 관찰은 현상을 사실대로 보여줄 뿐만 아니라, 겉으로 드러나지 않은 진실까지 얻게 해준다. 머리로만 일하는 기획자는 절대로 내면을 볼 수 없다.

우리는 직업에 따라 하는 일이 다르다고 생각한다. 직장인과 자영업자가 하는 일이 다르다고 생각하는 것처럼 말이다. 그러나 추구하는 목표와 결과물이 다를 뿐, 해결해나가는 과정은 같은 맥락을 갖고 있다. 기획도 마찬가지다. 기획이란 어떠한 목적을 수립하고 그 목적을 달성하기 위해 최선의 방법을 찾아내는 것이다. 어떠한 일이건 그 일을 진행해나가는 데 있어 지속성을 유지시킬 수 있도록 중심을 잡고 뼈대를 세우는 일, 즉 기획은 목적하는 결과물에 대한 설계도를 그리는 일이라 할 수 있다.

건축 일을 하는 데 있어 설계도가 완벽하지 않으면 어떻게 되겠는가? 허물고 다시 지을 수는 있겠지만 그만큼 비용 손실을 감당해야 한다. 제대로 된 설계도는 완성도를 높여주며, 비용을 절감시킨다. 기획자는 많은 경험과 노하우를 바탕으로 흔들리지 않는 설계도를 그려야 하므로 전체를 볼 수 있는 연습을 해야 한다. 나무를 보지 말고 숲을 보라고 했다. 눈앞의 현상보다는 위에서 내려다볼 수 있는 혜안을 갖추어야 한다.

2. 기획자는 커뮤니케이터다

기획자는 콘셉트라는 항로 위에서 절대로 길을 잃으면 안 되는 선장과 같다. 일의 뼈대를 세우고 지속성을 유지해나가려면 기획자가 중심을 잡고 있어야 한다. 또한 함께 일하는 팀원들 사이에서 콘셉트의 일관성을 구현해가며 조정하는 역할도 해야 한다. 그러기 위해서는 유능한 커뮤니케이션 실력이 절대적으로 필요하다. 일을 진행하는 과정에서 전후좌우를 원만하게 이끌고 조정하며 지원하는 커뮤니케이터가 되어야 한다.

또한 기획자는 제너럴리스트여야 한다. 여기서 제너럴리스트는 이것저것 넓게 많이 아는 사람이 아니라, 많은 분야의 사람들을 목적과 필요성에 맞게 포용하고 배려하면서 함께 나갈 수 있는 능력을 가진 사람을 뜻한다. 한 사람의 우수한 아이디어에서 좋은 기획이 나오는 것이 아니라, 차별적 요소와 실현 가능한 논리력에 여러 사람의 아이디어가 더해졌을 때 비로소 구체적이고 완성도 높은 기획이 완성된다.

현대 사회는 개인의 역량으로 조직을 이끌어나가는 것이 아니다. 조직의 역량을 톱니바퀴가 물려가듯이 조화롭게 움직여 시너지를 내야 응축된 힘을 발휘할 수 있다. 물론 리더의 역할도 중요하지만 전체 조직을 원활하게 움직일 수 있는 '소통 능력', 이것이야말로 기획자가 갖추어야 할 중요한 능력 가운데 하나다. 명심하라. 나 혼자 잘하는 것은 한계가 있다. 여러 사람의 힘을 하나로 이끌어낼 수 있는 능력이야말로 진정한 고수라 할 수 있다.

3. 콘셉트는 기획자들에게 가장 중요한 단어다

타깃 고객을 설득하기 위해서는 먼저 콘셉트를 설정하고, 그 콘셉트를 처음부터 끝까지 일관되게 구현해내야 하는데, 이 일련의 과정이 바로 기획이다. 기획자에게 콘셉트는 생명과도 같다. 왜냐하면 차별화를 이끌어내는 원동력이자, 고객에게 전달할 메시지가 곧 콘셉트이기 때문이다.

기획자에게 콘셉트란, 개발한 상품 또는 서비스를 타깃 니즈에 맞게 최적화하여 구현할 때 타깃에게 전달되는 일관되고 강력한 메시지, 즉 차별화된 강점을 일컫는다. 이때 콘셉트를 찾아내고 그 콘셉트가 팀워크에 의해 최고의 결과물로 완성되기까지 모든 과정을 조율하는 이가 바로 기획자다.[20] 콘셉트 없는 기획은 사상누각이요, 물 없는 오아시스와 같다.

4. 경험이 기획자의 성장을 좌우한다

기획자는 실패를 두려워해선 안된다. 이 말은 실패해도 좋다는 의미가 아니다. 실패를 통해 더 큰 성과를 이루어내야 한다는 말이다. 실패의 경험이 많을수록 기획자의 경험치는 높아진다. 경험을 통한 학습 효과는 더 나은, 보다 큰 프로젝트를 성공시킬 수 있는 밑거름이 되는 것이다.

반면 실패를 계속하는 기획자도 있다. 실패에서 아무런 교훈도 얻지 못하기 때문이다. 이는 자신뿐만 아니라 기업이나 조직에게도 큰 치명타를 입히게 된다.

현장에는 언제나 답이 있다. 해결의 열쇠를 쥐고 있는 곳이 현장이다. 현장에서의 경험은 기획자에게 소중한 자양분이 되어 자신감 넘치는 기획을 할 수 있게 해준다. 관찰하고 직접 경험하라. 그리고 배워라. 그렇게 하면 통찰력을 갖게 될 것이다. 기획자가 통찰력을 갖게 되면 유행에 쫓아다니지 않게 된다. 좋은 기획은 고객을 끌어들이는 능력이 아니라, 고객의 생각이 향하는 곳에 먼저 가 있는 것이다.

5. 기획자는 책임감의 무게를 견뎌내야 한다

앞서 말한 것처럼 기획자는 기업이나 조직의 성과를 위해 설계도를 그리는 사람이다. 성과가 나쁘면 조직 전체가 치명타를 입게 된다. 매출의 시작인 상품을 개발하는 상품기획자나 유통 MD는 더욱 그러하다. 매출 압박 때문에 퇴근 뒤에도 업무에서 자유롭지 못하다.

하지만 이러한 압박은 피할 수 없다. 누구도 대신해줄 수 없는 문제다. 나 역시 20여 년 동안 MD 업무를 해오면서 그 책임감에서 한시도 벗어난 적이 없다. 《서유기》에 나오는 손오공은 머리에 '금고아'라 불리는 금으로 된 머리띠를 두르고 있는데, 삼장법사가 손오공을 통제하기 위해 씌운 것이다. 손오공에게는 한마디로 족쇄와 같은 존재다. 하지만 손오공은 이를 받아들이고 삼장법사와 함께 험난한 여정을 떠난다.

기획자는 전략가다. 상품기획자는 기업을 존속시키기 위해 상품을 개발하고 매출을 만들어 기업의 목표를 달성시키겠다는 책임감을 갖고 있다. 결코 대충 할 수가 없다. 상품기획자가 디테일하지 않은 기획을 하면 다른 조직과 동료들이 고생을 하게 되기 때문이다. 예상치 못한 비용도 발생할 수 있다. 어쩔 수 없다. 책임감이라는 무게를 이겨내고 숙명으로 받아들여라. 그리고 자신 있게 외쳐라. "나를 믿고 따르라!"

이익을 늘리는 상품기획의 5가지 방법

현대 사회에서 기업은 아주 중요한 역할을 한다. 기업은 생산을 담당하고 소비의 근원이 되는 재화와 용역을 발생시키는 경제 주체다. 개인은 최종 소비의 주체지만, 생산과 판매 과정에서는 기업이 중추적인 역할을 한다.

그렇다면 기업의 경영 목적은 무엇인가? 바로 지속 가능함을 유지하는 것이다. 한때는 잘나가는 기업이었지만 위기를 버티지 못하고 몰락한 기업이 얼마나 많은가? 노키아가 그랬고, 코닥이 그랬다.

나도 창업 후 사업의 틀을 다지는 기간으로 투자하겠다는 의미에서 3년은 살아남는 것을 목표로 삼았다. 기업이 살아남으려면 이익이 발생해야 유지가 된다. 그렇지 않은 경우도 있지만 대부분의 기업이 그렇다. 이익이 없으면 적자를 보게 되어 도산하게 돼 있고, 이익이 많으면 기업은 더 많은 일을 할 수 있다. 투자도 할 수 있고, 직원들의 복리후생에 더 신경 쓸 수도 있으며, 더 오래 존속시킬 수 있는 역량도 갖게 된다. 결국엔 남는 장사를 하는 게 목적이다.

이익을 늘리고자 하는 기업의 목표는 아주 간단한 논리로 해결된다. 매출을 올리거나 비용을 줄이면 된다. 여러분도 다 알고 있겠지만, 이는 그리 쉬운 문제가 아니다. 이유는 매출과 비용에 연관되어 있는 요인들이 복잡하게 얽혀 있기 때문이다. 예를 들어 매출을 올리기 위해 세일을 한다면 원가율, 재고 상황, 유통 간의 가격 충돌, 브랜드 관리 등을 고려해야 하고, 비용(직·간접비 포함)을 낮추기 위해 구조조정을 한다든가 원가 절감을 위해 소싱처를 해외로 이전하는 등 고려해야 할 변수들이 많다.

이러한 변수들의 배경에는 경쟁이라는 시장 요인이 커다란 영향을 미친다. 모든 행동은 경쟁자와의 상호작용에 의해 이루어지므로, 현재와 같은 과다 경쟁사회에서 목적하는 바를 이루기 위해서는 심도 있게 전략적으로 접근해야 한다. 왜 많은 기업들이 블루오션을 선호하는지 이해가 될 것이다. 경쟁이 치열하지 않기 때문에 시장 지배력을 높일 수 있기 때문이다.

과다 경쟁사회에서는 이윤 확보가 갈수록 어렵다. 경쟁이란 단어는 독점의 상대적 개념이다. 경쟁은 상호작용에 의해 서로 이윤을 낮추게 마련이므로 그것이 과할 경우 기업은 심각한 경영 위기를 불러올 수도 있다. 이제부터 어떻게 하면 이익을 늘릴 수 있는지 상품기획자의 관점에서 살펴보자.

1. 수익 극대화를 위한 포트폴리오 재구성

앞에서 설명한 프레임워크 가운데 포트폴리오 분석을 기억하는가? 이것은 군집을 관리할 때 아주 유용한 기법이다. 멀티 브랜드를 운영하고 있거나, 다양한 카테고리를 취급하고 있다면 개개의 유닛별로 매출과 이익의 상관관계를 파악하여 매출 효율이 더 높은 쪽으로 자원을 투자하는 것이다.

국내의 한 안경 전문 유통회사의 사례를 들여다보자. 해당 회사는 명품 브랜드와 중저가 라이선스 브랜드 그리고 PB 등 다양한 브랜드 라인을 보유하고 있었고, 백화점과 면세점, 도매업 등 다방면에 걸쳐 유통 비즈니스를 진행하고 있었다. 그런데 명품 선호도 하락에 따라 전체 매출 구성비가 70%에 육박하던 명품 브랜드가 매출 부진으로 정상가보다 세일 판매 비중이 높아졌고, 결국 전체 매출 효율이 현저히 감소하는 추세를 보여 회사 운영에 어려움이 따랐다.

이에 가장 큰 매출 비중을 차지하고 있던 백화점에서 명품 브랜드보다는 개성을 추구하는 소비 트렌드를 반영하여, 중급 라이선스 브랜드를 선보이기로 했다.

명품 브랜드의 디자인을 전략적으로 차용한 후 중저가로 젊은 층을 공략한 덕분에 이 회사는 결국 큰 성공을 거두었다. 수입 단가가 높아 고가로 판매할 수밖에 없는 명품 브랜드 상품을 할인해서 판매하는 대신, 중저가 브랜드를 자체 기획·생산하여 높은 마진 정책을 취한 것이다. 그리고 소비자 타깃을 명확히 설정하여 그 틈새를 파고들었다. 이러한 전략은 해당 기업을 적자에서 흑자로 전환시킨 원동력이 되었다.

동일한 매출액이라면 같은 상황이라도 고마진 카테고리 비중이 증가할수록 전체 이익이 상당히 개선된다. 여기서 중요한 포인트는 이익률이 높은 카테고리를 어떻게 창출해내고 성장시키느냐 하는 것이다.

매출 비중이 큰 카테고리는 대부분 성숙 시장 단계에 있다. 많은 비용을 투입해도 매출을 신장시키는 데에 한계가 있다. 저성장 시대에는 이익률이 높고 성장 가치가 있는 카테고리를 집중 육성하는 전략을 찾아야 한다. 할인점에서 메이커 상품 대비 PB 비중을 늘리는 것도 이익률을 높이기 위한 방법이다.

경쟁이 치열한 러닝화 시장을 우회하여 워킹화로 새로운 영역을 개척함으로써 높은 구매력으로 정상가 판매를 증대시켜 매출 반등을 이루어낸 프로스펙스도 좋은 사례가 될 수 있다. 이러한 전략은 수요 창출 및 이익률 개선에 긍정적인 효과를 유도하여 회사를 위기에서 구해주는 묘책이 된다.

2. 이익의 개념화

기획자라면 치열한 경쟁으로 인해 이익을 포기하면서까지 가격 경쟁을 해본 경험이 한 번쯤 있을 것이다. 어쩔 수 없는 선택이다. 운영에 필요한 적정 마진을 못 챙기면 기업은 위험에 빠진다. 그래서 이익 개념은 상당히 중요하다.

특히 최근에는 유통 다변화로 고려해야 할 변수가 많아졌다. 오프라인과 온라인의 분리가 그렇고, 각 유통사마다 수수료 체계나 상품 매입 방법도 다르다. 예를 들면 위탁판매 방식과 직매입 방식은 마진이 다를 수밖에 없다. 멀티채널을 운영하는 기업은 종합적인 관점에서 마진을 책정해야 한다. 마진은 가격 산정으로 나타난다. 즉 적정 마진을 확보할 수 있는 가격을 산정해야 한다. 이렇듯 판매 가격 산정은 기업의 이익을 얼마나 확보할 수 있느냐를 결정짓는 아주 중요한 행위다.

대부분의 경쟁 과열 카테고리 상품은 이익률이 낮게 형성된다. 경쟁력 확보를 위해 이익률을 다소 포기하더라도 가격 경쟁력 강화를 통해 매출을 확보해야 하기 때문이다. 이 경우 일부 상품에 대해서는 이익률을 충분히 확보할 수 있도록 판매가를 상향 설정하여 결과적으로 목표한 전체 이익률을 달성시켜야 하는데, 이러한 활동을 '마진믹스(Margin Mix)'라고 한다. 예를 들면 분식집에서 주력 품목인 김밥과 라면은 가격을 낮추어 손님을 확보하는 한편, 마진율이 높은 메뉴를 개발하여 전체 이익률을 보존하는 것이다.

이렇듯 이익은 아주 중요하기 때문에 철저히 개념화해야 한다. 이익을 얼마나 챙길 것이냐보다 어떠한 전략으로 목표 이익을 달성할 것이냐 하는 개념 정립이 더 중요하다. 모든 카테고리를 똑같은 이익률로 취하기보단 경쟁 우위 확보와 실이익 추구라는 관점에서 가격 관리를 철저히 해야 한다.

3. 상품화 요인의 선택과 집중을 통한 원가 절감

여러분이 관리자 위치에 있거나 상품기획 관련 일을 하고 있다면 가장 기본적으로 생각할 수 있는 이익 증대 방법이 바로 제품 원가를 낮추는 것이다. 원부자재를 대량생산하거나 결제 수단을 좋게 하여 단가를 낮추거나, 해외 생산을 통해 공임을 낮추는 등 다양한 방법으로 원가를 절감할 수 있다. 이러한 방법은 테크닉에 속한다고 볼 수 있다.

중요한 것은 상품을 기획할 때도 선택과 집중의 원칙이 적용된다는 사실이다. 상품에는 많은 구성 요인들이 존재한다. 예컨대 여행용 가방은 소재, 용량, 수납 기능, 내구성, 조작 편리성 등 아주 많은 상품화적인 요인들이 있다.

기획 단계에서 콘셉트를 명확히 하면 불필요한 원가 요소를 사전에 제거할 수 있다. 이른바 사족을 빼고 핵심적인 기능에 집중했을 때 원가 효율을 높일 수 있다. 그 이유는 고객에게 제시할 수 있는 소비자 가격의 적정선이 어느 정도 정해져 있기 때문이다. 즉 회사에서 추구하는 적정 마진을 고려할 때 예상 원가의 가이드라인은 이미 정해진 것이나 다름없다는 뜻이다.

가볍고 수납 기능이 많은 여행용 가방을 개발한다고 해서 폴리카보네이트나 알루미늄 같은 첨단 소재나 다양한 오거나이저(수납) 기능을 잔뜩 넣으면 원가가 오를 수밖에 없다. 정해진 사양에서 원가 절감을 하는 방법은 제조 공정 과정에서 무리가 될 수 있으며, 품질에도 영향을 미친다. 그렇기 때문에 기획 단계에서 명확한 개발 콘셉트 설정이 중요하다.

대다수의 개발자가 오해하는 점이 있다. 장점은 많을수록 좋다고 생각한다. 물론 틀린 건 아니다. 하지만 모든 장점이 같은 비중을 차지할 필요는 없다. 가중치가 달라야 한다. 그리고 고객마다 중점적으로 생각하는 기준이 다르다. 누군가는 가벼움에, 누군가는 수납성에 더 큰 비중을 두기도 한다.

요즘 소비자들은 상품을 구매할 때 상품이 갖는 본연의 특성도 중요하지만, 그보다 우선적으로 여기는 것이 있다. 바로 '가치'다. 여러분이 타깃팅한 고객층에 어필하려고 하는 가장 큰 가치에 집중하여 그 가치를 부각시킬 수 있는 상품 요인을 적극적으로 강화하되, 나머지는 좀 덜어내도 된다. 다양한 장점을 가진 높은 가격보다는 하나라도 강력한 가치를 주장하면서 합리적인 가격을 가진 상품이 히트 상품이 될 가능성이 높다. 이른바 가성비를 높여야 한다.

4. 마케팅 비용 줄이기

우리는 가히 마케팅 없이는 상품 거래가 이루어지기 어려운 시장 상황에 놓여 있다. 상품과 관련해서 자주 접하는 용어로 콘셉트나 스토리, 맥락 같은 것들이 있다. 이는 소비자에게 자사 상품의 이미지를 어떻게든 확고히 자리매김해 긍정적으로 구매로 이어질 수 있도록 하려는 노력의 일환이다. 여기에는 비용이 수반된다. 소비자에게 알리는 비용 말이다.

이때 네이밍이 직관적이면 마케팅 비용을 상당히 줄일 수 있다. 편안함을 강조하여 고객의 호기심을 자극한 '무중력 의자'나, 소화를 방해하는 유당을 제거한 '소화가 잘되는 우유' 등은 상품 본질에 대한 인식을 강조함으로써 특별한 마케팅 없이도 소비자에게 각인이 잘 된다.

온라인 비즈니스를 하고 있다면, 영향력 있는 채널에 집중하는 것도 방법이다. 모든 온라인 채널에서 다 잘하려고 하다 보면 광고비가 추가로 발생한다. 더욱이 유지·관리 비용도 만만치 않다. 하지만 자체 광고 기능이 있는 온라인 채널에서 관심 상품이 되면 해당 온라인 사이트에서 저절로 홍보가 된다.

나는 사업 초기에 전문 온라인 쇼핑몰을 집중 공략하여 매출 효과를 높인 경험이 있다. 그 덕분에 다른 온라인 입점도 용이하게 이루어졌고, 여러 채널에서 입점 제안도 받았다. 그리고 어느 순간 각종 온라인 화면에서 내가 운영하는 제품의 광고를 보게 되었다. 결과적으로 광고비 한 푼 안 들이고 홍보와 매출이라는 두 마리 토끼를 잡을 수 있었다.

5. 상품 회전율 높이기

상품을 기획하거나 운영하는 업무를 해봤다면 알 것이다. 상품 회전율이 얼마나 이익 실현에 중요한 역할을 하는지 말이다. 신상품보다는 리오더 상품이, 구색 상품보다는 베이직 상품이 효율성에서 더 우수하다. 베이직 상품도 결국 리오더를 감안한 상품군이다.

모든 상품은 초도 물량이 있다. 고객에게 처음 선보이는 단계다. 여기서 고객이 좋은 반응을 보인 상품은 추가 물량 공급이 되면서 매출이 확대된다. 별다른 프로모션이 없어도 매출을 올리는 데 큰 문제가 되지 않는다. 게다가 운영 비용도 감소된다. 반면 그렇지 못한 상품은 판매 기간이 길어지거나, 가격 할인 같은 프로모션으로 재고를 소진해야 한다. 후자의 경우는 이익이 감소되거나 기회비용 손실이 발생한다. 더 좋은 상품이 대체되어 판매될 경우 얻을 수 있는 기회가 상실되는 것이다.

상품 회전율을 높이기 위해서는 어떻게 해야 하는가? 여기서 두 가지 관점이 생긴다. 하나는 적중률이 높은 상품을 개발하여 리오더를 늘려 이익 구조를 극대화하는 것이다. 상품기획 담당자에게 가장 중요한 임무 중 하나이자, 많은 비용을 들여 전문 상품기획자를 양성하는 이유다. 우리는 20%의 상품이 전체 매출의 80%를 점유한다는 '파레토 법칙'에 대해 알고 있다. 리오더로 집중되는 상품만 잘 관리해도 매출과 이익 두 마리 토끼를 잡을 수 있다.

또 하나는 판매 부진 상품의 리스크를 줄이는 것이다. 기획 실패, 구색 상품 등은 목표 판매율을 달성하기 어려워 기업의 위험 요소인 재고를 양산하는 주범이 된다. 이러한 상품의 비중을 줄이려는 노력을 철저히 해야 한다. 특히 경쟁이 치열한 시장에서는 시장유동성을 감안하여 최소 로트(lot) 생산으로 최대한 시장 반응을 본 후 리오더에 집중할 수 있는 시스템을 구축해야 한다.

이때 중요한 것은 판매 실기를 하지 않는 기준에서 운영하는 것이다. 기획 실수로 판매가 부진한 상품보다는 수량 결정을 잘못하여 부진 재고가 양산되는 경우가 더 많다. 초도 물량이나 리오더 물량을 결정할 때는 보다 높은 정확성을 기해야 한다. 잘 팔리는 상품도 재고를 처분해야 하는 경우가 생길 수 있다. 데이터 분석과 경험이 중요한 노하우지만, 의사 결정 시스템을 구축하는 것이 보다 중요하다.

최근 많은 브랜드 MD와 유통 MD를 만나면서 느끼는 점이 있다. 경기가 부진하고 소비 심리가 얼어붙다 보니 재고에 대한 리스크 부담으로 일선에 있는 MD들이 안정적인 운영에 집중한다는 것이다. 새로운 시도보다는 검증된 상품에 집중한다. 이 경우 재고 리스크는 줄일 수 있지만 성장에 대한 기회까지 놓치는 우를 범할 수 있다.

고객에게 가치를 주는 새로운 상품을 제안하는 일은 MD의 사명이다. 상품을 통해 고객에게 신선함은 물론이고 어제와 다른 내일을 제안할 수 있어야 한다. 거기에 내포되어 있는 위험성은 관리적 테크닉으로 줄이면 된다. 항상 새로움과 안정의 추를 잘 저울질해야 실력 있는 MD가 될 수 있다.

매출을 증대시키기 위한 5가지 전략

날기를 두려워하는 새는 둥지 밖을 떠날 수 없으며, 헤엄치기를 무서워하는 물고기는 드넓은 바다를 볼 수 없다. 시작이 반이요, 천 리 길도 한 걸음부터라고 했다. 성공은 작은 것에서 시작한다. 작은 성공을 거듭하다 보면 성공에 대한 노하우를 얻게 되고, 성공하는 법을 터득하게 된다. 성공 습관이 생기게 되는 것이다.

도저히 못할 것 같은 일들도 반복해서 시도하다 보면 용기가 솟고, 지식이 습득된다. 경험이라는 보이지 않는 자산이 여러분을 강하게 만드는 것이다. 작은 성공들이 하나둘씩 쌓이게 되면 어느 순간 업그레이드된 기획력이 나오고 있다는 걸 스스로 깨닫게 된다. 성장하고 있는 것이다. 거기서 나오는 자신감은 안 되는 일도 되게 한다. 임진왜란 때 나라를 구한 이순신 장군도 크고 작은 전투에서 승리를 경험하였기에 큰 전투에서 열세인 상황에서도 대승을 거둘 수 있었다.

중요한 것은 성공의 크기에 연연하지 말고 매일매일 성공의 경험을 쌓아나가는 것이다. 남에게 의지하지 않고, 나약함과 나태함과의 싸움에서 이겨낸다면, 여기에 더하여 성실함과 열정이 뒷받침된다면 그 누구에게도 없는 자신만의 성공 노하우를 갖게 될 것이다. 성공한 사람은 아무리 작은 성공이라도 행복하게 받아들인다. 성공하는 습관을 매일 실천하는 것이 그들을 더욱 성공하게 만든다.

나는 창업하고 나서 시장 개척에 많은 어려움을 겪었지만, 특정 온라인 몰에서의 작은 성공이 다양한 루트 개척에 밑바탕이 되었다. 이렇듯 성공은 작은 것, 하나의 유통, 하나의 히트 상품에서 시작된다. 큰 성공이 어려우면 작은 것부터 시작해야 한다. 매출이 확산되면서 좋은 에너지를 얻게 될 것이다.

한편 경기가 어려울수록 선택과 집중이 필요하지만, 때론 낚싯대를 여기저기 드리우는 전략도 필요하다. 불황기에는 유동성에 대한 리스크 방지 차원에서 기업이 가진 역량 가운데 다양한 선택권을 갖고 있는 것이 중요하다. 영원한 강자도 확실한 승자도 없는 세상이기 때문이다.

그럼 이제부터 매출을 늘리는 5가지 방법에 대해 살펴보기로 하자.

1. 기존 상품의 시장 확대 전략

가장 일반적이고 안정적으로 매출을 올릴 수 있는 방법이지만, 큰 폭의 매출 신장을 기대하기는 어려운 측면이 있다. 판매 채널을 늘리고 프로모션을 확대하여 고객 수를 늘리거나 아이템에 숨겨진 가치를 발견하여 새로운 수요를 이끌어내는 방법으로 매출을 증대시켜야 한다. 이와 같은 방법은 지속적인 성장을 이끌기에는 다소 부족한 면이 있지만, 최소 비용으로 추가 매출을 꾀할 수 있으며, 시장에 진입한 뉴아이템의 경우에는 계획한 목표 시장 외에도 다른 시장을 공략해볼 수 있다.

2. 신상품을 통한 신규 시장 창출 전략

기존 제품이 한계에 직면했을 때는 돌파구가 필요하다. 과거에 비해 소비 트렌드는 더욱 빨라지고 제품 수명은 짧아졌다. 이제는 스테디셀러라는 개념이 무색해지고 있다. 패스트패션이 새로운 트렌드로 자리 잡았으며, 오래된 것은 올드한 이미지로 인식되고, 인스턴트처럼 가벼운 소비가 주류를 이루고 있다. 소비자는 진부한 이미지를 선호하지 않는다. 늘 새로움을 갈망하며, 저마다 개성을 표현하는 데 온 정성을 다한다. 새로운 카테고리와 아이템이 빠르게 생산되고 있는 이유다.

이렇듯 빨리 변해가는 소비자 트렌드를 쫓아가려면 천천히 걸어서는 안 된다. 바쁘게 뛰어다녀야 한다. 그래야 경쟁에서 낙오되지 않고 상대적 우위를 점하고 기업을 존속시킬 수 있다.

신규 시장은 아무 때나 보이는 게 아니다. 면밀히 시장을 관찰하고 진행 가능한 아이템에 대해 깊이 있는 분석이 이루어졌을 때 가능하다. 더욱이 아이템을 성공시키기는 더욱 어렵다. 경쟁이 없는 블루오션은 마켓 규모가 작아서 매출 효율을 기대하기 어렵고, 레드오션은 경쟁이 치열하여 침투 비용이 과다하게 발생하여 수익성을 장담하기 어렵다.

그렇다면 어떻게 해야 하는가? 신상품을 통한 신규 시장 창출은, 가급적이면 기존에 진행하고 있는 카테고리와의 상호 시너지 효과 차원에서 검토하는 게 좋다. 특히 시장유동성이 불확실한 불경기에는 더더욱 그렇다.

예를 들어 패션 브랜드의 경우에는 스페셜 라인을 신규로 전개하여 충성 고객을 유지하면서 브랜드 이미지의 제고를 꾀할 수 있고, 할인점에서는 확대되어가는 실버 시장을 공략하기 위해 실버 상품 전용 코너를 추가로 전개할 수도 있을 것이다. 치킨집에서는 늦은 저녁 주문하는 고객의 습성을 고려해서 포장마차에서 판매되는 양념닭발을 추가해서 고객에게 새로운 메뉴를 선보일 수도 있다.

이렇듯 기존 생산 라인, 유통 시스템, 고객층을 최대한 활용하여 추가 비용 발생을 최대한 억제하고 리스크를 줄이면서 부가적인 서비스나 타깃의 이동을 통해 플러스 매출을 일으키는 방법이 불황기에는 적합한 전략이 아닐까 한다.

3. 객단가 상승 전략

여러분은 할인점에서 왜 묶음 판매를 많이 하는지 알고 있는가? 할인점의 모토는 고객들 가정의 재고를 늘리는 것이다. 한 품목을 구매하더라도 벌크로, 묶음으로 사도록 유도한다. 그 대신 가격을 싸게 책정하여 판매한다. 하지만 고객은 필요 이상으로 많은 양을 구매할 수밖에 없다. 이것은 대형 유통점의 전략이다.

또 하나, 이러한 전략은 객단가(客單價)를 높이는 효과도 발휘한다. 어차피 고객이 매장을 찾는 횟수는 정해져 있다. 일주일에 한 번이든 한 달에 두 번이든 장을 보는 생활 패턴이 있다. 그래서 한 번 왔을 때 더 많은 지출을 유도하고, 구매 단가를 높이는 전략을 취한다.

온라인 마켓도 마찬가지다. 어차피 소비자가 구매하려는 품목은 하나지만, 기왕이면 더 비싼 상품을 팔아야 이익도 많아진다. 오프라인은 더욱 중요하다. 왜냐하면 운영 관리비를 감안할 때 이익이 높아야 하는데, 동일 구매 건수 대비 객단가가 오르면 이익도 증가하기 때문이다. 객단가를 높이기 위해 갖가지 노력을 하지만 쉽지는 않다.

객단가 상승은 구매량과 이익에 영향을 미친다. 구매량이 유지되면서 객단가가 오르면 성공한 것이고, 객단가는 올랐지만 프로모션 등의 가격 할인 영향이 반영되었다면 이익률은 줄게 마련이다. 이러한 상관관계를 잘 고민해서 전략을 짜야 한다.

가장 많이 펼치는 전략 가운데 하나가 기존 상품과의 차별화를 통해 품질을 높여 신상품을 추가로 출시하는 것이다. 농심에서 주력으로 판매되고 있는 '신라면'에 이어 맛과 품질을 높인 '신라면 블랙'을 추가로 출시한 것이 좋은 사례다. 또한 1족에 2,900원인 양말을 3족 구매시 20% 할인하여 6,960원에 판매함으로써 소비자에게 가격 할인 메리트를 주는 대신 1족 구매보다는 3족 구매를 유도하여 이익률은 다소 줄지만 객단가를 높임으로써 매출액과 이익액을 향상시키는 방법도 있다.

4. 프로모션의 차별화 전략

현대 산업시장은 가히 프로모션 과잉 경쟁이라 해도 과언이 아니다. 각종 세일, 이벤트, 행사가 판을 치고 있다. 심지어 신규 가입이나 SNS 노출, 리뷰 작성을 유도하기 위해서도 각종 프로모션을 진행한다.

상품성이 우수하고 가격도 합리적이라면 프로모션을 할 필요가 있을까? 안정적인 구매력을 보이는 성숙 시장은 프로모션 효과가 상대적으로 낮지만, 진입 시장이나 성장 시장에서는 반드시 필요하다. 이

때 필요한 프로모션 전략은 구매 동기 유발도 촉구해야 하지만, 더 중요한 것은 고정 고객으로 만들거나 우호적인 고객으로 전환하여 좋은 평을 하게 하고, 입소문을 내게 만드는 것이다.

사은품을 주고, 1+1 이벤트를 진행하거나 추첨을 통하여 경품을 증정하는 방식 등 다양한 프로모션이 있지만, 비용을 안 들이고 하는 프로모션도 있다. 프로모션은 다른 말로 판매 촉진 활동이다. 감성 소비가 주를 이루는 요즘의 트렌드는 얼마나 소비자의 감성을 자극하느냐가 중요한 이슈다.

부진한 상품 판매에 고민하던 한 온라인 회사가 포장 전 과정을 동영상으로 찍어 온라인에 올린 사례가 있다. 그 결과 기업 신뢰도를 높이는 긍정적인 효과로 작용하여 매출이 급격히 올랐다고 한다. 나도 이 방식을 벤치마킹했다. 안경을 구매한 고객의 포장 박스에 눈 건강과 관련한 상식과 올바른 생활 습관을 적은 안내문을 동봉하여 보냈다. 2주 동안 테스트로 진행했는데, 안내문을 받은 고객이 주변에 얘기를 해서 그 지인이 회사로 직접 전화를 걸어와 상품에 대한 관심을 표명한 사례가 몇 건이 있었다.

비록 큰 매출로 이어지지는 않았지만, 받아들이는 입장에서는 놀라운 아이디어였다. 마케팅 비용을 따로 책정하기에 부담이 되는 소규모 기업들은 다양한 아이디어가 필요하다. 비용을 들여서 전문 기업에게 용역을 의뢰한다면 효과는 좋겠지만, 그 비용이 적지 않은 부담이 되기 때문이다. 그래서 비용을 들이지 않고도 매출을 높일 수 있는 참신한 프로모션 방법을 찾는 것이 중요하다. 이 경우 소비자의 감성 터치와 이익을 제공하는 방법으로 전개해야 하는데, 진실된 마음이 담겨 있다면 소비자는 반응할 것이다.

또한 프로모션 사은품을 그냥 '덤'이 아닌 고객의 심리를 파고드는 전략으로 활용하는 것도 좋은 방법이다. 어느 아이웨어 유통회사에서 면세점의 명품 브랜드 선글라스를 판매 촉진하기 위해 스포츠 브랜드의 고글을 사은품으로 제공했다. 백화점에서는 10만 원대 초반의 가격으로 판매되는 상품을 면세점에서 사은품으로 지급한 것이다. 해당 상품은 자체 생산으로 원가율이 상당히 낮은 제품이었으므로 프로모션 비용은 그다지 높지 않았다. 300달러 정도 하는 명품 선글라스를 구매한 고객은 백화점에서 10만 원대에 판매되는 상품을 그냥 얻었으니 횡재한 느낌을 받았으리라.

하지만 이게 다가 아니다. 명품 선글라스를 구매하는 타깃은 중년 여성이 절대적으로 많은데, 이들에게 본인의 선글라스를 구입하는 대신 사은품으로 지급되는 스포츠 브랜드의 고글은 남편에게 선물로 주면 좋다고 유도하였다. 바로 여기에서 프로모션 전략이 통했다. 판매사원들은 고객별로 다른 접근을 통해 프로모션의 이익을 강조했고, 그냥 '덤'으로 주는 방식이 아닌 고객 관점에서 어떤 이익이 있을까를 고민하고 전략적으로 활용했다. 매출 상승 효과는 두말할 나위가 없었다. 상품 차별화만 가치가 있는 것이 아니다. 프로모션도 차별화의 영역에서 반드시 필요한 전략이다.

5. 판을 키우는 전략

여러분도 '꾼'이라는 말을 들어봤을 것이다. 노름과 관련된 영화를 보면 일명 '꾼'들이 큰 판을 만들어 한몫 챙기려는 한탕주의가 소재로 자주 등장한다. '판'이라는 것은 돈의 흐름과 크기가 정해지는 자리를 말한다. 판이 커지면 사람들이 관심을 갖고 모여든다. 먹이가 있기 때문이다. 사람들에게 관심과 이익이 될 수 있는 '거리'를 만들어주면 판은 커지게 마련이다.

'판을 키운다'는 것은 소비자가 관심 가질 만한 거리를 만들어 구매력을 키운다는 의미다. 여기에는 두 가지 방식이 있다. 첫 번째로는 '원 콘셉트-멀티 카테고리' 방식이다. 주로 시즌별 이슈 이벤트에서 많이 전개하는 방식으로, 명절이나 신학기, 여름 시즌, 가을 산행, 겨울 시즌 등 하나의 명확한 테마 아래 여러 품목을 함께 모아서 판매하는 전략이다. 이 경우 상품만 모은다고 되는 게 아니라 추가적인 프로모션이 수반되어야 한다. 가격 할인이나 증정 이벤트 등 고객에게 이익이 될 명분을 함께 제시해야 반응이 따라온다.

우리는 이러한 현상을 주위에서 자주 볼 수 있다. '설맞이 특집 선물 대전', '신학기 학생가방 특집전', '여름 시즌 아이스쿨 침구 대전' 등 소비자가 관심 가질 만한 주제로 연관 상품을 모아 행사를 진행한다. 하나의 주제 아래 모인 상품들은 쇼핑의 편리함과 다양성 그리고 구매 메리트를 충족시켜 소비를 독려한다. 여럿이 모이면 판이 커지는 것이다.

두 번째로는 단일 상품(혹은 카테고리)에 집중하여 메가톤급 가치를 담아 고객의 구매를 유도하는 방식이다. 정형화된 기획 방식에서 벗어나 가격, 사이즈, 용량, 구색 등에 기존 상품과 다른 차별적 가치를 부여함으로써 대량생산해서 볼륨 확대를 꾀하는 것이다. 유니클로의 '플리스 재킷', 롯데마트의 '통큰 치킨' 등이 좋은 사례이며, 주로 소비자들이 가장 민감하게 반응하는 가격에 메리트를 부여하는 전략이다. 이러한 방식은 가격을 낮추어 심리적 부담감을 낮추는 동시에 품질이나 성능을 향상시켜 가성비, 가심비를 높이는 '가치혁신 상품'에 주로 활용한다. 단, 주의해야 할 사항이 있다. 단일 상품을 선택할 때에는 매출 비중이 상위권이고 소비자의 구매 관심도가 높은 품목, 즉 관여도가 높은 품목을 선정해야 효과가 있다는 점이다. 관심도가 낮은 품목은 그 효과를 기대하기가 어렵다.

여러분도 얼마든지 적용해볼 수 있다. 골목 상권에서는 매장별로 협력하여 특별한 테마 행사를 진행할 수도 있고, 공동 프로모션을 진행하여 해당 상권에 유입되는 인구수를 늘리는 방법도 생각해볼 수 있다. 또한 중소기업에서는 경쟁사끼리 상생 차원에서 공동 프로모션을 할 수도 있고, 특정 품목을 선택하여 전략적으로 시장에 적용할 수도 있다. 결국 다양한 방법으로 고민하고 시도하는 사람만이 성공의 길로 나아갈 수 있다.

핵심 포인트 이것만은 기억하자!

- 소매기업에서 상품을 판매·유통하는 역할을 하는 바이어는 또 하나의 고객이다. 바이어를 고객으로 인식하고 만족시킬 수 있는 요인을 찾아내자. 상생과 협력을 촉진하는 윈윈(win-win) 전략을 수립하기 위해서는 그들이 원하는 것을 찾아내어 제안할 수 있어야 한다.

- 실패는 할 수 있지만 실패하려고 기획하는 기획자는 없다. 또한 실패를 해보지 않은 기획자는 큰 기획을 할 수 없다. 실패를 두려워하지 않되, 실패하더라도 의미 있는 결과로 만들어야 한다. 성공과 실패의 경험이 쌓여야 실력 있는 기획자로 거듭날 수 있다. 실패하지 않는 디테일한 기획 요소를 챙긴다면 보다 완성도 높은 상품기획을 할 수 있음은 물론이다.

- 기획은 모든 일의 출발점이자 결과를 향해 나아가는 과정이다. 그렇기 때문에 시작할 때 방향 설정이 무엇보다 중요하다. 목표한 결과를 이루기 위해서는 과정상에서 발생 가능한 문제점을 예상하여 그에 대한 해답도 도출해낼 수 있어야 한다. 기획자는 기업의 중심에 서서 일을 하므로 책임감과 사명감을 갖고 있어야 한다. 뛰어난 기획자가 되기 위해서는 기획자로서의 본질을 가슴 깊이 새기고, 다양한 경험과 학습을 훈련해야 하며, 기업을 위기에서 구할 수 있는 능력을 길러야 한다.

- 현대 산업사회에서 기업은 생산을 담당하고 소비의 근원이 되는 재화와 용역을 발생시키는 경제 주체다. 기업의 경영 목적은 지속 가능함을 유지하는 것이며, 이는 이익을 통해 실현된다. 또한 이익은 매출이 발생함에 따라 생기는 결과물이다. 이렇듯 기업의 운영에 절대적으로 필요한 이익과 매출을 증대시키기 위해서는 디테일한 전략적 접근이 필요하다.

에필로그

옛날에 두 명의 물장수가 있었는데, 이들은 십 리 길을 왕복해서 물통에 물을 담아 시장에 내다팔았다. 부지런히 하면 하루 다섯 번 정도 왕복이 가능했다.

그러던 어느 날, 한 물장수가 생각했다.

'과연 내가 나이가 들어서도 이처럼 계속 하루에 다섯 번 물을 길을 수 있을까?'

고민 끝에 그는 그날부터 자기가 물을 퍼오던 수원지에서 시장까지 파이프를 놓기로 결심했다. 오전에는 땅을 파고 오후에만 물을 길렀다. 그러다 보니 하루에 두세 번밖에 물을 긷지 못했고, 당연히 수입도 줄었다. 동료 물장수가 걱정했지만, 그는 아랑곳하지 않고 열심히 파이프를 놓았다.

5년이라는 시간이 흘러 동료 물장수는 노쇠해서 하루에 세 번밖에 왕복하지 못했지만, 파이프를 놓은 물장수는 힘들게 왕복할 필요가 없었다. 그가 열심히 판 파이프 덕분에 꼭지만 틀면 물이 나왔기 때문이다.

팟캐스트 〈조우성 변호사의 인생 내공〉에서 인용한 '물 긷기와 파이프 심기'라는 우화다. 미래에 대한 확실한 보장이 어려운 요즘, 내 마음에 딱 와닿는 내용이었다. 20년간 직장생활에 매진하면서 조직에 맞는 샐러리맨이 되기 위해 부단히 노력했다. 상품기획이라는 한 길만 계속 걸어오면서 나름 자신감과 전문가로서 자부심도 있었지만, 결국 조직의 일부에 불과하다는 것을 느꼈다. 내 의지보다는 조직의 방향이 중요했고, 개인의 입신양명보다는 회사의 발전이 우선이었다. 어쩌면 그게 정답인지도 모른다.

그렇게 직장생활을 하다가 이루고자 하는 뜻이 있어 창업의 길에 들어서면서 세상을 이전보다 넓게 보게 되었다. 이를테면 지휘 본부에서 펜대만 굴리다가 실전에 배치되어 생생한 전투 현장을 온몸으로 느끼는 것 같았다. 세상의 이치를 하나씩 터득하면서 이런저런 고난과 어려움 속에서 생존을 위해 냉정해지려고 노력했고, 앞으로 어떻게 나아가야 할지 깊이 고민했다.

1인 기업을 운영하면서 느끼는 것 중에 하나가 '머천다이저 업무를 할 때는 왜 더 잘하지 못했을까' 하는 아쉬움이었다. 다양한 경험과 실전 업무를 통해 시야가 넓어지다 보니 자연스럽게 나오는 생각이다. 그래서 그동안 쌓아온 상품기획 지식을 바탕으로 나만의 성공 방정식을 찾기 위해 성공 사례들을 분석하고, 그 안에 숨어 있는 노하우와 원칙을 추출하려고 많은 노력을 기울였다. 이제라도 제대로 준비해서 시장에 반향을 불러일으킬 히트 상품과 서비스를 만들어내고 싶었다. 다행히 정보의 양과 질이 내 안에서 확충되어가니 자신감도 생기고, 아이디어도 다양해지면서 깊이가 더해졌다.

'물 긷기와 파이프 심기' 우화는 결국 '미래를 위해 준비해야 할 나의 파이프는 무엇이고, 어떻게 방향성을 가져가야 할까'에 대해 질문을 던지고 있었다. 이는 개인과 조직 모두에게 해당되는 개념이라고 생각한다. 개인에게는 미래에 대한 대비책을 고민하게 하고, 조직에게는 오늘이 아닌 내일을 위해 혼자의 힘보다는 여럿이 함께할 때 더욱 가치가 있다는 사실을 알려주고 있다.

지금 우리나라는 경기 침체와 더불어 장기 불황의 그늘에 놓여 있다. 이런 때일수록 준비를 철저히 해야 한다. 이 위기를 이겨내기 위해서는 히트 상품을 만드는 방법, 즉 히트 상품이라는 파이프를 놓는 방법에 초점을 맞춰 고민해야 한다.

요즘 대화 도중에 'TMI(Too Much Information, 너무 과한 정보)'라는 말이 나올 때가 있다. 의도치 않게 너무 많이 알게 되는 사소한 정보에 대해 더 이상 듣고 싶지 않을 때 사용하는 말이다. 소비자들은 정보와 상품의 홍수 시대에서 선택적인 수용을 한다. 과도한 정보는 오히려 피로도를 증가시킨다. 소비자는 많은 상품을 필요로 하는 게 아니라 자신이 갖고 싶어 하는 상품에만 관심을 가지므로 그와 관련된 정보만을 필요로 한다. 그리고 상품 구매에서만 끝나는 것이 아니라 자신의 선택이 맞는지 확인하고, 적극적으로 시장에 피드백하고 싶어 한다.

이제는 날로 확대되고 있는 소비자의 구매 활동(구매+공유) 영역을 감안해서 상품 개발에 반영해야 한다. 상품기획자나 MD는 '팔릴 만한 상품'을 개발하는 데서만 그쳐서는 안 된다. 고객이 자랑하고 싶은 요소를 상품에 더해야 한다. 즉, 잘 팔리는 동시에 소비자 스스로 알아서 자랑해주는 상품을 개발해야 한다. 그러자면 콘셉트라는 옷을 입힌 차별적 요소가 상품에 담겨 있어야 가능하다.

누구나 그러한 상품을 개발하고 싶은 마음이 간절할 것이다. 쉽지 않은 일이다. 하지만 어렵다고 아무것도 실행하지 않는 것보다 일단 시작하는 것이 중요하다. 생각보다 많은 상품기획자와 MD들이 정해진 틀대로 일하는 경우가 많다. 현실의 벽이 높기 때문이다. 실패에 대한 두려움, 헤쳐나가야 할 장벽 등이 시작할 의지를 꺾어버리는 것이다.

'물 긷기와 파이프 심기' 우화와 같이 내일의 성공은 오늘 어떤 일을 하느냐에 달려 있다. 여태껏 해온 일은 바꿀 수가 없다. 하지만 오늘을 바꾸는 것은 우리가 충분히 할 수 있는 일이다. 나 역시 아직 히트 상품을 만들어내지 못했다. 그렇지만 꼭 해내겠다는 의지로 내일의 희망을 위해 시작하는 걸 두려워하지 않는다. 여러분도 성공의 열매를 맛보고 싶다면 지금부터 씨앗을 심어라. 그리고 생각하는 힘과 실행력을 키워라. 파이프를 낸 물장수도 동료 물장수가 생각하지 못한 것을 생각해내고 실행하지 않았는가.

작은 일이라도 조금씩 실행해보자. 하나씩 해결해나가면 차츰차츰 큰일을 할 수 있는 노하우와 지혜가 생길 것이다. 일단 시작하는 것이 중요하다. 어떤 일이든 시작하지 않고서는 이룰 수가 없다. 처음부터 성공할 수는 없다. 가능성이 보이는 일에 온 정성을 다해 매진했을 때 이른바 '성공'이라는 열매를 맛볼 수 있다. 한두 번 실패했다고 해서 끝난 게 아니다. 실패도 경험이다. 아니, 실패가 성공의 밑거름이 될 수도 있다. 이겨내려는 적극적인 자세와 지속적인 실천은 여러분의 꿈을 실현시켜줄 열쇠가 되어줄 것이다.

나는 상품을 기획하는 일 외에는 잘 모른다. 재무적 능력도, 사람 다루는 기술도 부족하다. 오로지 상품을 통해 세상과 소통하고 있다. 내가 이 책에서 다루고 있는 이야기 역시, 어떻게 하면 고객들 사이에서 널리 회자되는 상품을 개발할 수 있는지 그 방법을 여러분에게 전하는 것뿐이다.

이 책에 가능하면 많은 분야에 관한 정보와 전문적인 지식을 담고자 노력했다. 하지만 내 지식의 한계로 인해 제대로 파악하지 못한 정보를 실었을 수도 있고, 다른 사람의 의견이 투영된 부분도 있을 것이다. 그럼에도 많은 사람들에게 상품기획의 중요성을 알리고, 여러분 모두가 회사를 살리는 히트 상품을 개발할 수 있기를 간절히 바라는 마음에서 이 책을 썼다.

한없이 부족한 역량과 부끄러운 지식으로 이런 책을 써도 되나 싶은 생각이 글 쓰는 내내 내 머릿속을 어지럽혔다. 그렇기에 더욱 고민하고 신중하게 글을 써 내려가려고 노력했다. 누군가에게는 정말 소중하고 필요한 내용이 될 수도 있기 때문에 여러 차례 읽고 수정하는 과정을 반복했다.

상품기획은 전문적인 분야다. 1~2년 일해서 배운다고 터득할 수 있는 영역이 아니다. 게다가 우리나라에는 체계화된 전문 교육 시스템도 마련되지 못한 게 현실이다. 기업에 너무나도 중요한 머천다이저 직무가 도제식이나 자체 시스템에 의해 진행되고 있다는 점이 안타까울 따름이다. 부족하나마 나는 이 책에서 상품기획자, 머천다이저, 마케터 등 상품과 관련 있는 전문 분야 종사자와 기업 대표 그리고 자영업자에게 상품기획에 대한 전반적인 흐름을 알 수 있도록 자세하게 소개하고자 최선을 다했다.

마지막으로, 이 책을 통해 상품기획에 대해 함께 고민해준 독자님들께 깊은 감사의 말씀을 전하고, 치열한 시장 경쟁에서 기업을 살리기 위해 열정과 책임감으로 온 힘을 다하는 상품 관련 기획자들과 대한민국 경제의 주춧돌이 되어 시장 질서를 유지하기 위해 애쓰는 모든 중소기업, 자영업 사장님들의 노고와 열정에 깊은 마음으로 감사와 응원을 드린다. 이 책이 나오기까지 나에게 영감과 의지를 힘껏 불어넣어준 지인들과, 지난 몇 개월 동안 저녁 시간과 휴일을 오로지 집필에 전념할 수 있게 물심양면으로 배려해준 가족들에게도 고마움을 전한다.

출처 및 참고문헌

주석

1) 위키백과, 수단-목적 사슬.

2) 〈국민일보〉, 제조업 붕괴·40대 절벽·자영업 몰락 '3개의 덫', 2018. 8. 19.

3) 〈한국경제〉, 변신 못하자 2년 만에 매출 반 토막… 두 번째 혁신에 生死 달려, 2018. 4. 23.

4) 〈헤럴드경제〉, 74%대로 높아진 제조업 가동률, 왜?…경제활력 아니라 '생산 능력' 감소 때문, 2018. 12. 2.

5) 〈중앙일보〉, 2018. 12. 23.

6) 〈한국경제〉, 2018. 7. 13.

7) 〈한국경제〉, 기업 도산 '사상 최다'…하루 7곳씩 쓰러졌다, 2018. 7. 23.

8) 〈스포츠조선〉, 커피 수입량 6년 만에 하락…경기불황에 커피도 줄이나? 양극화 우려도, 2018. 12. 11.

9) 〈EBN〉, 2018. 12. 14.

10) 네이버 지식백과, 언더독 효과(Underdog effect).

11) 양영철, 《야나이 다다시, 유니클로 이야기》, 66쪽, 비즈니스북스, 2011.

12) 〈연합뉴스〉, 2010. 12. 8. 이마트 피자 이어 롯데마트 치킨도 등장.

13) 〈한국갤럽〉, 2012-2015 스마트폰 사용률 추이, 스마트워치, 손목시계에 대한 조사, 2015. 9. 2.

14) 〈연합뉴스〉, 2019. 2. 6. 한국 스마트폰 보유율 95%,세계 1위.

15) 〈인터비즈〉, 2018. 12. 13. 日서 품귀현상 일으키는 10만 원대 시계 '놋토(Knot)'.

16) 〈조선비즈〉, 2017. 1. 8. '일본 유통을 가다'③ "취향대로 맞춰 드립니다"…커스터마이징의 세계.

17) 《패션비즈》 2019년 2월호, '육육걸즈 자신감을 입다'.

18) 홍성태, 《배민다움》, 69쪽, 북스톤, 2019.

19) 중소기업벤처부 블로그, https://blog.naver.com/bizinfo1357/221356802233.

20) 김영미, 《젊은 기획자에게 묻다》, 130쪽, 남해의봄날, 2014.

이미지 출처

그림 1-11 카노 모델 이미지 출처: 최창일, 《끌리는 상품은 기획부터 다르다》, 34쪽, 더난출판, 2006.

그림 2-2 제조업 평균가동률 추이 이미지 출처: 〈헤럴드경제〉, 2018. 12. 2.

그림 2-3 망원동 카페 자판기 이미지 출처: https://blog.naver.com/ttb0704/221225941166.

그림 2-4 고쉐프의 스윗프렌즈 매직솜사탕 이미지 출처: 고쉐프의 스윗프렌즈 매직솜사탕 홈페이지.

그림 4-1 유니클로 플리스 이미지 출처: 유니클로 공식 홈페이지.

그림 4-2 유니클로 에어리즘, 히트텍 이미지 출처: 유니클로 홈페이지.

그림 4-3 젠틀몬스터 선글라스 이미지 출처: https://fashionista.com/2016/04/gentle-monster.

그림 4-4 젠틀몬스터 홍대 스토어 이미지 출처: 젠틀몬스터 공식 홈페이지.

그림 4-6 놋또 이미지 출처: 놋또 공식 홈페이지.

그림 4-7 놋또의 유통 모델 이미지 출처: 놋또 공식 홈페이지.

그림 4-8 놋또 홈페이지에 실린 회사 소개글 이미지 출처: 놋또 공식 홈페이지.

그림 4-9 백종원의 골목식당 이미지 출처: SBS 홈페이지.

그림 6-1 프로스펙스 워킹화 W라인 이미지 출처: TV CF.

그림 6-2 tvN 응답하라 1988 이미지 출처: https://blog.naver.com/snn901321/220524553603.

그림 6-3 '자신감을 입자, 66사이즈 대표쇼핑몰' 이미지 출처: 육육걸즈 홈페이지.

그림 6-4 루미르 이미지 출처: 루미르 홈페이지, 네이버쇼핑.
그림 6-5 이마트 노브랜드 이미지 출처: 이마트 홈페이지, https://m.post.naver.com/viewer/postView.nhn?volumeNo=6451718&memberNo=4896672&vType=VERTICAL.

그 밖의 참고문헌

강민호, 《마케팅적 사고방식 변하는 것과 변하지 않는 것》, 와이비, 2017.
김기석, 《신상품 마케팅 전략》, 인플로우그룹, 2012.
김난도 외, 《트렌드코리아 2019》, 미래의창, 2018.
김동욱, 《결국, 콘셉트》, 청림출판, 2018.
김재영, 《히트 상품은 어떻게 만들어지는가》, 한스미디어, 2014.
말콤 글래드웰, 《티핑포인트》, 21세기북스, 2016.
박경애·이미영·여은아, 《Fashion Retail Management》, 교문사, 2018.
오시자와 준토쿠, 《생각정리를 위한 프레임워크의 기술 50》, 생각정리연구소, 2017.
이라경, 《MD의 정석》, 한국체인스토어협회 출판부, 2014.
장은영, 《패션유통과 마케팅》, 교학연구사, 2018.
정지원·유지은·원충열, 《맥락을 팔아라》, 미래의창, 2018.
조나 버거, 《컨테이저스》, 문학동네, 2013.
조훈현, 《고수의 생각법》, 인플루엔셜, 2015.
최낙삼, 《저성장시대에 상품기획을 잘하는 10가지 방법》, 새빛, 2017.
최진기, 《한 권으로 정리하는 4차 산업혁명》, 이지퍼블리싱, 2018.
최창일, 《끌리는 상품은 기획부터 다르다》, 더난출판, 2006.
칩 히스·댄 히스, 《스틱!》, 웅진씽크빅, 2013.
칸다 노리아키, 《세븐툴》, 한국능률협회컨설팅, 2005.
홍성태·조수용, 《나음보다 다름》, 북스톤, 2015.

중앙경제평론사 Joongang Economy Publishing Co.
중앙생활사 | 중앙에듀북스 Joongang Life Publishing Co./Joongang Edubooks Publishing Co.

중앙경제평론사는 오늘보다 나은 내일을 창조한다는 신념 아래 설립된 경제 · 경영서 전문 출판사로서
성공을 꿈꾸는 직장인, 경영인에게 전문지식과 자기계발의 지혜를 주는 책을 발간하고 있습니다.

완벽한 기획실무의 정석

초판 1쇄 인쇄 | 2019년 8월 17일
초판 1쇄 발행 | 2019년 8월 22일

지은이 | 천진하(JinHa Chun)
펴낸이 | 최점옥(JeomOg Choi)
펴낸곳 | 중앙경제평론사(Joongang Economy Publishing Co.)

대 표 | 김용주
책임편집 | 손소전
본문디자인 | 김경아

출력 | 한영문화사 종이 | 한솔PNS 인쇄 · 제본 | 한영문화사

잘못된 책은 구입한 서점에서 교환해드립니다.
가격은 표지 뒷면에 있습니다.

ISBN 978-89-6054-230-3(03320)

등록 | 1991년 4월 10일 제2-1153호
주소 | ㊄04590 서울시 중구 다산로20길 5(신당4동 340-128) 중앙빌딩
전화 | (02)2253-4463(代) 팩스 | (02)2253-7988
홈페이지 | www.japub.co.kr 블로그 | http://blog.naver.com/japub
페이스북 | https://www.facebook.com/japub.co.kr 이메일 | japub@naver.com
♣ 중앙경제평론사는 중앙생활사 · 중앙에듀북스와 자매회사입니다.

※ 이 도서의 국립중앙도서관 출판시도서목록(CIP)은 서지정보유통지원시스템 홈페이지(http://seoji.nl.go.kr)와
국가자료공동목록시스템(http://www.nl.go.kr/kolisnet)에서 이용하실 수 있습니다.(CIP제어번호 : CIP2019029576)